U0822154

案说

AN SHUO

违纪违法疑难案件辨析 1

本书编写组◎编

中国方正出版社

目 录 Contents

是违规合作经营还是受贿犯罪

——海口市龙华区城管局原局长吴丕华案背后的纪法考量

2019 年 12 月 5 日，海南省高级人民法院作出终审裁定，驳回海口市龙华区城管局原局长吴丕华及其辩护人上诉，维持海口市中级人民法院一审判决。在上诉理由中，吴丕华认为其与黄某、陈某之间属于合作从事经营活动的违纪行为，而不是受贿罪中的权钱交易行为，且认为量刑过重。为何将其行为认定为犯罪行为而非违纪行为？在量刑时有哪些考虑？

为提高纪检监察干部依规依纪依法履职本领，我们特邀相关单位工作人员对此进行分析讨论。

基本案情

2015 年 3 月，吴丕华在担任海口市龙华区城管局局长后，与黄某商定，由吴丕华帮助黄某承揽龙华区城管局的拆违工程，黄某将拆违工程款的 50%作为好处费送给吴丕华。2015 年 6 月，黄某以挂靠的海南安利鑫拆迁工程有限公司（以下简称安利鑫公司）承揽龙华区的拆违工程，在吴丕华的帮助下，安利鑫公司中标，并承揽了龙华区城管局的部分拆违工程。2015 年 12 月，吴丕华指示黄某开设一张户名为黄某的银行卡，并让黄某将约定的好处费存入该卡中。从2015年12月至2016年7月间，黄某将613万元好处费分七次存入该卡，每次均由黄某到吴丕华处拿该银行卡，将好处费存入后再将该卡交还给吴丕华。

2015年5月，吴丕华向陈某表示可以帮助陈某承揽龙华区城管局的拆违工程，陈某当场表示同意，并许诺承揽到拆违工程后会给吴丕华好处费。商定后，吴丕华利用职务便利，帮助陈某挂靠的海南亿方建筑工程有限公司（以下简称亿方公司）承揽了部分龙华区城管局的拆违工程。2015年11月至2016年6月间，陈某收到工程款后，分六次送给吴丕华好处费共计460万元，吴丕华均当场收受。

2015年3月至2016年7月间，吴丕华任城管局局长期间，利用职务之便，在拆除违章建筑、处罚违章建筑等方面为他人谋取利益，先后多次收受黄某、陈某等16人财物，合计人民币1227.8万元及烟酒等物品。

另外，吴丕华拥有家庭财产共计人民币2080.66万元、美元10万元。上述财产中，吴丕华有人民币420.4372万元和美元10万元不能说明并证明其来源。

查处过程

【立案审查】2017年3月，海口市纪委对吴丕华涉嫌严重违纪违法问题立案审查，经查明，吴丕华身为中共党员、国家工作人员，违反国家法律法规规定，利用职务上的便利，在拆除违法建筑工程项目承揽等方面为他人谋取利益，非法收受黄某、陈某等人财物；不正确履行职责，对龙华区城管局防控和查处违法建筑不力负有主要领导责任。2017年5月5日，经海口市纪委常委会会议研究，决定给予吴丕华开除党籍、开除公职处分，将其涉嫌犯罪问题移送司法机关依法处理。

【审查起诉】2017 年 12 月 18 日，对于吴丕华涉嫌受贿罪、巨额财产来源不明罪一案，海口市人民检察院向海口市中级人民法院提起公诉。

【一审判决】海口市中级人民法院经开庭审理，于 2019 年 3 月 12 日作出一审判决，以受贿罪、巨额财产来源不明罪数罪并罚，判处吴丕华有期徒刑十四年，并处罚金人民币 300 万元。

一审判决后，吴丕华不服，向海南省高级人民法院提起上诉，其上诉理由包括：吴丕华仅受贿数额 98.8 万元，原判认定吴丕华受贿 1227.8 万元证据不足；吴丕华与黄某、陈某之间属于合作从事经营活动，虽然违规违纪，但不构成犯罪；吴丕华具有从轻、减轻处罚的量刑情节，原判量刑过重。

【二审裁定】2019 年 12 月 5 日，海南省高级人民法院作出终审裁定：原判认定事实清楚，证据确实、充分，定罪准确，量刑适当。审判程序合法。上诉人吴丕华的上诉理由及其辩护人的辩护意见均不能成立，本院不予采纳。二审出庭检察员的出庭意见均具事实根据和法律依据，本院予以支持。依照《中华人民共和国刑事诉讼法》第二百三十六条第（一）项之规定，裁定如下：驳回上诉，维持原判。本裁定为终审裁定。

纪法辨析

一、在认定吴丕华违纪行为时，需要重点把握哪些问题？

柳松（海口市纪委监委案件审理室工作人员）：本案是海口市纪委在监察体制改革之前办理的案件，我委案件审理部门和审查调查部门在吴丕华涉嫌受贿犯罪和不正确履职问题的定性方面以及对给予吴丕华开除党籍、开除公职的量纪档次方面的意见基本一致。尽管吴丕华对我委认定其上述违纪违法事实没有异议，并在违纪违法事实材料上签署“属实，我同意”的意见，但我委在该案处理过程中，仍重点把握一个问题，即吴丕华收受黄某、陈某财物的行为该如何定性。

在处理吴丕华一案中，我们重点对吴丕华收受黄某及陈某财物属于受贿行为还是属于合作分红行为进行了认真审核把关，在综合考虑吴丕华是否实际出资、是否与黄某陈某二人实际约定合作经营事项、是否利用职务便利等因素的基础上，认为吴丕华收受黄某及陈某财物的行为符合受贿犯罪中权钱交易的特征，涉嫌受贿犯罪。因此在通报中，我们认定，吴丕华“利用职务上的便利，在拆违工程项目承揽等方面为他人谋取利益，收受他人财物，涉嫌受贿犯罪”，并将其涉嫌犯罪问题、线索及款物移送司法机关依法处理。

二、在定性上，吴丕华与黄某、陈某之间属于合作从事经营活动的违规违纪行为还是受贿罪中权钱交易的行为？

杜伟（海口市人民检察院第一检察部副主任）：吴丕华在审查起诉阶段辩解其与黄某、陈某是合伙经营拆迁工程，黄某、陈某给其的一千余万元是工程款分成，承办检察官审查后认为该辩解不成立，不予采信。理由为：上述吴丕华收受贿赂，并为黄某、陈某提供承揽龙华区城管局辖区内拆迁工程的事实，除了吴丕华的多次有罪供述和黄某、陈某的证言印证之外，侦查部门还调取了拆迁工程合同、拨付款项的凭证、银行流水等，这些证据足以证明吴丕华利用职务之便，为黄某、陈某承揽工程，并从中收受贿赂的事实。

詹少明（海口市中级人民法院法官）：认定吴丕华收受黄某 613 万元、陈某 430 万元的事实构成受贿，应着重审查其行为是否符合受贿罪权钱交易的本质特征。吴丕华在担任龙华区城管局局长后，看到大量的拆违工程因为工程量大、成本低、利润高，便让黄某、陈某二人挂靠在拆迁公司名下来参与拆违工程。吴丕华在侦查阶段供称，作为龙华区城管局局长，龙华区的拆违工程由其决定谁来做，而且拆违的工程量有多少都是他来决定。在案相关书证和黄某、陈某的证言印证了吴丕华的供述，证实吴丕华收受黄某、陈某的巨额财物与其职权密不可分。黄某、陈某在获得大量的拆违工程款后，按照事先与吴丕华的约定，将工程款的50%作为好处费送给吴丕华，吴丕华均予以收受，属典型的权钱交易，符合受贿罪的构成要件。黄某、陈某证实并未与吴丕华合伙做生意，吴丕华在庭审中辩称系违规经商的违法所得，但并不能提出其实际出资的证据，亦无法说清其与黄某、陈某之间如何约定出资义务、股权分配、风险承担等合伙事项，更得不到黄某、陈某二人证言的印证。

三、吴丕华及其辩护人提出吴丕华仅受贿98.8万元，原判认定吴丕华受贿1227.8万元证据不足。如何看待这一观点？

詹少明：经查证，吴丕华在拆违工程承揽以及查处违建过程中，为行贿人黄某、陈某、符某等人提供帮助，收受1227.8万元好处费的事实有相关行贿人的证言予以证实，证人证言与侦查机关依法调取的拆违招标文件、工程合同、拨付款项凭证、行政处罚卷宗等书证相互印证，吴丕华在侦查阶段亦供认在卷。

特别是，办案机关事先仅掌握吴丕华收受符某40万元贿赂的犯罪线索，吴丕华到案后主动供述了其他受贿事实，本案证据呈现先供后证的特征，行受贿双方的证言、供述在受贿的时间、地点、请托事项、送钱方式以及受贿款项的保管和处分等诸多细节基本一致。同时，吴丕华在庭审中对收受黄某613万元、陈某460万元的事实始终供认不讳，只是辩称行为性质不属于受贿所得。因此，认定吴丕华受贿 1227.8 万元的证据确实、充分，对此，二审也予以确认。

四、在量刑上，吴丕华有主动交代办案机关尚未掌握的大部分受贿犯罪事实和立功表现，是否构成自首？应如何量刑？

柳松：最高人民法院《关于处理自首和立功具体应用法律若干问题的解释》第一条规定，“根据刑法第六十七条第一款的规定，犯罪以后自动投案，如实供述自己的罪行的，是自首”。其中，“自动投案，是指犯罪事实或者犯罪嫌疑人未被司法机关发觉，或者虽被发觉，但犯罪嫌疑人尚未受到讯问、未被采取强制措施时，主动、直接向公安机关、人民检察院或者人民法院投案”。吴丕华是在纪委查处后如实供述了自己的罪行，不属于自动投案，不能认定为自首。

杜伟：在审查起诉阶段和审判阶段，吴丕华对大部分受贿事实也不认罪。一是吴丕华认为其受贿数额为 98.8 万元，认定受贿 1227.8 万元证据不足；二是吴丕华认为其与黄某、陈某之间属于合作从事经营活动，虽然违规违纪，但不构成受贿犯罪。根据最高人民法院《关于处理自首和立功具体应用法律若干问题的解释》的规定，犯罪嫌疑人自动投案并如实供述自己的罪行后又翻供的，不能认定为自首；但在一审判决前又能如实供述的，应当认定为自首。因此吴丕华并没有“如实供述自己的罪行”，依法不构成自首。因此本院出具的量刑建议为：

1. 犯罪嫌疑人吴丕华的行为依法构成受贿罪，应当在十年以上有期徒刑、无期徒刑的幅度内量刑，并处罚金或者没收财产。其有法定量刑情节：收受贿赂，数额特别巨大。根据我国《刑法》第三百八十五条第一款、第三百八十三条第一款第三项、第三百八十六条之规定，建议以受贿罪判处吴丕华无期徒刑，剥夺政治权利终身，并处没收财产。

2. 吴丕华的行为依法还构成巨额财产来源不明罪，差额特别巨大，应当在三年以上十年以下有期徒刑之间量刑，财产差额部分予以追缴。根据我国《刑法》第三百九十五条第一款之规定，建议以巨额财产来源不明罪判处吴丕华五至七年有期徒刑，财产差额部分予以追缴。

詹少明：经查，海口市纪委事先掌握了吴丕华受贿40万元的犯罪线索，吴丕华到案后除了如实供述该40万元的受贿事实，还主动供述了尚未掌握的其他收受他人财物的事实。虽然吴丕华在接受审查期间认罪态度较好，但根据最高人民法院《关于处理自首和立功具体应用法律若干问题的解释》第四条的规定，他不构成自首。综合考虑吴丕华构成立功及吴丕华在一审庭审中拒不认罪等量刑情节，我院判决被告人吴丕华犯受贿罪，判处有期徒刑十二年，并处罚金人民币300万元；犯巨额财产来源不明罪，判处有期徒刑三年；数罪并罚决定执行有期徒刑十四年，并处罚金人民币300万元。海南省高级人民法院认为一审量刑适当，予以维持。

（程威，原载于《中国纪检监察报》2019年12月18日）

从轻处罚原因何在

——广西壮族自治区柳州市水利局原副调研员、三江侗族自治县原常务副县长潘义海案量纪量法分析

广西壮族自治区柳州市柳北区人民法院经公开开庭审理，对柳州市水利局原副调研员、三江侗族自治县原常务副县长潘义海受贿案作出一审判决，判处其有期徒刑 4 年 6 个月。法院审理认为，潘义海构成自首，在量刑时对其从轻处罚。

本案中，基于什么样的事实证据和法律法规认定潘义海构成自首？又是基于哪些情节对其从轻处罚？我们特邀柳州市纪委监委、柳州市柳北区人民检察院和柳州市柳北区人民法院有关同志，就本案中的纪法有关问题进行分析。

基本案情

2009 年，潘义海利用担任三江县村寨防火改造工程领导小组办公室主任的职务便利，为易某某承揽三江县独峒乡平流村平流屯消防、人饮工程提供帮助，并于 2010 年初在三江县委大院内收受易某某给予的感谢费现金 10 万元。2010 年，潘义海利用担任三江县人大常委会副主任的职务形成的便利条件，通过向其他国家工作人员打招呼的方式，为易某某承接三江县某小学教学综合楼项目提供帮助，并在三江县委大院收受易某某

给予的感谢费现金5万元。2015年至2018年每年春节，潘义海在自建房内收受易某某以拜年的名义给予的现金1万元，共计4万元。2019年5月，潘义海调到柳州市工作后，和易某某聊天中谈到自己欲购买一辆汽车，但购车款不足，易某某为感谢潘义海在三江县工作期间对他生意上的照顾，将15万元作为感谢费通过梁某某的银行卡转给潘义海，潘义海收下。

2009年，潘义海利用担任三江县村寨防火改造工程领导小组办公室主任的职务便利，通过向三江县政府推荐和开会形成会议纪要的方式，为佘某某经营的装饰材料门市成为村寨防火改造工程电改材料定点供货商提供帮助。2010年，潘义海先后4次通过易某某收受佘某某给予的感谢费共计60万元。

2011年，潘义海担任三江县风雨桥建设办公室副主任，具体负责实施风雨桥的亮化工程。其间，潘义海接受罗某某的请托，通过告知相关设计要求及提出工程建议等方式，为罗某某承接三江风雨桥亮化工程提供帮助，并于2011年底和2012年8月，先后两次在家中收受罗某某给予的感谢费10万元及15万元，共计25万元。

潘义海在担任三江县人大常委会副主任、政协党组成员、副县长、常务副县长、县委常委及县村寨防火改造工程领导小组办公室主任、县风雨桥建设办公室副主任期间，利用职务上的便利以及利用其本人职权或者地位形成的便利条件，为易某某等10人在工程包揽、项目建设方面提供帮助，非法收受易某某、佘某某、罗某某等10人共计267万元。

查处过程

【立案审查调查】2019年2月18日，柳州市纪委对潘义海任三江县政府原党组副书记、副县长期间履职不力涉嫌违纪的问题立案审查。在审查期间，潘义海主动向组织交代其利用职务上的便利，为他人谋取利益，收受他人财物38万元的问题。同年3月28日，柳州市监委对潘义海涉嫌严重违法问题进行立案调查。5月30日，经广西壮族自治区纪委监委批准对潘义海采取留置措施，同年6月3日，柳州市纪委监委对其采取留置措施。在留置期间，潘义海又交代了组织尚未掌握的涉嫌受贿229万元的问题。经查明，潘义海身为党员领导干部，违反中央八项规定精神和工作纪律，不认真履职，工作中存在形式主义、官僚主义行为，导致扶贫项目推进缓慢，大量扶贫资金闲置；利用职务上的便利以及利用其本人职权或地位形成的便利条件，为易某某等10人谋取利益，非法收受易某某等人财物共计267万元。2019年8月29日，经柳州市纪委常委会会议研究并报市委批准，决定给予潘义海开除党籍、开除公职处分；将其涉嫌犯罪问题移送检察机关依法审查起诉，涉案财物随案移送。

【审查起诉】2019年10月8日，对于潘义海涉嫌受贿罪一案，柳州市柳北区人民检察院向柳州市柳北区人民法院提起公诉。

【一审判决】柳州市柳北区人民法院适用普通程序，公开开庭审理了此案，于2019年11月28日作出一审判决：被告人潘义海犯受贿罪，判处有期徒刑四年六个月，并处罚金人民币40万元；被告人潘义海退出的赃款人民币267万元，依法予以没收，上缴国库。潘义海服从判决，没有上诉。

纪法辨析

一、本案的最大特点是什么？在认定潘义海违纪违法行为时重点把握了哪些问题？

韦焕吉（柳州市纪委监委审理室干部）：本案的一大特点在于，柳州市纪委监委在查办潘义海不正确履行职责涉嫌违纪时，其主动交代了自身涉嫌受贿犯罪的问题。我委案件审理部门和审查调查部门对潘义海违纪违法事实的定性和处理意见一致，潘义海违反中央八项规定精神和工作纪律，不认真履职，工作中存在形式主义、官僚主义行为，导致扶贫项目推进缓慢，大量扶贫资金闲置；利用职务上的便利以及利用其本人职权或地位形成的便利条件，为易某某等 10 人谋取利益，非法收受易某某等人财物共计 267 万元，且在党的十八大后不收敛、不收手，情节严重，涉嫌受贿犯罪。经市纪委常委会会议审议并报市委批准，给予潘义海开除党籍、开除公职处分，并将其涉嫌犯罪问题移送检察机关依法审查起诉。

关于潘义海涉嫌受贿的事实均是其本人主动交代，且其对我委认定的违纪违法事实均无异议，并在违纪违法事实材料上签署“属实，我同意”的意见。

在处理该案过程中，对潘义海通过其女婿荣某以借款的名义收受曹某送予的感谢费 55 万元该如何定性的问题，我们围绕涉嫌受贿还是正常借贷进行了重点审核。潘义海在 2010 年利用职务便利为曹某谋取利益之时，曹某已允诺会给予一定的感谢费，其后，潘义海女婿荣某需要用钱，潘义海告诉荣某，曹某曾在某项目上答应给他一笔感谢费，让荣某直接找曹某要钱。荣某找到曹某，提出“借钱”，但双方都明知这是来要项目“感谢费”的。且双方并未签订借款协议，未约定还款时间及利息，荣某也未有任何还款意思表示及行为。因此，这笔 55 万元名义上是“借”，本质上却是国家工作人员利用职务上的便利，为他人谋取利益，收受他人财物，涉嫌受贿犯罪。在起诉意见书中，我们认定潘义海利用职务上的便利，为他人谋取利益以及利用本人职务地位形成的便利条件，为他人谋取不正当利益，收受他人财物，涉嫌受贿犯罪。

二、潘义海是否具有自首情节？

毛德宁（柳州市柳北区人民检察院员额检察官）：本院认定潘义海具有自首情节是根据刑法第六十七条以及最高人民法院、最高人民检察院《关于办理职务犯罪案件认定自首、立功等量刑情节若干问题的意见》。根据刑法第六十七条第一款的规定，成立自首需要同时具备自动投案和如实供述自己的罪行两个要件。犯罪事实或者犯罪分子未被办案机关掌握，或者虽被掌握，但犯罪分子尚未受到调查谈话、讯问，或者未被宣布采取调查措施或者强制措施时，向办案机关投案的，是自动投案。在此期间如实交代自己的主要犯罪事实的，应当认定为自首。

我们在审查案情时，结合监察委员会的立案审查材料、立案决定书、监察委员会采取留置措施的相关文件及到案经过等书证以及潘义海在纪律检查委员会谈话笔录反映的谈话时间及谈话内容，充分证实了潘义海在未被采取留置措施前，接到监察机关的电话通知后，就到监察机关主动如实供述了主要犯罪事实，符合自首的两个要件，由此认定潘义海具有自首情节。

龙玉柳（柳州市柳北区人民法院刑事审判庭庭长）：根据刑法第六十七条第一款规定，犯罪以后自动投案，如实供述自己的罪行的，是自首。对于自首的犯罪分子，可以从轻或者减轻处罚。其中，自动投案，是指犯罪事实或者犯罪嫌疑人未被司法机关发觉，或者虽被发觉，但犯罪嫌疑人尚未受到讯问、未被采取强制措施时，主动、直接向公安机关、人民检察院或者人民法院投案。被告人潘义海在被采取强制措施之前，在接到柳州市纪委监委办案人员的电话通知后，到柳州市纪委监委主动协助调查其他案件，并主动、如实交代了柳州市纪委监委尚未掌握的上述全部犯罪事实，构成自首。

三、自首作为法定量刑情节，对于自首的犯罪嫌疑人，既可以从轻处罚，也可以减轻处罚。对于潘义海，为何不是减轻处罚而是从轻处罚？结合全案事实，在对潘义海量刑时还有哪些方面的考量？

毛德宁：对于潘义海的自首情节是适用从轻还是减轻处罚这个问题，我们考虑到潘义海受贿时间从2009年至2019年，时间跨度长达10年，行贿人员多达10人，受贿次数24次，更严重的是，他多次利用分管村寨防火改造工程以及扶贫项目等职务便利为他人谋取利益，收受财物，这些项目都是关乎群众切身利益的项目，对群众生活有切实影响，鉴于潘义海的受贿行为有一定的危害后果及恶劣影响，因此我们建议对潘义海从轻处罚而非减轻处罚。

龙玉柳：公诉机关认为潘义海有自首情节，潘义海的辩护律师认为潘义海有自首情节，是初犯，请求法院对潘义海从轻处罚。对于公诉机关和潘义海辩护人的意见，法院予以认可和采纳。此外，被告人潘义海及其亲属在2019年3月25日及8月16日已将赃款267万元交到柳州市监委，全部退出赃款。

刑法第三百八十三条第一款第二项规定，贪污数额巨大或者有其他严重情节的，处三年以上十年以下有期徒刑，并处罚金或者没收财产。第三款规定，犯第一款罪，在提起公诉前如实供述自己罪行、真诚悔罪、积极退赃，避免、减少损害结果的发生，有第一项规定情形的，可以从轻、减轻或者免除处罚；有第二项、第三项规定情形的，可以从轻处罚。最高人民法院、最高人民检察院《关于办理贪污贿赂刑事案件适用法律若干问题的解释》第二条第一款规定，贪污或者受贿数额在二十万元以上不满三百万元的，应当认定为刑法第三百八十三条第一款规定的“数额巨大”，依法判处三年以上十年以下有期徒刑，并处罚金或者没收财产。

本案中，潘义海2009年至2019年期间累计受贿金额267万元，应当认定为“数额巨大”，依法应判处三年以上十年以下有期徒刑，并处罚金或者没收财产。综合被告人潘义海有自首情节，依法可以从轻或者减轻处罚；被告人潘义海在被提起公诉前如实供述自己的罪行，真诚悔罪，认罪认罚，积极退赃，减少损害结果的发生，可以从轻处罚。综合考虑本案的具体情况及潘义海的犯罪事实、情节、认罪态度、悔罪表现及社会危害性，从“宽严相济”刑事政策考虑，决定对其从轻处罚。

（刘一霖、程威，原载于《中国纪检监察报》2019年12月25日）

他是否构成自首

——从四川省成都市龙泉驿区一起抗诉案件说起

四年，还是五年？看似这是简单的选择题，其实背后有着量刑大学问。在近日四川省成都市中级人民法院判决的一起抗诉案件中，就遇到了是否认定自首判处被告人有期徒刑四年还是五年的问题，一年之差，关系着量刑档次以及自首认定。

本案中，被告人犯挪用公款罪。而根据刑法第三百八十四条规定，五年是一个重要的量刑档次，“挪用公款数额较大、进行营利活动的……是挪用公款罪，处五年以下有期徒刑或者拘役；情节严重的，处五年以上有期徒刑”。一审判决认定被告人构成自首、减轻处罚，并判处被告人有期徒刑四年。对此，区检察院认为一审判决认定被告人构成自首没有事实及法律依据，向成都市中级人民法院提出抗诉。2019 年 11 月 12 日，成都市中级人民法院作出二审判决认为，原判认定黄贤东成立自首错误，并改判原审被告人有期徒刑五年。抗诉的理由是什么？成都市中级人民法院作何判断？我们特邀相关单位工作人员就本案中的纪法有关问题进行分析。

基本案情

2012 年 3 月至 2015 年 7 月，黄贤东在成都市龙泉驿区茶店镇人民政府劳动保障所工作期间，利用经手办理城乡居民年满六十周岁一次性趸缴至满 15 年养老保险费业务的职务便利，采取收款不入账等手段，陆续将其经手收取的 140 名茶店镇辖区农村居民缴纳的养老保险费共计人民币 273 万余元予以截留使用。其间，黄贤东为防止挪用养老保险费事实败露，通过个人银行账户累计将其中 184 万余元用于向上述缴费村民发放“养老金”。

同时，黄贤东先于 2013 年 10 月以尹某的名义注册成立某网络科技有限公司，使用被其挪用的养老保险费进行网络游戏开发、运营等经营性活动。之后，其又使用资金于 2015 年 6 月以个人名义投资某科技有限公司系列产品的运营和开发。另外，部分资金被黄贤东个人日常耗用。2015 年 9 月至 10 月，黄贤东陆续将上述大部分涉案群众的一次性趸缴保险金额足额补交至龙泉驿区人社局社保银行专户，至 2018 年 10 月，黄贤东将全部但不限于涉案 140 名群众欠缴的养老保险费共计 187 万余元补缴至社保财政银行专户。

2018 年 7 月 16 日，龙泉驿区茶店镇纪委在开展“一卡通”专项治理过程中，收到茶店镇长丰村村委会反映该村村民在购买城乡居民养老保险中，茶店镇人民政府劳动保障所工作人员有收取款项后未缴入社保账户的情形。2018 年 7 月 26 日，茶店镇纪委展开调查，发现黄贤东涉嫌职务犯罪的问题，并将线索移交龙泉驿区纪委监委。2018 年 7 月 27 日，龙泉驿区监委对其严重违法涉嫌犯罪问题立案调查。2018 年 8 月 2 日，龙泉驿区监委通知黄贤东接受调查。黄贤东到案后真诚悔罪悔过，如实坦白了监察机关已掌握的其收取并挪用茶店镇居民汤某英、谢某华、吴某章 3 人缴纳的农村养老保险金的违法事实，且主动交代了其收取并挪用监察机关尚未掌握的另外 143 名茶店镇农村居民缴纳的养老保险金的违法事实。案发后，黄贤东分别以补缴养老金、退款等形式弥补了挪用的 146 名群众的损失。

一审中，黄贤东对公诉机关指控的基本事实和罪名均无异议，但认为其通过个人账户向参保群众“发放了部分养老金”，其发放部分应为用后面挪用的归还了前面被挪用的款项，在犯罪金额计算时应予以抵扣，以最后未归还的数额计算。二是在案发前已全部补缴了费用，属于犯罪中止。三是其如实供述了办案机关尚未掌握的犯罪事实，属于自首。

龙泉驿区人民法院认为，黄贤东身为国家工作人员，利用职务上的便利，挪用公款归个人使用，超过三个月未归还并部分进行营利活动，数额达200万元以上，其行为已构成挪用公款罪，且属于情节严重，应依法惩处。公诉机关指控黄贤东犯挪用公款罪的罪名成立。黄贤东在办案机关通知到案后如实供述了办案机关尚未掌握的主要犯罪事实，按自首论处，减轻处罚。黄贤东无犯罪前科且已全部退缴了其挪用的公款，酌情从轻处罚。黄贤东关于其属于犯罪中止的辩解与庭审查明的事实及法律规定不符，不予采纳。黄贤东用其本人个人账户给参保人员发放所谓的“养老金”系其为了掩盖犯罪而采用的手段，而不是归还赃款的行为，其关于用后挪用公款归还前挪用公款的辩解与庭审查明的事实不符，不予采纳。但黄贤东的上述辩解不影响对其如实供述犯罪事实的认定。据此，根据黄贤东的犯罪事实、犯罪性质、情节和对于社会的危害程度，判决黄贤东犯挪用公款罪，判处有期徒刑四年。

一审判决后，龙泉驿区人民检察院提出抗诉，认为原审认定黄贤东构成自首没有事实及法律依据。

2019年11月12日，成都市中级人民法院作出二审判决认为，原判认定黄贤东成立自首错误，应予纠正。

查处过程

【立案审查调查】2018年7月27日，龙泉驿区监委决定对黄贤东涉嫌严重违法职务犯罪问题立案调查。8月22日，龙泉驿区茶店镇纪委决定对黄贤东违犯党纪问题立案审查。经查明，黄贤东身为中共党员、国家机关工作人员，违反国家法律法规，利用职务上的便利，挪用公款，数额较大，且部分用于营利活动。2018年10月17日，经龙泉驿区纪委常委会（监委委务会）会议审议，决定给予黄贤东开除党籍、开除公职处分，将其涉嫌犯罪问题移送司法机关审查起诉。

【审查起诉】2018年12月4日，对于黄贤东涉嫌挪用公款罪一案，龙泉驿区人民检察院向龙泉驿区人民法院提起公诉。

【一审判决】龙泉驿区人民法院经开庭审理，于2019年6月28日作出一审判决，认为黄贤东在办案机关通知到案后如实供述了办案机关尚未掌握的主要犯罪事实，按自首论处，减轻处罚，并最终以挪用公款罪，判处黄贤东有期徒刑四年。

【提出抗诉】一审判决后，龙泉驿区人民检察院提出抗诉，认为原审认定黄贤东构成自首没有事实及法律依据，属于认定事实不清，适用法律错误。

【二审判决】2019年11月12日，成都市中级人民法院作出二审判决，判定黄贤东的行为不构成自首，原判认定黄贤东成立自首错误，应予纠正。抗诉机关的抗诉意见成立。同时，案发后黄贤东分别以补缴养老金、退款等形式弥补了挪用的146名群众的损失，依法认定其认罪态度好，对其从轻处罚。判决撤销龙泉驿区人民法院（2018）川0112刑初729号刑事判决。黄贤东犯挪用公款罪，判处有期徒刑五年。

纪法辨析

一、本案中，黄贤东有哪些从重或从轻量纪量法情节？

叶川（成都市龙泉驿区纪委监委案件审理室副主任）：本案中黄贤东挪用的是经手的村民缴纳的养老保险费。从资金性质上看，这属于社保基金范畴，且挪用次数多，持续时间长，性质恶劣，应从重量纪。同时，黄贤东在案发前，已经着手退赔相关款项，截至移送司法机关审查起诉前，黄贤东通过为涉及投保人员补缴养老保险费等方式，对146名涉及投保人员的参保和退费问题全部予以解决。黄贤东到案后，如实坦白了组织已掌握的其收取并挪用茶店镇村民汤某英等3人缴纳的农村养老保险费的违法事实，并主动交代了组织尚未掌握的其收取并挪用组织尚未掌握的另外143名村民缴纳的农村养老保险费的违法事实，可以从轻量纪。但鉴于黄贤东的行为已经涉嫌犯罪，因此区纪委监委最终决定对其给予开除党籍和开除公职处分。

二、一审判决后，龙泉驿区人民检察院认为判决认定黄贤东构成自首没有事实及法律依据，因此提出抗诉，具体怎么理解？

胡兴（成都市龙泉驿区人民检察院第一检察部主任）：根据在案证据材料相互印证证实，2018年7月27日，龙泉驿区监委对本案立案调查，被告人黄贤东于2018年8月2日经区监委调查人员传唤到案接受调查，其到案后，如实坦白了区监委已掌握的其收取并挪用茶店镇村民汤某英等3人缴纳的农村养老保险金的违法事实，并主动交代了区监委尚未掌握的挪用另外143名村民缴纳的农村养老保险金的违法事实。上述汤某英等3人在本院起诉书指控的被挪用的140人名单之中，其他人被挪用农村养老保险金事实与办案机关掌握的线索所针对的事实系同一事实，根据最高人民法院、最高人民检察院《关于办理职务犯罪案件认定自首、立功等量刑情节若干问题的意见》之“一、关于自首的认定和处理”中关于“没有自动投案，在办案机关调查谈话、讯问、采取调查措施或者强制措施期间，犯罪分子如实交代办案机关掌握的线索所针对的事实的，不能认定为自首”，以及“没有自动投案，但具有以下情形之一的，以自首论：（1）犯罪分子如实交代办案机关未掌握的罪行，与办案机关已掌握的罪行属不同种罪行的；（2）办案机关所掌握线索针对的犯罪事实不成立，在此范围外犯罪分子交代同种罪行的”的相关规定，结合在案相关书证材料及其他证据，黄贤东自首情节不成立。

三、二审判决为何认定黄贤东不构成自首？如何看待原审被告人黄贤东及其辩护人所提构成自首的辩解及辩护意见？

杨承庚（成都市中级人民法院四级高级法官）：在我国，职务犯罪的认定自首条件比其他刑事犯罪更加严格。职务犯罪的主体是特殊主体，是国家机关工作人员或者国家工作人员，在认定是否构成自首时，法律对投案的自愿性和主动性作了更加严格的规定。最高人民法院、最高人民检察院《关于办理职务犯罪案件认定自首、立功等量刑情节若干问题的意见》规定，“没有自动投案，在办案机关调查谈话、讯问、采取调查措施或者强制措施期间，犯罪分子如实交代办案机关掌握的线索所针对的事实的，不能认定为自首”“没有自动投案，但具有以下情形之一的，以自首论：（1）犯罪分子如实交代办案机关未掌握的罪行，与办案机关已掌握的罪行属不同种罪行的；（2）办案机关所掌握线索针对的犯罪事实不成立，在此范围外犯罪分子交代同种罪行的”。

本案中，黄贤东早在 2012 年 3 月就开始实施挪用农村居民养老保险费的犯罪行为，且一直持续到 2015 年 7 月，其挪用的农村居民养老保险费涉及140余人、270余万元，犯罪性质恶劣，社会影响大。2017年7月17日，成都市龙泉驿区茶店镇纪委在专项治理“微腐败”巡查中发现黄贤东存在违反财经纪律的行为，并给予黄贤东党纪处分。此时，黄贤东没有主动投案交代其挪用农村居民养老保险费的犯罪事实。2018年8月2日，黄贤东被龙泉驿区监委通知到案调查后，才如实交代了纪委监委掌握的收取并挪用茶店镇居民汤某英、谢某华、吴某章3人缴纳的农村养老保险金的犯罪事实，和主动交代了纪委监委未掌握的其他犯罪事实。黄贤东并非主动投案，且交代的犯罪事实与纪委监委已掌握的犯罪线索针对的犯罪事实属同种罪行。所以，黄贤东的行为不能被认定为自首。

根据上述引用的司法解释第三条：“犯罪分子如实交代犯罪事实，有下列情形之一的，一般应当从轻处罚：（1）办案机关仅掌握小部分犯罪事实，犯罪分子交代了大部分未被掌握的同种犯罪事实的。”故本案从轻对被告人处以五年有期徒刑。

（程威，原载于《中国纪检监察报》2020年1月8日）

普通公民为何构成职务犯罪

——从浙江省临海市一非国家工作人员被留置说起

医疗机构中内外勾结腐败，往往涉及刑法规定的共同职务犯罪。近日，浙江省台州市中级人民法院对该市一普通公民与公立医院负责人合谋，涉嫌挪用公款罪、受贿罪和行贿罪作出了终审裁定。本案中有许多问题值得研讨，普通公民为何触犯挪用公款罪和贪污罪等职务犯罪罪名，如何理解共同犯罪，如何透过看似合法的民事法律关系之表、抓住侵害职务廉洁性和不可收买性的犯罪事实之里？对此，我们特邀相关单位有关同志就本案中的关键问题各抒己见。

基本案情

2019 年 12 月 27 日，浙江省台州市中级人民法院裁定驳回蔡统敏上诉，维持一审判决。自此，由临海市纪委监委立案调查、临海市人民检察院审查起诉、临海市人民法院一审判决、台州市中级人民法院二审裁定的蔡统敏犯挪用公款罪、贪污罪、行贿罪一案尘埃落定。

一般情况下，非国家工作人员不会涉及职务犯罪。那么，蔡统敏作为普通公民，为何会被临海市监委留置，又为何触犯挪用公款罪和贪污罪等职务犯罪罪名？

事情还要从 2007 年说起。2007 年至 2008 年 1 月，临海市第一人民医院（以下简称市一医院）为解决债务困境，拟建设该院的一号综合服务楼项目，并最终决定采取合作建房形式进行邀请招标，中标者需支付给医院一定款项并自行建造房屋、享受50年房屋使用权。

2007年底，蔡统敏经冯某（另案处理）介绍认识了时任市一医院副院长、分管医院财务工作、具体负责该项目的翁某（另案处理），后参与该项目的投标。2008年1月15日，蔡统敏以1510万元中标该项目。后蔡统敏和翁某等人商定：蔡统敏占三分之一股份，翁某占九分之一股份。

2008年1至2月间，蔡统敏和市一医院签订项目合同，约定由蔡统敏自行投资建房，建房过程中相关费用先由蔡统敏支付给市一医院，再由市一医院支付给相应单位。

在该项目审批、建造过程中，人防易地建设费、工程款等费用应先由蔡统敏支付给市一医院，再由市一医院支付给相应单位。其间，蔡统敏因资金紧张，向翁某提出由市一医院为其垫付部分费用。翁某同意，后向时任市一医院院长的崔某（另案处理）提出。崔某、翁某二人为了个人利益，未经集体讨论，擅自决定使用市一医院公共资金为蔡统敏垫付相关费用，2008年6月至2009年12月，市一医院为蔡统敏支付了人防易地建设费、工程款、自来水安装费等费用共计138万余元。

2009年8月，蔡统敏将建成的市一医院综合服务楼一层部分店铺出租给银行，并在开具发票过程中发现其需要缴税。于是，蔡统敏与翁某商量，在明知房屋出租所缴税款应由蔡统敏等个人承担的情况下，决定以房租税返还为名骗取市一医院公款。后二人骗得崔某同意。截至案发，蔡统敏从市一医院实际骗得公款61万余元，并按股份进行了分配。

2008年至2017年间，蔡统敏为了谋取在合同中加入有利于自己的条款、让市一医院用公共资金代付工程款、从市一医院骗取税费等不正当利益，给予崔某现金、购物卡共计16.5万元，给予翁某财物共计1.5

万元，崔某、翁某予以收受。

2019 年 2 月 25 日，经台州市纪委监委批准，临海市纪委监委对蔡统敏采取留置措施。归案后，蔡统敏退出违法所得 80 万元。

查处过程

【立案调查】2019 年 2 月 25 日，蔡统敏被临海市监委立案调查，并依程序被采取留置措施。

【采取刑事强制措施】2019 年 4 月 25 日，临海市监委将蔡统敏涉嫌犯罪问题移送审查起诉。同日，经临海市人民检察院决定，蔡统敏被临海市公安局刑事拘留，同年 4 月 30 日被逮捕。

【审查起诉】2019 年 6 月 18 日，针对蔡统敏涉嫌犯罪一案，临海市人民检察院向临海市人民法院提起公诉。

【一审判决】2019 年 10 月 28 日，临海市人民法院作出一审判决，蔡统敏犯贪污罪、挪用公款罪、行贿罪，数罪并罚，决定执行有期徒刑六年八个月，并处罚金人民币五十万元。

【提起上诉】蔡统敏不服一审判决，提起上诉。

【二审判决】2019 年 12 月 27 日，台州市中级人民法院裁定驳回上诉，维持原判。

纪法辨析

一、蔡统敏是否为监察对象？为何对他采取留置措施？

朱文文（临海市纪委监委第六纪检监察室工作人员）：按照监察法第十五条规定，蔡统敏不是监察对象。之所以监委能对他立案调查，是因为在市一医院一号综合服务楼项目建设过程中，蔡统敏与市一医院包括时任院长崔某在内的相关领导，存在不正当经济往来，蔡统敏涉嫌行贿罪、贪污罪（共犯）等罪名，其所犯罪名属于监察机关管辖。

对蔡统敏采取留置措施有三点理由：一是通过拉拢时任市一医院负责该项目的分管副院长翁某，以拉拢入股的方式，获得标底价并中标。二是通过向时任院长崔某行贿的方式，违规签订补充合同，通过合同条款违法延长租赁期限和套取医院资金。三是通过医院走账的方式，经崔某、翁某同意，从医院挪用公款用于蔡统敏个人工程建设。

2019 年 2 月 25 日，调查人员将蔡统敏带到留置点谈话。在留置阶段，蔡统敏在事实与证据面前，在调查人员耐心细致的思想工作下，逐步交代了自己的违法犯罪事实。

二、根据监委查清的事实，蔡统敏涉嫌哪些犯罪？

朱文文：根据查清的事实，蔡统敏存在以下问题：

挪用公款共犯。在市一医院一号综合服务楼工程项目建设过程中，蔡统敏因资金紧张，支付工程相关费用困难，让翁某、崔某用市一医院公款代付工程相关费用。蔡统敏在中标后多次送给崔某购物卡、现金等财物，同他搞好关系，崔某对蔡统敏很关照，同意让市一医院帮其支付工程款；翁某是项目股东之一，所以也同意让市一医院帮蔡统敏支付工程款。最终，市一医院用公款支付人防易地建设费、工程款、自来水安装费、监理费等工程项目相关费用共计 138 万余元。

贪污公款共犯。2011 年至 2018 年间，蔡统敏和翁某商量，经崔某同意，以市一医院需要支付房租税给蔡统敏的名义，从市一医院套取人民币共计 61 万余元。

行贿。经查，2008 年至 2013 年间，蔡统敏分别送给崔某 10 万元现金和 6.5 万元购物卡。为了得到翁某的关照，送给翁某 1.5 万元购物卡。崔某、翁某在蔡统敏承揽工程、资金拨付等方面提供帮助。

三、本案中，如何理解共同犯罪？在审查起诉中，主要考虑哪些关键问题？

宋海敏（临海市人民检察院第二检察部主任）：本案的挪用公款和贪污事实均发生在市一医院一号综合服务楼项目的建设、运营过程中。蔡统敏作为非国家工作人员本不涉及职务犯罪，之所以追究其贪污罪、挪用公款罪，是因为其行为符合刑法关于共犯的规定。

在项目建设过程中，蔡统敏因为资金不足，向翁某提出由市一医院垫付部分建设费用。翁某答应，并积极游说崔某。在整个事件中，蔡统敏不仅是公款的使用者，更是挪用公款犯罪事实的指使者、积极策划者，其行为符合最高人民法院《关于审理挪用公款案件具体应用法律若干问题的解释》相关规定，应以挪用公款罪的共犯定罪处罚。

综合服务楼建成后，蔡统敏作为经营者将房屋出租给银行，后发现要缴纳税费。为了不丧失该部分利益，蔡统敏再次和翁某商议，利用翁某的职务便利，骗崔某代表市一医院与蔡统敏签订补充合同，明确了市一医院返还给蔡统敏房租税的条款。在整个事件中，蔡统敏是提议者、策划者、利益实际获得者，其行为符合我国《刑法》第三百八十二条第三款规定的“与前两款所列人员勾结，伙同贪污的”，应以贪污罪的共犯论处。

在本案的审查起诉过程中，存在多方面的争议。最大的争议焦点是：蔡统敏与市一医院之间的民事合同关系是否阻断刑事犯罪的成立？辩护人提出：双方系平等、合法的民事主体，市一医院同意为蔡统敏垫付建设费用，约定房租税返还给蔡统敏，都是民事行为，而非刑事犯罪。对此，我们认为，民事法律关系不是贪腐的“隐身衣”，要透过民事法律关系的表象，抓住社会危害的实质。本案中，蔡统敏与市一医院之间确实存在合同关系，但在挪用公款、贪污的事实中，辩护人所述的民事法律关系之所以出现，是因为蔡统敏通过行贿、建立利益共同体等方式，指使、教唆翁某、崔某违背职责作出对蔡统敏有利、对市一医院有害的行为。蔡统敏与翁某、崔某涉嫌共同犯罪，应被追究刑事责任。

另外，在挪用公款事实中，还存在一个争议问题，即崔某、翁某决定用医院公共资金为蔡统敏垫付建设费用是为谁的利益。辩护人提出：根据医院和蔡统敏之间的协议，医院是综合服务楼建设的法律主体，当出现蔡统敏无法支付费用的情形，医院有支付建设费用的义务，因此使用医院公共资金支付建设费用是为了医院利益，符合2003年《全国法院审理经济犯罪案件工作座谈会纪要》规定“经单位领导集体研究决定将公款给个人使用，或者单位负责人为了单位的利益，决定将公款给个人使用的，不以挪用公款罪定罪处罚”，不构成挪用公款。

我们审查发现，本案不存在为医院利益的情形。医院之所以采取与蔡统敏合作建房形式，是因为既省去建房费用，又可获得中标费来缓解医院财务困境。医院为蔡统敏垫付建设费用，完全违背了这个初衷。建设过程中，承建的建筑公司、监理公司均未向医院提出过支付款项的要求，即医院并未实际受到民事违约风险。医院垫付建设费用后，过了两三年才与蔡统敏进行了清算，崔某和翁某均未向蔡统敏讨要所垫付资金的孳息。相反，本案存在明显的个人利益，翁某与蔡统敏系共同利益者，崔某收受了蔡统敏的贿赂。综上，崔某、翁某决定用医院公款为蔡统敏垫付建设费用是为了二人自己的私利，而非为了医院。

四、判决中，如何看待蔡统敏的上诉理由及辩护意见？人防易地建设费等应由蔡统敏负责，依据是什么？

朱康华（台州市中级人民法院刑事审判第一庭法官）：蔡统敏及其辩护人认为，第一，蔡统敏的行为不构成挪用公款罪。理由是，市一医院是工程各个项目合同法律上的相对方，负有支付各工程款的义务，因此，一审判决认定的挪用138万余元实际上是市一医院应付的各工程款项，而不是垫付工程款。第二，蔡统敏与市一医院自愿签订合同，约定在市一医院领取税款60余万元，依法不能认定为贪污罪。

二审法院经审理后认为，在案的证据经庭审质证相互印证，足以认定，市一医院一号综合服务楼项目的人防易地建设费、工程款等费用应由蔡统敏负责，先由蔡统敏支付给市一医院，再由市一医院支付给相应单位。蔡统敏与市一医院于2008年1月签订的《投资建造临街综合服务楼项目合同》中约定，在该项目审批、建造过程中，人防易地建设费、工程款等一切费用由蔡统敏自行承担，蔡统敏自行投资建房，由被告人蔡统敏支付1510万元中标价给市一医院。而蔡统敏为解决资金困难，与同案犯翁某、崔某合谋，违反规定未经集体讨论利用职务便利挪用公款，其行为符合挪用公款罪的构成特征。

在案的税务部门出具的说明、开票信息、市一医院与蔡统敏所签订的合同等证据经庭审质证相互印证，足以认定，蔡统敏明知涉案房屋出租所缴纳的税款应由其承担的情况下，以非法占有为目的，与翁某合谋，采取欺瞒方式获取崔某同意，骗取公共财物60余万元，其行为符合贪污罪的构成特征。

综上，蔡统敏上诉及其辩护人提出不构成贪污罪、挪用公款罪与事实和法律不符，要求改判理由不足，不予采纳。

（程威，原载于《中国纪检监察报》2020年1月15日）

他缘何触犯行贿罪

——从云南省弥勒市政法委原书记席之湖贿赂犯罪一案说起

国家工作人员送给同样身份的国家工作人员钱财，如何定性？国家工作人员利用职务便利，“借取”他人钱财不还，如何定性？近期云南省红河哈尼族彝族自治州中级人民法院二审的一份刑事裁定书，就对以上问题进行了阐述。本案中，弥勒市政法委原书记席之湖在上诉理由中辩称，送给他人钱财是受骗，因为收钱的人没有任何职务便利能为其谋取职务调整；向他人索要钱财是私人间借款，且在被立案调查前就已经让妻子代为偿还，不应认定为受贿。就本案中有关争议问题，我们特邀相关单位工作人员各抒己见，并请读者学习讨论。

基本案情

2013 年至 2018 年间，席之湖先后担任弥阳镇党委书记，弥勒市委常委、市政法委书记，利用职务上的便利，为弥勒市某运输公司在工程发包、工程款划拨及对该公司实际控制人举报线索的处理、司法案件办理方面提供帮助，并谋取利益，充当以该控制人为首的黑社会性质组织的“保护伞”，先后三次收受该运输公司所送人民币 7.7 万元。

2015 年至 2018 年间，席之湖利用其担任弥勒市委常委、市政法委书记兼弥勒市建设巷片区城市棚户区改造项目协调领导小组常务副组长等职务上的便利，先后三次收受某房地产开发公司等（有关人员均另案处理）所送的财物共计人民币 93.5 万元，并在工程建设方面为他人谋取利益。

2016 年 2 月的一天，席之湖利用担任弥勒市委常委、市政法委书记等职务上的便利，向某房地产开发公司弥勒分公司的办公室主任杨某某索要人民币 3 万元。

此外，席之湖为谋取职务上的调整，2016 年 8 月至 10 月间，他找到云南省发展与改革委员会工作人员王某某，欲通过王某某为其职务调整寻求帮助，席之湖通过妻子熊某先后两次送给王某某现金共计人民币 20 万元。

2018 年 8 月 22 日，王某某在得知席之湖被调查后，通过银行转账将 20 万元人民币退还熊某。

查处过程

【立案审查调查】2018 年 8 月 13 日，红河州纪委监委对席之湖严重违纪违法涉嫌犯罪问题立案审查调查，并于同日采取留置措施。

【采取刑事强制措施】2018 年 9 月 30 日，红河州纪委监委给予席之湖开除党籍、开除公职处分，并将其涉嫌犯罪问题移送州检察院依法审查起诉。同日，州检察院指定建水县检察院办理此案，同日建水县检察院决定对其进行逮捕，并交由建水县公安局执行。

【审查起诉】2018 年 12 月 18 日，建水县检察院针对席之湖涉嫌犯罪一案向建水县人民法院提起公诉。

【一审判决】2019 年 5 月 21 日，建水县人民法院作出一审判决，被告人席之湖犯受贿罪、行贿罪，数罪并罚，决定执行有期徒刑七年，并处罚金人民币六十万元。

【提起上诉】宣判后，席之湖以一审认定其犯行贿罪的事实错误，认定其索贿的事实不清，证据不足，一审量刑过重为由，向红河州中级人民法院提出上诉。

【二审判决】2019 年 8 月 19 日，红河州中级人民法院经审查认为，原审判决认定席之湖犯受贿罪、行贿罪事实清楚，证据确实充分，定性准确，量刑适当，审判程序合法，因此裁定驳回上诉，维持原判。

纪法辨析

一、席之湖严重违纪涉嫌违法犯罪的问题是如何发现的？关于违纪和涉嫌犯罪方面，席之湖有哪些从轻或从重处罚情节？

彭长焱（红河州纪委监委第十三审查调查室主任）：2018 年 2 月 11 日，红河州纪委接到省纪委交办的弥勒市大树村委会原主任王永才涉黑涉恶及“保护伞”问题线索，及时成立了专案组，与公安机关协同配合，查清王永才涉黑犯罪问题。随后，对此案牵出的弥勒市委原常委、市政法委原书记席之湖涉黑腐败和充当“保护伞”问题进行立案审查调查。

经查，席之湖违反政治纪律，对抗组织审查，与他人串供；违反中央八项规定精神和廉洁纪律，多次接受他人吃请和车辆服务，收受他人礼品、礼金；违反工作纪律，利用职务上的便利和影响，为他人谋取利益，充当“保护伞”；利用职务上的便利，索取他人财物和收受他人财物共计人民币 104. 2 万元，为他人谋取利益，涉嫌受贿犯罪；为谋取不正当利益，给予国家工作人员财物共计人民币 20 万元，涉嫌行贿犯罪。

在审查调查期间，席之湖积极配合审查调查，如实交代了组织已掌握的其收受涉黑犯罪组织者、领导者王永才贿赂和相关人员贿赂问题，并积极退赃，具有从轻处罚情节；同时，席之湖为黑社会性质组织充当“保护伞”，既有涉黑涉恶腐败问题，又有充当“保护伞”问题，具有从重处罚情节。

二、为何认为席之湖构成行贿罪？实践中，公职人员行贿罪有哪些常见表现形式？

孙嘉兴（建水县人民检察院第一检察部主任）：根据我国《刑法》第三百八十九条之规定，为谋取不正当利益，给予国家工作人员以财物的，是行贿罪。本案中，就席之湖的行为来看：

一是席之湖送钱给王某某，目的是为了谋取不正当利益。通过席之湖及其他证人的言词证据，我们审查认为，席之湖送钱给王某某是为了职务调整。根据2012年最高人民法院、最高人民检察院《关于办理行贿刑事案件具体应用法律若干问题的解释》第十二条规定，“违背公平、公正原则，在经济、组织人事管理等活动中，谋取竞争优势的，应当认定为谋取不正当利益”。2016年最高人民法院、最高人民检察院《关于办理贪污贿赂刑事案件适用法律若干问题的解释》第七条规定更是将“通过行贿谋取职务提拔、调整的”列为刑事处罚的重点关注情形。

二是席之湖给予国家工作人员财物的金额已经达到刑事追究的立案标准。席之湖先后两次送钱给王某某共计人民币20万元。已经达到了2016年最高人民法院、最高人民检察院《关于办理贪污贿赂刑事案件适用法律若干问题的解释》规定的“通过行贿谋取职务提拔、调整的”情形的立案标准，应当追究其刑事责任。

实践中，公职人员“通过行贿谋取职务提拔、调整”，有多种表现形式：一是具有上下级关系的国家工作人员之间，为谋取职务上的升迁进行行贿；二是通过老乡会、同学会等进行初步沟通交流，假借私人帮忙请托送现金；三是利用传统节日、婚丧嫁娶等传统风俗，直接向具有职权的国家工作人员行贿；四是通过不良嗜好拉拢腐蚀上级国家干部，通过赌博、会员卡、购物卡等行贿。

三、在席之湖案的审查起诉过程中，应着重注意哪些问题？

孙嘉兴：作为具体办案的检察人员，在该案办理过程中，着重审查了以下问题：

第一，席之湖涉案时，任弥勒市委常委、市政法委书记等职务，是否能够认定为充当以王永才为首的黑社会性质犯罪组织的“保护伞”？我们在提前介入阶段就该问题与纪委监委的办案同志进行沟通，认为席之湖利用职权，在工程发包、案件办理、关于王永才举报线索处理等事件处理上，均为王永才提供帮助和保护，并收受王永才财物，能够认定席之湖充当黑社会性质组织的“保护伞”。

第二，具体到行贿事实中，我们着重审查席之湖是否以谋取不正当利益为目的，有关司法解释对“不正当利益”进行了明确的规定，在国家工作人员行贿犯罪中多是“通过行贿谋取职务提拔、调整的”，本案的情况就是如此。

四、席之湖及其辩护人提出索要钱财不成立受贿罪、送给公职人员钱财不构成犯罪，对这些意见应如何看待？

邹文（建水县人民法院刑庭庭长）：首先，针对席之湖及其辩护人提出的索要钱财行为不成立受贿罪意见，我们认为：

受贿罪侵犯的客体是国家机关工作人员的职务廉洁性，在客观方面表现为行为人利用职务上的便利，索取他人财物，或者非法收受他人财物，为他人谋取利益。利用职务上的便利是指利用本人职务上主管、负责或者承办某项公共事务的权力所形成的便利条件。

索贿不是一个独立的罪名，而是受贿罪客观方面的一种表现形式。索贿，是指国家工作人员利用职务上的便利，主动向他人索要或勒索并收受财物。索要，是指行为人在进行职务活动时，向他人以明示或者暗示的方式要求贿赂，但未使用要挟胁迫的方法；勒索，指使用要挟胁迫的方法，明示或者暗示如不送财物其事就不好办或者会有严重后果。

索贿具有以下三个特征：一是主动性，即行为人是主动地要求他人给予自己财物，而不是被动地等待他人给予财物；二是索取性，即行为人以所掌握的职权为条件，乘人之危，向他人施加精神压力，迫使对方向其交付财物；三是交易性，即索贿者通过要挟迫使对方向自己给付财物，而以本人职权为某种行为或者不为某种行为为交换，表现为权钱交易的造意者、提起者。索取贿赂和收受贿赂，虽然都是受贿罪的客观表现形式，但两者社会危害性不同，无论是主观罪过还是客观危害，索贿都要比被动受贿严重，因此我国《刑法》第三百八十六条规定，索贿的从重处罚。

本案中，席之湖索贿时担任弥勒市委常委、市政法委书记兼市建设巷片区城市棚户区改造项目协调领导小组常务副组长，席之湖系城市棚户区改造项目管理者，杨某某系被管理者，两者之间存在权力制约关系。而且，从杨某某的证言及席之湖的供述中看，席之湖在自己有能力归还的情况下，一直没有归还的意思表示及行为，而是在索贿行为发生两年后，红河州纪委监委工作人员对本案进行外围调查时，席之湖才安排妻子归还杨某某 3 万元，这是典型的以借为名、实为索要钱款的受贿行为。

其次，针对席之湖及其辩护人提出的其送给王某某 20 万元的行为系被骗、不成立行贿罪的意见，我们认为：

行贿罪在主观方面表现为直接故意。即明知自己的行为是收买国家工作人员以及其他依法从事公务的人员，利用职务上的便利为自己谋取不正当的利益，而故意实施这种行为，意图谋取不正当利益。行贿的目的，在于使国家工作人员或其他从事公务的人员利用其职务上的便利为自己谋取不正当利益。不正当利益是针对正当利益而言的，是指根据法律、行政法规及有关政策规定不应当得到的利益，包括非法利益。

本案中，席之湖为谋取职务上的调整欲通过王某某向能够帮其调整职务的人员行贿，席之湖通过妻子熊某先后两次送给王某某现金人民币20万元，客观上席之湖已经把20万元钱交给王某某，主观是为了通过王某某送钱给能够帮助其职务调整的人员，其行为符合行贿罪的主客观要件，应以行贿罪定罪处罚。

（程威，原载于《中国纪检监察报》2020年2月5日）

数罪如何并罚

——从江西省修水县一挪用公款、贪污案说起

数罪并罚，如何并罚？所犯数罪分别构成自首，又如何计算刑期？近期，江西省修水县人民法院判决的一起由该县监委办结、该县人民检察院提起公诉的案件，就遇到了这些问题。本案的犯罪主体刘立是一名村委会主任助理，因涉嫌挪用公款罪、贪污罪，被县监委立案调查，因其具有自首情节，县监委对其提出从宽处罚建议。法院认定，刘立触犯两个罪名，应当并罚，同时对于两个罪名他均构成自首，那么在量刑时如何考量？我们特邀相关单位工作人员各抒己见，并请读者学习讨论。

基本案情

2014 年 9 月，刘立通过全省大学生村官选聘任西港镇堰上村村委会主任助理，2016 年 6 月至 2018 年 10 月兼任西港镇政府税收协管员，2018 年 11 月初转为西港扶贫工作站事业编干部。

2017 年 8 月 15 日至 2018 年 9 月 21 日，刘立在兼任西港镇政府税收协管员期间，利用职务上的便利，多次挪用相关资金 414 万余元在网络上进行赌博，至案发时尚有 63 万余元未归还。

2017 年 9 月 15 日，刘立利用其兼任西港镇政府税收协管员的职务之便，将 97577 元公款占为己有，用于偿还个人债务。

2018 年 11 月 12 日，西港镇政府发现刘立有挪用公款的事实后，刘

立本人同日向西港镇政府投案，如实供述了其挪用公款的问题，西港镇政府立即向县监委报告。此后，刘立在家属及单位同事的陪同下，在家等待县监委的调查。14 日，刘立被修水县监委立案调查并采取留置措施，在第一次讯问时便如实供述了挪用公款用于网络赌博的事实，同时还主动交代了组织尚未掌握的贪污 97577 元公款的事实。

查处过程

【立案调查】2018 年 11 月 14 日，修水县监委决定对刘立涉嫌挪用公款、贪污问题立案调查，并报经九江市监委批准对其采取留置措施。

【采取刑事强制措施】2018 年 11 月 26 日，修水县监委给予刘立政务开除处分，并将其涉嫌犯罪问题移送修水县人民检察院依法审查起诉。同日，修水县人民检察院决定对刘立采取先行拘留措施，并由修水县公安局执行。28 日，修水县人民检察院决定对其逮捕，次日由修水县公安局执行。

【审查起诉】2018 年 12 月 17 日，修水县人民检察院针对刘立涉嫌挪用公款罪、贪污罪一案向修水县人民法院提起公诉。

【一审判决】2019 年 3 月 1 日，修水县人民法院作出一审判决，被告人刘立犯挪用公款罪，判处有期徒刑五年六个月；犯贪污罪，判处有期徒刑一年六个月，并处罚金人民币十万元；数罪并罚，决定合并执行有期徒刑六年，并处罚金人民币十万元，刘立服从判决未上诉。

纪法辨析

一、刘立接受调查时，是否为监察对象？是否构成挪用公款罪和贪污罪的犯罪主体？

方舒（修水县纪委监委案件审理室主任）：犯罪行为发生时，刘立身份为堰上村村委会主任助理（大学生村官），兼任西港镇政府税收协管员，属于《监察法》第十五条第（六）项规定的“其他依法履行公职的人员”。2018年11月14日被立案调查时为西港镇扶贫站事业编干部，属于《监察法》第十五条第（二）项规定的“法律、法规授权或者受国家机关依法委托管理公共事务的组织中从事公务的人员”，属于监察对象。

刘立符合挪用公款罪、贪污罪的主体身份。挪用公款罪、贪污罪均是特殊主体，即必须是国家工作人员。根据《刑法》第九十三条规定：“国家工作人员，是指国家机关中从事公务的人员。国有公司、企业、事业单位、人民团体中从事公务的人员和国家机关、国有公司、企业、事业单位委派到非国有公司、企业、事业单位、社会团体从事公务的人员，以及其他依照法律从事公务的人员，以国家工作人员论。”2003年11月最高人民法院《全国法院审理经济犯罪案件工作座谈会纪要》也对《刑法》第九十三条的规定进行了进一步解释，规定“其他依照法律从事公务的人员”应该具备两个特征：在特定条件下行使国家管理职能，依照法律规定从事公务。本案中，刘立虽为大学生村官，但其受西港镇政府委托从事税收协管员工作，应属于从事公务，行使了公权力，应以国家工作人员论。刘立利用其担任西港镇政府税收协管员的职务之便，挪用公款进行赌博活动，情节严重，其行为构成挪用公款罪，同时虚报侵吞公款，数额较大，其行为构成贪污罪。

此外，大学生村官从事农村基层工作，协助人民政府从事行政管理工作，也能构成挪用、贪污犯罪主体。2000年4月全国人民代表大会常务委员会《关于〈中华人民共和国刑法〉第九十三条第二款的解释》中明确列举了“代征、代缴税款”等七种情况，即村民委员会等村基层组织人员协助人民政府从事行政管理工作时，属于“其他依照法律从事公务的人员”。通过大学生村官考试到村任职的高校毕业生一般安排担任村党支部书记助理或村委会主任助理职务，具有与其他村基层组织工作人员相同的职责，可以认定为农村基层组织人员。在协助人民政府进行上述行政管理工作时，大学生村官可以成为挪用公款、贪污罪的行为主体。

二、认为刘立涉嫌两罪都构成自首的依据是什么？为何对其提出从宽处罚建议？

黄贺（修水县纪委监委第二纪检监察室主任）：2018年11月14日，修水县监委对刘立涉嫌挪用公款、贪污一案立案调查，此前刘立在西港镇政府发觉其犯罪行为之时，已主动向西港镇政府投案，如实供述了其挪用公款的问题，由西港镇政府代为向修水县监委投案，并在家等待修水县监委调查。同日，修水县监委工作人员依法对刘立采取留置措施，在此过程中刘立无拒捕行为。根据最高人民法院、最高人民检察院《关于办理职务犯罪案件认定自首、立功等量刑情节若干问题的意见》规定，犯罪分子向所在单位等办案机关以外的单位、组织或者有关负责人员投案的，应当视为自动投案。故依法应认定刘立符合自动投案的情形。另刘立到案后，如实供述了修水县监委已掌握的其利用职务便利挪用公款414万余元的事实，同时主动交代了修水县监委尚未掌握的其利用职务便利贪污公款97577元的事实。根据《刑法》第六十七条第一款的规定，犯罪以后自动投案，如实供述自己的罪行的，是自首。本案中，刘立自动投案，且如实供述了自己挪用公款、贪污的犯罪事实，结合在案相关书证材料及其他证据，刘立涉嫌挪用公款罪、贪污罪的自首情节均能构成。

经报市监委批准，修水县监委对刘立提出了从宽处罚建议，主要有以下考虑：本案中，刘立系自动投案，且到案后积极配合调查工作，认罪悔罪态度较好，符合《监察法》第三十一条规定。另外，刘立主动要求现身说法，以自己的犯罪过程和犯罪心态作为反面教材警示教育他人，配合修水县监委拍摄警示教育片《赌之害》。最后，从监委的角度提出从宽处罚建议，可以鼓励被调查人改过自新，体现“惩前毖后、治病救人”的方针。

三、与同类案件相比，刘立案有何特殊之处？向法院提出量刑建议时有哪些考虑？

丁拥军（修水县人民检察院第一检察部主任）：刘立案具有其特殊性。刘立犯罪行为发生时身份为大学生村官，兼任西港镇税收协管员，受国家机关委托从事公务，属于其他依照法律从事公务的人员，在监察体制改革前不属于监察对象。刘立职位不高，却手握实权，大额资金由其掌握缺乏监管，导致多次挪用公款未被及时发现。作案手段隐蔽，刘立挪用相关资金时进出账比较复杂，单看银行流水很难发现，只有经过专业的审计后才能审查出来。刘立所挪公款均用于网络赌博非法活动，在所挪用公款亏空后，部分公款无法归还。我们在向法院提出量刑建议时充分考虑了刘立挪用公款金额、贪污公款金额、案发前后退回赃款的金额、是否符合自首情节、认罪悔罪态度等。

四、一般情况下，数罪并罚如何计算？本案在量刑时是怎么进行数罪并罚的？

周美华（修水县人民法院党组副书记、副院长）：数罪并罚是指法院对一人犯数罪分别定罪量刑，并根据法定原则与方法，决定应当执行的刑罚。《刑法》第六十九条规定："判决宣告以前一人犯数罪的，除判处死刑和无期徒刑的以外，应当在总和刑期以下、数刑中最高刑以上，酌情决定执行的刑期，但是管制最高不能超过三年，拘役最高不能超过一年，有期徒刑总和刑期不满三十五年的，最高不能超过二十年，总和刑期在三十五年以上的，最高不能超过二十五年。""数罪中有判处附加刑的，附加刑仍需执行，其中附加刑种类相同的，合并执行，种类不同的，分别执行。"被告人犯数罪，同时具有适用于各个罪的自首、立功、累犯等量刑情节的，先适用该量刑情节调节个罪的基准刑，确定个罪所应判处的刑罚，再依法实行数罪并罚，决定执行的刑罚。

一是关于挪用公款罪。刘立挪用公款 414 万余元用于赌博，案发前已归还大部分公款，余款 63 万余元未归还。根据最高人民法院、最高人民检察院《关于办理贪污贿赂刑事案件适用法律若干问题的解释》第五条的规定：挪用公款归个人使用，进行非法活动……数额在三百万元以上的，应当认定为刑法第三百八十四条第一款规定的"数额巨大"。"挪用公款不退还，数额在五十万元以上不满一百万元的"属情节严重。

本案中，被告人刘立挪用公款进行赌博，显然是属于挪用公款进行非法活动，数额达四百余万元，属数额巨大；未退还金额为 63 万余元，情节严重。根据《刑法》第三百八十四条的规定，挪用公款情节严重的，处五年以上有期徒刑。挪用公款数额巨大不退还的，处十年以上有期徒刑或者无期徒刑。这里需要说明一点，被告人刘立挪用公款的数额超过了三百万元，属于数额巨大，那为什么不处十年以上有期徒刑或者无期徒刑呢？原因就在于其不退还的金额没有超过三百万元，如果其挪用公款进行非法活动不退还的金额超过了三百万元，则应当处十年以上有期徒刑或者无期徒刑。综上，根据被告人刘立挪用公款的用途性质及不退还的数额，应当在五年以上十年以下有期徒刑的幅度内对其判处刑罚。同时考虑到其具有自首情节，因此，本院对其挪用公款的犯罪判处了有期徒刑五年六个月。

二是关于贪污罪。刘立利用职务之便，贪污公款97577元。根据最高人民法院、最高人民检察院《关于办理贪污贿赂刑事案件适用法律若干问题的解释》第一条的规定：贪污或者受贿数额在三万元以上不满二十万元的，应当认定为刑法第三百八十三条第一款规定的“数额较大”，依法判处三年以下有期徒刑或者拘役，并处罚金。本案中，被告人刘立贪污的金额超过了三万元不满二十万元，属数额较大，应当判处有期徒刑三年以下刑罚。结合其犯罪金额及自首情节，本院对其犯贪污罪判处有期徒刑一年六个月，并处罚金人民币十万元。

综上，刘立犯挪用公款罪和贪污罪，总和刑期为有期徒刑七年，根据前述数罪并罚的原则，对其的刑罚应当在数刑中最高刑以上，总和刑期以下酌情决定，即应当在五年六个月有期徒刑以上、七年有期徒刑以下决定执行的刑罚。因其犯贪污罪并处了附加刑罚金人民币十万元，故修水县人民法院决定对刘立执行有期徒刑六年，并处罚金人民币十万元。

（程威，原载于《中国纪检监察报》2020年2月12日）

法条竞合还是数罪并罚

——从江苏省溧阳市一国家机关工作人员受贿、滥用职权案说起

是法条竞合还是应数罪并罚？2019 年 4 月，江苏省常州市中级人民法院二审审理的一起案件就遇到了这个问题。上诉人关毅敏是溧阳市社会保障服务中心医疗管理科原科长，她和其辩护人认为，其犯罪行为系一个行为涉及两个罪名，属于法条竞合，应以受贿罪定罪处罚。最终，常州市中级人民法院没有支持这一意见，而是裁定维持一审判决，即认定关毅敏的犯罪行为分别构成受贿罪和滥用职权罪，应数罪并罚。两种观点的依据分别是什么？我们特邀相关单位工作人员各抒己见，并请读者学习讨论。

基本案情

2003 年起，关毅敏相继担任溧阳市职工医疗保险基金管理服务中心医疗保险管理科科长、溧阳市人力资源和社会保障局下属溧阳市社会保障服务中心医疗管理科科长，负责特殊病种参保人员的基本医疗保险费用的审核和发放，具体审核参保人员或代办人员提交的发票、处方、用药量及费用等资料的完整性、真实性和合法性，并核算报销范围和报销金额。然而，她平静的工作生活在 2012 年被打破。

2012年起，溧阳市平安药店店主、溧阳市安平医药有限公司法定代表人周一平认识了关毅敏。2014年至2016年，周一平先后通过为多名病患办理特殊病种鉴定手续，或联系已经办理过特殊病种鉴定的病患，以帮助报销特殊病种医疗保险费用、可到其药店买药年底结算为由，伪造陈水福等31人的溧阳市人民医院门诊处方笺及医生签名，虚构出病人在溧阳市人民医院看病、开具处方并在他的药店买药的事实，并由其所经营的公司开具买药发票或向其他药店购买发票，而后进行特殊病种医疗保险报销，骗取国家基本医疗保险基金共计人民币1439073.41元。

而在2014年至2016年期间，关毅敏在特殊病种医疗保险费用的审核过程中，明知周一平提供的上述31人报销资料中存在虚假情况，故意不履行应当履行的审核职责，审核通过不符合规定的特殊病种医疗保险费用，致使国家基本医疗保险基金损失共计人民币1439073.41元。

2012年至2016年间，周一平多次送给关毅敏钱财，感谢她在特殊病种医疗保险报销审核中给予的帮助。几年间，关毅敏共收受周一平所送钱财24万元。

2018年6月25日，关毅敏因严重违纪违法涉嫌犯罪被溧阳市纪委监委立案审查调查，并于7月4日被采取留置措施。关毅敏被留置后，2018年8月10日，其亲属代其退出涉案款物24万元。

查处过程

【立案审查调查】2018年6月25日，关毅敏因严重违纪违法涉嫌犯罪被溧阳市纪委监委立案审查调查，并于7月4日被采取留置措施。

【采取刑事强制措施】2018年8月15日，溧阳市监委将周一平、关毅敏涉嫌犯罪一案移送溧阳市人民检察院审查起诉。同日，经溧阳市人民检察院决定，关毅敏被溧阳市公安局刑事拘留，同年 8 月 21 日被逮捕。

【审查起诉】2018 年 9 月 18 日，针对周一平、关毅敏涉嫌犯罪一案，溧阳市人民检察院向溧阳市人民法院提起公诉。

【一审判决】2018 年 12 月 19 日，溧阳市人民法院作出一审判决，被告人周一平犯诈骗罪、行贿罪，数罪并罚，决定执行有期徒刑八年六个月，并处罚金三十万元；被告人关毅敏犯滥用职权罪、受贿罪，数罪并罚，决定执行有期徒刑三年，并处罚金人民币二十万元。

【提起上诉】周一平、关毅敏不服一审判决，提起上诉。

【二审判决】2019 年 4 月 10 日，常州市中级人民法院裁定驳回上诉，维持原判。

纪法辨析

一、本案有哪些特点，起诉意见书着重把握了哪些问题？

车妍（溧阳市纪委监委案件审理室干部）：本案是溧阳市监委成立以来办理的第一起留置案件，在 42 天留置期内，溧阳市纪委监委在规范高效办结案件的同时，成功教育感化审查调查对象关毅敏，实现了政治效果、纪法效果与社会效果的统一。

在处理本案过程中，关于犯罪金额的认定相对复杂。本案中涉案病患共 31 人，涉案金额为 1439073.41 元。该金额的组成是 31 名病患的特种病医保报销虚假金额。而在 143 万余元中，又分三种类型：其一，完全虚构处方笺及发票，伪造就医事实；其二，在处方笺上增加用药量，或虚开其他药品，多开发票，该部分报销金额，存在支付给病患的情况；其三，存在真实用药情况，但医院的处方笺系后补伪造。周一平提出，对于存在真实用药情况的金额及支付给病患的金额不存在非法占有的故意，不应当认定为犯罪金额。而这一涉案数额如何计算，关系到关毅敏滥用职权导致的危害结果的认定。

我们认为，周一平伪造处方笺及医生签名，虚构病人到医院看病、开具处方后在药店买药用药的事实，骗取国家基本医疗保险基金。周一平在报销后支付给病患的金额，只是其对非法占有资金的处分。而对于用药金额，用药的真实性，药品名称、数量、金额均无法查证，且特种病医保要求病患在指定医院由医生开具处方笺，方可到药店购买药品，而后才能进行医保报销。周一平让病患直接到其药店拿药，而后伪造处方笺及医生签名，骗取国家基本医疗保险基金，主观上具有非法占有的故意，应予认定。因此，相应的，关毅敏滥用职权致使国家基本医疗保险基金损失的金额也应认定为相同金额。

在审查调查期间，关毅敏积极配合审查调查，如实交代自己的违纪违法问题，动员家属积极退赃；并撰写了忏悔反思材料，对国家特种病医保报销过程中存在的问题提出了改进意见；同时，检举揭发他人违法犯罪问题，构成立功。另外，关毅敏主动要求现身说法，作为反面教材警示教育他人，配合拍摄警示教育片。综上，溧阳市纪委监委认定关毅敏具有从轻处罚情节。

二、关毅敏及其辩护人认为，她因涉嫌贪污被立案并被留置，因此其到案后主动交代滥用职权的事实构成自首，如何看待这一观点？

车妍：根据我国《刑法》第六十七条第一款的规定，成立自首需要同时具备自动投案和如实供述自己的罪行两个要件。犯罪事实或者犯罪分子未被办案机关掌握，或者虽被掌握，但犯罪分子尚未受到调查谈话、讯问，或者未被宣布采取调查措施或者强制措施时，向办案机关投案的，是自动投案。在此期间如实交代自己的主要犯罪事实的，应当认定为自首。根据2010年最高人民法院《关于处理自首和立功若干具体问题的意见》规定，虽然如实供述的其他罪行的罪名与司法机关已掌握犯罪的罪名不同，但如实供述的其他犯罪与司法机关已掌握的犯罪属选择性罪名或者在法律、事实上密切关联，如因受贿被采取强制措施后，又交代因受贿为他人谋取利益行为，构成滥用职权罪的，应认定为同种罪行。

本案中，关毅敏在办案机关因其涉嫌贪污犯罪而对其进行审查调查时，主动交代了其利用职务上的便利，为周一平诈骗提供方便，造成国家医保资金严重损失的滥用职权犯罪事实，但其滥用职权事实与办案机关已掌握的涉嫌贪污犯罪事实在法律、事实上密切关联，因此，不应对其认定为自首。

三、起诉书中对关毅敏滥用职权罪和受贿罪的量刑建议分别有何考虑？实践中，认定滥用职权罪需把握哪些问题？

钱鹏（溧阳市人民检察院第一检察部主任）：关毅敏犯滥用职权罪，致使公共财产遭受重大损失，应当处三年以下有期徒刑或拘役，因其滥用职权犯罪的事实系主动交代，可酌情从轻处罚。关毅敏犯受贿罪，数额巨大，应当处三年以上十年以下有期徒刑，并处罚金或没收财产，因其已经全部退出赃款和坦白，可酌情从轻处罚。关毅敏检举他人犯罪行为，已查证属实，系立功，可以从轻或者减轻处罚。关毅敏一人犯数罪，应当数罪并罚。

所谓滥用职权，是指不法行使职务上的权限的行为，以行使职权的外观，实施实质的、具体的违法、不当的行为。实践中，滥用职权主要表现为以下几种情形：一是超越职权，擅自决定或处理没有具体决定、处理权限的事项；二是放任职权，随意地对事项作出决定或者处理；三是故意不履行应当履行的职责；四是以权谋私、假公济私，不正确地履行职责。实践中，认定滥用职权罪，需把握以下几个问题：

滥用职权属于结果犯，即以发生特定的犯罪结果作为既遂的标准，即行为人不仅实施了《刑法》分则所规定的行为，而且只有发生了特定的危害结果，才能构成犯罪。

危害结果的一种表现是经济损失，本案即是如此。一般认为，立案后提起公诉前还未追回的经济损失就应认定为滥用职权所造成的经济损失。但若是犯罪嫌疑人主动挽回或者积极协助挽回的经济损失，或者犯罪嫌疑人所在单位或者其上级主管部门，通过民事途径挽回的经济损失，一般可以予以扣减；在审判阶段挽回的经济损失，一般不予扣减，仅作为量刑的酌定情节。

认定滥用职权的因果关系，关键是审查行为人滥用职权行为对危害后果的发生是否实际发生了作用。具体而言，凡是滥用职权行为对重大损失危害后果的产生实际发生了作用，且为一般人所能够预见或认识或者行为人已经预见或认识，就认为存在因果关系。

四、关毅敏及其辩护人认为，其行为属于法条竞合，如何看待这一观点？为何认定关毅敏同时构成滥用职权罪和受贿罪？

周兰（溧阳市人民法院刑事审判庭副庭长）：我们认为，关毅敏的行为不属于法条竞合。法条竞合，是指一个犯罪行为同时触犯数个具有包容关系的具体犯罪条文，依法只适用其中一个法条定罪量刑的情况。

对“法条竞合犯”的处理原则一般是，当法条重合时，特别法优于普通法，在某些特殊情况下适用重法优于轻法。如《刑法》规定的“诈骗罪”与“招摇撞骗罪”具有竞合关系。冒充国家工作人员招摇撞骗，情节严重的，处三年以上十年以下有期徒刑。而诈骗罪规定诈骗数额特别巨大或者有其他特别严重情节的，处十年以上有期徒刑或者无期徒刑，并处罚金或者没收财产。当招摇撞骗犯罪诈骗公私财产数额特别巨大并有其他特别严重情节，招摇撞骗罪的法定刑过低时，就应适用重法优于轻法原则。这一原则是法条竞合法律适用原则在特殊情况下的补充，更能体现罪责刑相适应。

本案中，关毅敏主观上具有滥用职权和受贿两个故意，客观上既实施了受贿行为又实施了滥用职权两个独立的犯罪行为。从客体上讲，由于关毅敏不正确履行职责、滥用职权，使国家利益遭受重大损失，侵犯的客体是国家机关的正常活动。而关毅敏受贿犯罪，侵犯的客体是国家工作人员职务廉洁性。由此可见，关毅敏的行为符合两个独立的犯罪构成特征。

根据最高人民法院、最高人民检察院《关于办理贪污贿赂刑事案件适用法律若干问题的解释》第十七条和最高人民法院、最高人民检察院《关于办理渎职刑事案件适用法律若干问题的解释（一）》第三条之规定，国家机关工作人员实施渎职犯罪并收受贿赂，同时构成犯罪的，除《刑法》另有规定外，以渎职犯罪和受贿罪数罪并罚。因此，法庭对关毅敏以滥用职权罪和受贿罪进行数罪并罚。

（程威，原载于《中国纪检监察报》2020 年 2 月 19 日）

无罪辩护为何未获支持

——从浙江省桐乡市一公职人员当庭翻供案件说起

这是一起被告人当庭翻供却未获法庭支持的案件。被告人在接受监委调查和检察机关审查起诉期间，均如实交代自己的主要犯罪事实，检察机关在提起公诉时提出了从轻处罚的建议。然而，在一审庭审中，被告人当庭翻供，认为自己收受财物的行为仅是违纪，不属于犯罪，因此和辩护人作无罪辩护，被告人的依据是什么？为何没有获得法庭支持？当庭翻供对其量刑又有何影响？我们特邀相关单位工作人员对此进行分析讨论。

基本案情

蒋丽蒙，女，从2002年1月开始，历任桐乡市濮院镇招商引资办副主任、中国濮院毛衫城管理委员会招商部副部长、桐乡市濮院羊毛衫市场管理委员会（桐乡市濮院针织产业园区管理委员会）招商一局局长兼经济发展服务中心副主任，负责组织濮院招商引资计划工作、统筹安排和审核进园建设项目；负责招商引资、项目洽谈、签约引进、项目报批、资金到位、开工建设等对外联络工作；负责项目的建设、生产、经营过程中联系、协调、服务等工作；负责招商引资宣传策划和对外宣传工作以及招商引资的日常管理工作等。

2007年至2018年间，蒋丽蒙先后利用担任桐乡市中国濮院毛衫城管理委员会招商部副部长、桐乡市濮院镇羊毛衫管理委员会（桐乡市濮院镇针织产业园区管理委员会）招商一局局长、桐乡市濮院镇招商一局局长兼经济发展服务中心副主任的职务便利，单独或者伙同其特定关系人沈某，以“合作投资”“投资分成”“介绍费”“感谢费”等名义非法收受姜某、朱某等人财物，共计价值人民币 6199486 元，港币 20000 元，并为他人在招商引资、项目审核、工程承揽等方面谋取利益。

2018 年 6 月 1 日，蒋丽蒙因涉嫌犯罪被桐乡市监委立案调查。2018 年 9 月 13 日，桐乡市监委将蒋丽蒙涉嫌受贿一案移送桐乡市人民检察院依法审查、提起公诉。蒋丽蒙在监委调查和检察机关审查起诉期间，均如实交代自己的主要犯罪事实，检察机关结合其他证据审查认为蒋丽蒙的供述真实可信，认定其具有坦白情节，在提起公诉时提出了从轻处罚的建议。然而，一审庭审中，蒋丽蒙当庭翻供，她和其辩护人作无罪辩护，并在一审判决后以无罪为由提起上诉。2019 年 5 月 13 日，嘉兴市中级人民法院裁定驳回上诉，维持原判。

查处过程

【立案调查】2018 年 6 月 1 日，蒋丽蒙因严重违纪违法涉嫌犯罪被桐乡市监委立案调查，并于 6 月 2 日被采取留置措施。

【移送审查起诉】2018 年 9 月 12 日，蒋丽蒙因严重违反政务纪律并涉嫌犯罪，被开除公职。9 月 13 日，桐乡市监委将蒋丽蒙涉嫌受贿一案移送桐乡市人民检察院依法审查、提起公诉。同日，经桐乡市人民检察院决定，蒋丽蒙被依法逮捕。

【提起公诉】2018 年 10 月 26 日，针对蒋丽蒙涉嫌受贿一案，桐乡市人民检察院向桐乡市人民法院提起公诉。

【一审判决】2019 年 1 月 25 日，桐乡市人民法院作出一审判决，被告人蒋丽蒙犯受贿罪，判处有期徒刑十一年，并没收财产一百万元。

【提起上诉】蒋丽蒙不服一审判决，认为自己不构成犯罪，提起上诉。

【二审判决】2019 年 5 月 13 日，嘉兴市中级人民法院裁定驳回上诉，维持原判。

纪法辨析

一、本案的最大特点是什么？蒋丽蒙收受他人财物主要有哪些形式？

郭燚（桐乡市纪委监委案件审理室副主任）：蒋丽蒙受贿金额折合人民币达 620 余万元，是桐乡近几十年来金额最大的受贿案件，且单笔受贿金额大，50 万元（含）以上金额的共有 4 笔，其中单笔受贿金额在 100 万元（含）以上的就有 2 笔。本案的查处，在本地有较大影响。本案最大的特点是受贿形式新颖和隐蔽，不是传统的收钱办事模式，而是利用基于招商局长职权、地位所带来的条件，以“合作炒房”“居间介绍”“人情往来”为幌子，大肆收受贿赂。

蒋丽蒙利用职务便利“赚钱”的形式概括起来有这么几种：一是“借鸡生蛋”型，蒋丽蒙在与企业主“合作投资”过程中，不出资或不足额出资，由企业主垫付出资，却享受足额出资所对应的股份，并获得高额收益，作为回报，蒋丽蒙为企业在获得园区工业建设用地、项目审批和“退低进高”补偿等方面谋利，通过这种方式非法收受贿赂 300 余万元；二是“雁过拔毛”型，蒋丽蒙利用职权便利掌握的政策信息以及常年与辖区相关企业主不正当交往所形成的人脉关系，以“居间介绍”的方式为企业主在购销厂房等方面提供商业机会，并以“介绍费”“感谢费”等名义收取高额费用，通过这种方式非法收受贿赂近200万元；三是“感情投资”型，蒋丽蒙在日常与企业主的交往中“亲”有余而“清”不足，以礼尚往来为幌子，收受名牌包、黄金首饰等财物，多次接受企业主出资的出国旅游、多次共同前往澳门赌博，并为部分不法企业主谋利，利益输送金额高达100余万元。

二、有人认为，蒋丽蒙收受他人购物卡、手包、首饰等财物的行为属于正常人情往来，最多算违纪，而不是受贿犯罪。如何看待这一观点？

郭燚：蒋丽蒙的行为已构成受贿犯罪，而不是正常人情往来或是违规收礼的违纪行为。具体可以从以下几个方面来分析：首先，看“人情”是否双向且对等。正常的人情往来讲的是“来而不往非礼也”，互赠的财物价值符合当地正常经济、生活水平和风俗习惯。本案中，蒋丽蒙收受的是手包等奢侈品以及黄金首饰、购物卡等高价值的礼品，虽偶有回赠，但金额较小，比如企业主赠送价值5万元的加油卡，蒋丽蒙还礼1800元之类，与收受的财物价值不对等。蒋丽蒙收受财物的频率次数及数量价值等均超出正常的人情往来范畴，是假借礼尚往来之名实施受贿的行为。其次，看“交往”是否与职务相关联。正常礼尚往来是亲朋好友间的一种礼节，是情感的交流，不存在利益的交换。而蒋丽蒙却是在招商一局局长的职位上与辖区相关企业主“深入交往”甚至“合作投资”，双方具有职权、地位形成的管理服务关系，双方往来的基础不是“人情”，而是国家工作人员的“职权”。再次，看职务行为是否“为他人谋取利益”。“送礼人”是否有具体请托事项，“收礼人”是否利用职务便利为他人谋利，这是违规收礼与受贿犯罪最大的区别。

2003 年最高人民法院印发的《全国法院审理经济犯罪案件工作座谈会纪要》第三条第三项规定："为他人谋取利益包括承诺、实施和实现三个阶段的行为。只要具有其中一个阶段的行为，如国家工作人员收受他人财物时，根据他人提出的请托事项，承诺为他人谋取利益的，就具备了为他人谋取利益的要件。明知他人有具体请托事项而收受其财物的，视为承诺为他人谋取利益。"2016 年 4 月 18 日最高人民法院、最高人民检察院《关于办理贪污贿赂刑事案件适用法律若干问题的解释》第十三条规定，国家工作人员索取、收受具有上下级关系的下属或者具有行政管理关系的被管理人员的财物价值三万元以上，可能影响职权行使的，视为承诺为他人谋取利益。本案中，相关企业主有用地、企业建设项目验收等方面的需求，愿意以赠送高额礼品的方式进行利益输送。蒋丽蒙明知对方有请托事项，仍然予以收受，视为承诺为他人谋取利益，而且蒋丽蒙也确实利用职务便利，为相关企业主在承接招商入园企业建设项目、获得工业用地等方面谋取了利益。因此，蒋丽蒙收受他人购物卡、手包、首饰等财物的行为属于受贿犯罪。

三、蒋丽蒙及其辩护人提出其"合作炒房获利"属于正常商业行为，以"居间介绍"方式收取他人"介绍费"，都不属于受贿，如何看待这些观点？

姚建兴（桐乡市人民检察院第二检察部检察官）：蒋丽蒙以"合作炒房获利"或以"居间介绍"方式收取他人"介绍费"的行为均属于受贿。首先，蒋丽蒙所谓的"合作投资"与正常商业行为存在本质的区别。正常的合作投资是共同出资、共担风险、共享收益，而蒋丽蒙在"合作投资"中，不出资或不足额出资、不承担投资风险、不参与投资管理，却按足额出资参与收益分成，且本案中的"合作投资"多为不动产投资，蒋丽蒙基于职务便利掌握了相关信息后提供给企业主，在稳赚不赔的情况下与企业主共同投资获利，企业主以“投资分红”为名给予蒋丽蒙大量财物，这种行为本质上是权钱交易。最高人民法院、最高人民检察院《关于办理受贿刑事案件适用法律若干问题的意见》关于以开办公司等合作投资名义收受贿赂问题规定，国家工作人员利用职务上的便利为请托人谋取利益，以合作开办公司或者其他合作投资的名义获取“利润”，没有实际出资和参与管理、经营的，以受贿论处。其次，蒋丽蒙所谓的“居间介绍”与一般中介行为存在本质区别。从表面上看，蒋丽蒙获取投资信息一定程度上是基于与相关企业主之间的“私人关系”。但是，从本质上来说，这种“私人关系”建立的前提是蒋丽蒙对园区内相关企业的管理职责。相关企业主之所以跟蒋丽蒙走得近，并且将相关投资信息告知蒋丽蒙，正是基于其招商局长的身份，目的是希望其将相关投资信息整合之后，为企业提供更多的服务和帮助。蒋丽蒙在获知上述投资信息后用于“交易”并从中谋利，符合利用职务便利谋利的情形，属于受贿犯罪。

四、蒋丽蒙及其辩护人作无罪辩护的理由是什么，为何对此不予支持？蒋丽蒙当庭翻供，对其量刑有何影响？

徐惠明（嘉兴市中级人民法院刑事审判第二庭庭长）：蒋丽蒙及其辩护人作无罪辩护的主要理由有：一是认为蒋丽蒙从事的是与招商引资相关的协调性、服务性工作，工作职责不具有“职权内容”；二是认为蒋丽蒙通过“合作买房炒房”“介绍卖房”等所得高额收益均是利用自身广泛人脉和丰富资讯通过正常商业行为获得，不是受贿，仅是违纪行为；三是认为蒋丽蒙收受相关人员所送购物卡、油卡、手包、旅游费、赌博筹码等财物，系正常的人情往来，不属受贿。

这些观点与在案查明的事实不符。理由及依据是：首先，从蒋丽蒙的任职履历和岗位职责看，其从 2002 年担任濮院镇招商引资办副主任开始，十多年一直在招商岗位上，案发时任濮院羊毛衫市场管理委员会招商一局局长，系在国家机关中从事公务的人员，负责桐乡市濮院镇辖区内招商引资相关工作，对辖区企业的准入建设、生产经营等具有一定的管理职责，具备受贿犯罪的主体要件和职权要件，因此，认为蒋丽蒙的工作职责不具有“职权内容”的意见不能成立。其次，蒋丽蒙所谓的“商业合作伙伴”多为在濮院当地从事生产经营活动的企业主，在所谓的“共同投资”中，蒋丽蒙利用职权、地位所形成的便利条件，在不出资或不足额出资、不承担投资风险的情况下，分享投资收益，并非正常的商业行为，结合其身份职责，认为蒋丽蒙系通过正常商业行为获利的意见不能成立。再次，部分企业主之所以送蒋丽蒙购物卡、油卡、手包等各种财物或代为支付旅游费、赌博筹码等，均是企图与蒋丽蒙搞好关系并利用其职务便利为自己谋取私利，蒋丽蒙收受相关人员所送财物并为对方谋取利益，且收受财物的频率次数及数量、价值等均超出正常人情往来范畴，系受贿。

蒋丽蒙当庭翻供，对其量刑有较大影响。蒋丽蒙在监委调查和检察机关审查起诉期间，均如实交代自己的主要犯罪事实，检察机关结合其他证据审查认为蒋丽蒙的供述真实可信，认定其具有坦白情节，在提起公诉时提出了从轻处罚的建议。最高人民法院有关量刑指导意见规定：“对于坦白情节，综合考虑如实供述罪行的阶段、程度、罪行轻重以及悔罪程度等情况，确定从宽的幅度。如实供述自己罪行的，可以减少基准刑的20%以下。”然而，蒋丽蒙在一审庭审期间翻供，且翻供内容与其他证据相矛盾，不能成立，翻供是认罪悔罪态度的逆向表现，表明蒋丽蒙并无悔罪认识，因此法院在一审中对蒋丽蒙的坦白情节不予认定。

（程威，原载于《中国纪检监察报》2020年2月26日）

失职的“因”与被骗的“果”

——从重庆市万州区储备粮有限公司原副总经理莫荣案说起

这是一起国有企业管理人员在签订、履行合同过程中因严重不负责任而被诈骗的典型案例。案件当事人重庆市万州区储备粮有限公司原副总经理莫荣在履行合同过程中，因过失造成国家利益损失达千万余元。庭审中，莫荣及其辩护人提出，本案因果关系较为复杂，造成国家利益遭受损失的原因很多，莫荣过失并非主要原因，因此认定其构成签订、履行合同失职被骗罪不当。对此，应当如何认定其中的因果关系？我们特邀相关单位工作人员对此进行分析讨论。

基本案情

2008年起，莫荣先后担任重庆粮食集团万州区粮食有限责任公司党委委员、副总经理，重庆市万州区储备粮有限公司党总支委员、副总经理。2015年2月至案发，莫荣分管粮油贸易、非粮产业、员工考核、行业协会、农业开发等工作，分管该公司下属的具体负责实施粮食买卖业务的贸易分公司。

2015年底，经人介绍，四川省成都市慧莹粮油贸易有限公司（以下简称慧莹公司）法定代表人张建（已因合同诈骗罪被判刑）认识了莫荣，并开始与万州储备粮公司开展粮食贸易活动。2017 年 6 月初，中央储备粮拉萨直属库向万州储备粮公司购买小麦 6255 吨。2017 年 6 月 6 日，万州储备粮公司与慧莹公司签订了 2 份共 6255 吨小麦的购销合同，约定由慧莹公司负责在河南等地采购后发往西藏，付款方式为见火车大票（传真件）付款。2017 年 6 月至 10 月，张建在履行合同过程中，通过修改运输货票的货票号、车种车号、日期等方式，制作假货票 68 张，并分多次将假货运票通过手机拍照传给万州储备粮公司，骗取万州储备粮公司货款 1021.042 万元。

在履行这两份合同期间，莫荣作为分管粮油贸易的负责人，未按规定安排人员前往监督发货，且在下属明确提出有关意见建议时仍予拒接，且未对 68 张假货票进行审核便签字认可，最终被张建以假货票骗取粮食货款，致使万州储备粮公司损失 1021.042 万元。

2016 年 8 月，莫荣找张建“借款”2 万元，未出具借条，直至 2017 年 11 月 8 日，张建诈骗重庆市万州区储备粮有限公司的事情案发后，莫荣在其办公室将 2 万元现金退还张建。另，在 2015 年、2016 年期间，莫荣帮助其同学余某从万州储备粮公司获得借款并得到降低利息，为此，余某在 2016 年春节送给莫荣 2 万元“感谢费”。

2019 年 6 月 14 日，莫荣因涉嫌严重违法问题被万州区监委立案调查，并于 6 月 21 日被采取留置措施。2019 年 7 月 22 日和 26 日，其妻子代为退还违法所得共计 4 万元。

根据组织关系，在万州区纪委监委的建议下，2019 年 8 月 16 日，中共重庆粮食集团有限责任公司委员会对莫荣作出开除党籍处分决定。2019 年 9 月 12 日，重庆市纪委监委驻市国资委纪检监察组对莫荣作出开除处分决定。

查处过程

【立案调查】2019 年 6 月 14 日，莫荣因涉嫌严重违法问题被万州区监委立案调查，并于 6 月 21 日被采取留置措施。

【移送审查起诉】2019 年 8 月 19 日，万州区监委将莫荣涉嫌犯罪一案移送万州区人民检察院审查起诉。同日，经万州区人民检察院决定，莫荣被万州区公安局刑事拘留，同年 8 月 30 日被逮捕。

【提起公诉】2019 年 10 月 18 日，针对莫荣涉嫌犯罪一案，万州区人民检察院向万州区人民法院提起公诉。

【一审判决】2019 年 12 月 27 日，万州区人民法院作出判决，被告人莫荣犯受贿罪，签订、履行合同失职被骗罪，数罪并罚，决定执行有期徒刑三年六个月，并处罚金人民币十万元；对于被告人莫荣退出的违法所得人民币四万元，予以没收，上缴国库。

纪法辨析

一、莫荣违纪违法问题线索是如何被发现的？莫荣到案后有哪些表现？

徐合平（万州区纪委监委案件审理室干部）：本案是万州区监委成立以来办理的第一起国有企业管理人员因玩忽职守涉嫌犯罪而被留置的案件。在近 2 个月的留置期内，万州区监委坚持以刑事审判关于证据的要求收集固定证据，有效衔接司法。

2018 年 8 月，张建因合同诈骗罪被判刑。重庆粮食集团纪委从该案中发现了万州储备粮公司有关人员违纪违法的问题线索。2019 年 1

月 15 日，重庆粮食集团纪委将关于万州区储备粮有限公司有关人员涉嫌职务犯罪、造成公司 1021.042 万元被骗的问题线索移送至万州区纪委监委。同年 3 月 7 日，万州区纪委监委对该问题线索进行了初核，发现莫荣作为万州储备粮公司分管粮油贸易工作的副总经理，在万州储备粮公司与慧莹公司签订的 2 份小麦合同的履行过程中违反相关规定，严重不负责任，对万州储备粮公司损失 1021.042 万元的问题承担直接责任，其行为已经涉嫌犯罪，报经重庆市监委批准后，万州区监委依法对莫荣采取了留置措施。

在接受调查期间，莫荣积极配合，如实交代自己的违纪违法问题，主动供述监察机关尚未掌握的受贿问题，委托家属积极退赃；撰写了忏悔反思材料，另外，莫荣还主动现身说法，作为反面教材警示教育他人，配合拍摄警示教育片。综上，万州区监委认定莫荣具有从轻处罚情节。

二、起诉意见书着重把握了哪些问题？

徐合平：我们在起诉意见书中着重把握了两个方面的问题：一是对莫荣的受贿行为是否构成受贿罪；二是对莫荣的玩忽职守行为是否构成履行合同失职被骗罪。

在处理本案的过程中，一是认定莫荣的受贿行为是否构成受贿罪是有过争论的。莫荣的受贿行为共有 2 次，每次 2 万元。有的同志认为，单笔金额均达不到立案标准。而依据我国《刑法》第三百八十六条的规定，"对犯受贿罪的，根据受贿所得数额及情节，依照本法第三百八十三条的规定处罚"，第三百八十三条第二款规定，"对多次贪污未经处理的，按照累计贪污数额处罚"。对此，有同志认为，此处的多次通常意义上指三次，即单笔不构成受贿罪的，受贿三次以上的才能累计计算受贿金额。因此其行为不构成受贿罪。

我们认为，该条款是计算受贿数额的方法，即在行为人构成受贿罪的情况下，据此计算受贿总额，以避免遗漏行为人未经处理的受贿数额。本案中，莫荣两次受贿4万元，已构成受贿罪，而且两次受贿比一次受贿3万元的情节更为恶劣，更应作为被打击对象。因此，莫荣两次共收受4万元的行为应当认定为受贿罪。

二是认定莫荣在履行合同中的不负责任行为与造成万州储备粮公司经济损失之间的因果关系相对复杂。在接受调查期间，莫荣提出，根据万州储备粮公司的付款流程，支付款项先要经过贸易分公司经理谭某审核，票据真伪性的审核对支付货款具有决定性的作用，谭某未对货运票据真实性进行审核是造成损失的原因，且是主要原因。因此，其失职行为不构成犯罪。

我们认为，莫荣失职行为与万州储备粮公司经济损失是否存在因果关系直接影响莫荣失职行为是否构成犯罪的认定。在履行与慧莹公司的粮食购销合同中，莫荣作为万州储备粮公司分管粮食贸易的副总经理，由于与张建交往过密，在公司有业务员可以安排前往发货地监督，从而确保发货真实性的情况下，没有安排工作人员前往监督发货，且在谭某明确提出要求派员监督发货的建议时，莫荣拒绝了该建议，正是莫荣拒不履行职责直接导致了损失的发生。因此，应当认定其不负责任的行为是造成公司损失的主要原因，与万州储备粮公司的损失之间具有《刑法》意义上的因果关系。

三、辩护人提出万州储备粮公司被骗的主要原因不在莫荣，因此其不构成签订、履行合同失职被骗罪，如何看待这一辩护意见？

杨娇（万州区人民检察院检察二部副主任）：根据我国《刑法》第一百六十七条的规定，签订、履行合同失职被骗罪，是指国有公司、企业、事业单位直接负责的主管人员，在签订、履行合同过程中，因严重不负责任被诈骗，致使国家利益遭受重大损失的行为。国有公司、企业、事业单位直接负责的主管人员，在签订、履行合同过程中，因严重不负责任被诈骗，涉嫌下列情形之一的，应予立案追诉，处三年以下有期徒刑或者拘役：（1）造成国家直接经济损失数额在50万元以上的；（2）造成有关单位破产，停业、停产6个月以上，或者被吊销许可证和营业执照、责令关闭、撤销、解散的；（3）其他致使国家利益遭受重大损失的情形。此罪名是过失犯罪，客观上要求行为人严重不负责任，且行为人的失职行为与国家利益遭受重大损失之间存在因果关系。

本案中，按照原国家粮食储备局和万州储备粮公司关于粮食运输管理的相关规定，安排业务员到发货地监督发货的目的是确保发货的真实性，并以此确保货运票据的真实性。莫荣作为该公司分管粮油贸易的副总经理，在公司有业务员可以安排前往发货地进行监督、并且下属提出此请求的情况下，拒绝派人前往监督发货，同时未对68张假货运大票进行审核就签字确认，为张建成功实施合同诈骗提供了机会。实际上，根据万州区监委的调查，万州区储备粮公司的大额粮食交易基本上都有派人监督，被张建诈骗是一次例外。因此，莫荣严重不负责任的行为是造成万州储备粮公司经济损失的主要原因，应当认定莫荣的行为已经构成签订、履行合同失职被骗罪。

四、莫荣一人犯数罪，对其量刑有哪些考虑？

谭勇（万州区人民法院刑事审判庭法官）：莫荣犯受贿罪，受贿金额在3万元以上不满20万元的，属于《刑法》规定的“数额较大”，依据2016年4月最高人民法院、最高人民检察院《关于办理贪污贿赂刑事案件适用法律若干问题的解释》第一条和第十九条之规定，应当处三年以下有期徒刑或拘役，并处10万元以上50万元以下罚金。同时，因其受贿罪的事实系主动交代并已经全部退出赃款，其行为成立自首，可酌情从轻处罚。据此，万州区人民法院以受贿罪判处莫荣拘役六个月，并处罚金人民币十万元。

我国《刑法》第一百六十七条规定，国有公司、企业等单位直接负责的主管人员在签订、履行合同过程中，因严重不负责任被诈骗，致使国家遭受重大损失的，处三年以下有期徒刑或者拘役；致使国家利益遭受特别重大损失的，处三年以上七年以下有期徒刑。虽然现有相关法律没有对“重大损失”和“特别重大损失”作出具体规定，但结合该罪名的立案标准，造成国家直接经济损失在50万元以上应当立案追诉，以及结合万州区的实际经济状况，本案造成的经济损失达到1021万余元，应当认定为造成国家利益遭受特别重大损失，依法应当处三年以上七年以下有期徒刑。虽然莫荣到案后如实交代了自己的犯罪事实，但如实供述的内容是万州区监委已经掌握的犯罪事实，因此不予认定其构成自首。据此，万州区人民法院以签订、履行合同失职被骗罪判处莫荣有期徒刑三年六个月。莫荣一人犯数罪，依法应当数罪并罚，决定执行有期徒刑三年六个月，并处罚金人民币十万元。

（程威，原载于《中国纪检监察报》2020年3月4日）

罚金不当如何改判

——从云南省楚雄彝族自治州一起再审案件说起

这是一起因附加刑量刑不当而引起的再审案件。本案中，被告人因贪污罪一审被判处有期徒刑三年，并处罚金15万元。被告人以量刑过重为由提起上诉。然而，二审法院在审理时发现一审判处罚金15万元属于适用法律不当，应当并处罚金20万元以上，但按照上诉不加刑原则，二审法院裁定驳回上诉、维持原判。同时，建议审委会启动再审程序。本案中，罚金刑如何判？如何依照刑事诉讼程序依法改判？我们特邀相关单位工作人员对此进行分析阐释。

基本案情

1990年起，张洪文先后在云南省楚雄州武定县插甸乡水城小学、西山小学等小学任教。后担任武定县近城镇中心学校办公室主任，武定县狮山镇中心学校总务主任。2007年8月至案发，张洪文在武定县教育局校安办工作，负责联系学校工程建设项目的规划、设计、招标、施工、验收、工程结算、工程审计等工作。

2014年5月至10月期间，张洪文在担任武定县教育局校安办建设工程管理员具体负责由蔡付红（因犯贪污罪、行贿罪已被判刑）承建的建设工程项目过程中，时任教育局局长杨添荣（因犯贪污罪、受贿罪已被判刑）为冲抵其对蔡付红的个人欠款，指使张洪文在建设项目中虚增工程量套取工程款给蔡付红。后张洪文与蔡付红在结算小学食堂建设工程时，采取虚增工程的方式套取工程款共 197845.58 元。2014 年，张洪文在结算武定县田心乡的利米小学食堂、狮山镇的夭鹰小学食堂、狮山小学食堂建设工程的过程中，伙同蔡付红采取虚增食堂建设项目工程量和鲁期小学厕所工程项目的方式，套取工程项目资金 180612 元，张洪文个人从中分得 15 万元。

在负责学校工程项目期间，张洪文身为国家机关工作人员，利用管理建设工程的职务便利，伙同他人采用虚增工程量、虚报工程项目的方式骗取国家项目建设资金共计 378457.58 元，并从中分得 15 万元。

2012 年，张洪文负责管理武定县教育局建设工程项目，利用职务便利，以加油为名，向蔡付红索要了 3 万元现金。2013 年初至 2015 年 2 月期间，张洪文利用职务便利，先后 5 次收受蔡付红贿赂共计 4.8 万元。此外，张洪文还利用职务便利，于 2013 年至 2016 年期间，先后收受武定县中小学建设工程项目的承建人毕某、武定县校安工程项目承建人曾某、武定县校安工程建材销售人游某贿赂共计 80400 元。

张洪文利用职务便利，向其建设工程项目的管理对象索要财物 3 万元，收受建设工程承建商现金 128400 元，为他人谋取非法利益。

2018 年 9 月 2 日，张洪文因涉嫌严重违纪违法被武定县纪委监委立案审查调查，并于 9 月 5 日被采取留置措施。2018 年 9 月 16 日和 17 日，张洪文动员家属代其退缴涉案款共计 32 万元。

2018 年 9 月 18 日，武定县纪委对张洪文作出开除党籍处分决定，并收缴其违纪违法所得。2018 年 9 月 19 日，武定县监委将张洪文涉嫌贪污、受贿罪一案移送武定县人民检察院审查起诉。2019 年 5 月 31 日，武定县监委对张洪文作出开除公职处分决定。

查处过程

【立案审查调查】2018 年 9 月 2 日，张洪文因涉嫌严重违纪违法被武定县纪委监委立案审查调查，并于 9 月 5 日被采取留置措施。

【移送审查起诉】2018 年 9 月 19 日，武定县监委将张洪文涉嫌贪污、受贿罪一案移送武定县人民检察院审查起诉。2018 年 9 月 19 日，经武定县人民检察院决定逮捕，同日由武定县公安局执行逮捕。

【提起公诉】2018 年 10 月 31 日，针对张洪文涉嫌犯罪一案，武定县人民检察院向武定县人民法院提起公诉。

【一审判决】2018 年 12 月 7 日，武定县人民法院作出一审判决，张洪文犯贪污罪，判处有期徒刑三年，并处罚金人民币 15 万元；犯受贿罪，判处有期徒刑一年十个月，并处罚金人民币 10 万元，数罪并罚，决定执行有期徒刑四年，并处罚金 25 万元；非法所得予以没收，上缴国库。

【二审裁定】2018 年 12 月 20 日，张洪文以量刑过重、罚金过高为由提起上诉，请求判三缓四。2019 年 4 月 10 日，楚雄州中级人民法院裁定驳回上诉，维持原判。

【再审判决】2019 年 7 月 22 日，楚雄州中级人民法院作出再审决定。2019 年 10 月 14 日，楚雄州中级人民法院作出再审判决，张洪文犯贪污罪，判处有期徒刑三年，并处罚金人民币 20 万元；犯受贿罪，判处有期徒刑一年十个月，并处罚金人民币 10 万元，数罪并罚，决定执行有期徒刑四年，并处罚金人民币 30 万元。

纪法辨析

一、依据纪律法律和本案证据，张洪文有哪些从轻或从重处理情节？

赵一钢（武定县纪委监委第四执纪监督审查调查室主任）：本案中，张洪文具有两个从轻处罚情节和一个从重处罚情节。

从轻情节包含：一个法定情节，坦白；一个酌定情节，积极缴清非法所得。我国《刑法》根据犯罪主体和犯罪形态的不同，以及在犯罪中作用和犯罪后的特定情节等案件情节，给予刑事处罚对象从轻或减轻处罚的规定。坦白是指如实供述办案人员已掌握的犯罪事实。张洪文到案后，在办案人员的教育感化下，在证据面前如实交代了自己的犯罪事实，属于《刑法》规定的坦白，具有可以从轻处罚的情节。

酌定从轻情节是指刑法没有具体规定，人民法院根据刑法精神和刑事政策，在审判实践经验中总结出来的，在刑事审判中酌情考虑从轻处罚的情节。司法实践中，法院主要根据行为人罪前的一贯表现、有无前科，罪中的作案目的、动机、时间、地点、手段、方法、经过和结果，罪后的认罪悔罪态度和退赃程度等情节来决定是否从轻以及从轻处罚的幅度。本案中，张洪文动员家属退缴了其非法所得，属于犯罪后积极退缴赃款，具有良好的悔罪表现，可酌情从轻处罚。

关于从重处罚情节方面，我国《刑法》在总则和分则都对从重处罚作了详细规定。本案中，张洪文没有总则规定的从重处罚情节，但其具有索贿情节，符合我国《刑法》第三百八十六条关于索贿从重处罚的规定，应从重处罚。

二、本案中，张洪文两次参与共同犯罪，如何区分其作用？起诉意见书中着重把握了哪些问题？

罗顺荣（武定县纪委监委案件审理室干部）：本案中，张洪文共两次参与共同贪污犯罪。第一次共同贪污犯罪，即2014年5月至10月期间，张洪文在担任武定县教育局校安办建设工程管理员过程中，时任教育局局长杨添荣指使张洪文在建设项目中虚增工程款给蔡付红。后张洪文与蔡付红在结算建设工程时，采取虚增工程的方式套取工程款19万余元。张洪文是在杨添荣的指使下实施了套取工程款的行为，因此，杨添荣系主犯，张洪文、蔡付红属于从犯。

第二次共同贪污犯罪，即2014年期间，张洪文在结算建设工程过程中，伙同蔡付红套取项目资金共计18万余元，张洪文从中分得15万元。张洪文积极实施虚增工程量、虚报工程项目的犯罪行为，在共同犯罪中起主要作用，系主犯。

在起诉意见书中，我们着重把握了三个方面的问题：一是注意区分张洪文在犯罪中的作用；二是对张洪文贪污数额的认定；三是对张洪文索贿、受贿数额的认定。根据我国《刑法》第三百八十二条、第三百八十三条的规定，张洪文在贪污事实中，既有受杨添荣指使而贪污的行为，又有主动实施贪污的行为，应对其参与的套取工程款的资金总额负责。根据我国《刑法》第三百八十五条的规定，张洪文既有索贿的行为，又有受贿的行为，我们在起诉意见书中对索贿、受贿加以区分。

三、张洪文及其辩护人在上诉时提出一审量刑过重，罚金太高，请求判三缓四，如何看待该意见？向法院提出量刑建议时有何考虑？

闫开林（武定县人民检察院第二检察部副主任）：结合本案事实，我们认为，一是张洪文身为国家机关工作人员，利用职务便利，与他人合谋骗取国家项目建设资金共计378457.58元，其行为触犯了我国《刑法》第三百八十二条之规定，应当以贪污罪追究其刑事责任。二是张洪文利用职务便利，向管理对象索要财物3万元，收受现金128400元，为他人谋取利益，应当以受贿罪追究其刑事责任。在法定量刑情节和酌定量刑情节方面，张洪文在其伙同蔡付红共同贪污犯罪中，系主犯，应对其参与实施的全部犯罪行为承担责任。基于张洪文案发后如实交代犯罪事实，主动向纪检监察机关退缴了非法所得，可以从轻处罚。三是，根据我国《刑法》第二十五条、第二十六条第一款、第六十七条第三款、第六十九条、第三百八十二条第一款、第三百八十三条第一款第二项、第三百八十五条第一款、第三百八十六条，以及最高人民法院、最高人民检察院《关于办理贪污贿赂刑事案件适用法律若干问题的解释》第二条、第十九条之规定，我们向法院提出“建议判处张洪文犯受贿罪，处2年以上3年以下有期徒刑，并处罚金；犯贪污罪，判处3年以上6年以下有期徒刑，并处罚金。数罪并罚后决定执行刑期，涉案款予以没收上缴国库”的量刑建议。这一量刑建议是本院在综合考量犯罪的事实、犯罪的性质、情节和社会危害程度，以及行为人张洪文所具有的从重、从轻情节之后审慎提出的。

对于张洪文及其辩护人的上诉意见，本院认为，该意见并无依据。根据我国《刑法》第三百八十三条、第三百八十五条和最高人民法院、最高人民检察院《关于办理贪污贿赂刑事案件适用法律若干问题的解释》第一条、第二条、第十九条的规定，张洪文犯贪污罪、受贿罪违法所得数额分别为378457.58元、158400元，其犯罪数额已达到上述法律条款所规定的数额巨大、数额较大的标准。所以，无论是本院提出的量刑建议，还是法院最终判决的刑罚结果，并不存在量刑过重、罚金太高的问题。最高人民法院、最高人民检察院《关于办理职务犯罪案件严格适用缓刑、免予刑事处罚若干问题的意见》第二条明确规定了一般不适用缓刑或者免予刑事处罚的 9 种情形。本案中，张洪文的犯罪事实同时具有该意见中第三项“属于共同犯罪中情节严重的主犯的”和第四项“犯有数个职务犯罪依法实行并罚或者以一罪处理的”以及第七项“受贿犯罪中具有索贿情节的”等情形。因此，对张洪文不应适用缓刑。

四、张洪文罚金刑判处不当是何时发现的？为何启动再审程序？

李文先（楚雄州中级人民法院法官、该案再审审判长）：该案一审对张洪文罚金刑判处不当，是在二审过程中发现的。二审认为，张洪文贪污数额为 378457.58 元，一审判处其主刑三年正确；但按最高人民法院、最高人民检察院相关司法解释，被判刑三年以上的，应当并处 20 万元以上犯罪数额二倍以下罚金；张洪文不具备法定减轻情节，一审并处罚金 15 万元，明显错误，属适用法律不当。二审虽然发现一审对张洪文并处罚金 15 万元畸轻，但按照上诉不加刑的原则，二审不得直接改判或发回重审，故依据《最高人民法院关于适用〈中华人民共和国刑事诉讼法〉的解释》第三百二十五条第一款第七项的规定，二审裁定维持原判的同时，建议审委会启动再审程序。后由立案庭报院长同意，提请审委会讨论并通过后，中院作出了再审决定书，对本案提起再审。上诉不得直接加重刑罚（包括附加刑），但对于适用法律错误，原判处不当，必须改判的，依法应在二审裁判生效后，依照审判监督程序重新审判，依法改判。该案就属此种情形。

（程威，原载于《中国纪检监察报》2020 年 3 月 11 日）

铲除“围猎”和被“围猎”的土壤

——理论和实务界人士谈如何坚持受贿行贿一起查

近日，陕西省监委决定对陕西兴茂侏罗纪煤业镁电（集团）有限公司法定代表人高乃则涉嫌行贿犯罪问题立案调查，释放了受贿行贿一起查的强烈信号。十九届中央纪委四次全会要求，“坚持受贿行贿一起查”，“对巨额行贿、多次行贿的严肃处置，坚决斩断‘围猎’和甘于被‘围猎’的利益链，坚决破除权钱交易的关系网”。实践中，相对于查处受贿犯罪，为何对行贿犯罪查处较少？坚持受贿行贿一起查，要着重注意哪些问题？如何更加有效惩治行贿行为？我们特邀相关单位工作人员对此进行探讨。

记者：相对于查处受贿行为，过去对行贿行为查处较少，其深层次原因是什么？

彭世权（重庆市纪委监委案件审理室主任）：一是理念问题。办案中存在“重受贿轻行贿”理念，片面认为严肃处理行贿人不利于相关受贿犯罪案件的查处，过度依赖行贿人言词证据，担心行贿人不配合指证或者翻供，不能有效掌握办案主动权。二是对犯罪构成理解不统一。实践中，对行贿犯罪构成要件“不正当利益”理解把握不一，“谋取不正当利益”证据收集固定较难，担心一旦定性不准、证据不足，司法机关可能会存疑不起诉、法定不起诉甚至判决无罪。三是法律适用扩大化。存在擅自扩大适用《刑法》第三百八十九条第二款“免除处罚”的范围，对行贿人在被追诉前主动交代行贿行为的，大多免除处罚。四是对行贿人处理程序不规范。对行贿人的处理存在定性处理、政策把握不平衡以及自由裁量随意性大等问题。

管友军（浙江省高级人民法院刑事审判第二庭副庭长）：我认为，过去对行贿犯罪查处少有三个方面的原因。一是在行贿人和受贿人这一对关系中，受贿人处于掌握、分配资源、利益的地位，在民众看来，受贿人处于强势地位，行贿人处于弱势地位，情感上相对同情行贿人，一定程度影响对行贿人的查处。二是受贿行贿犯罪具有较强的隐秘性，如果行贿人不配合，查处受贿犯罪就面临关键证据不到位的问题，这是世界各国办案机关查处受贿犯罪面临的共同难题，为有力推进反腐败，在刑事政策上宽缓对待行贿人以换取查获关键证据打击受贿犯罪，也是世界各国的相同选择。三是相当多的行贿人行贿的目的是为了在市场竞争中处于优势地位，或为了节省经营成本，获取更多的经济利益，虽然采取了不正当手段，但他们的经营内容本身不一定是违法的，客观上也提供了部分就业机会和促进了地方经济的发展，对态度好、情节或后果不严重的部分行贿人采取宽缓的处理措施，不予以刑事处理，也有社会方面因素的考量。

时延安（中国人民大学教授、博士生导师）：从深层次原因看，对行贿犯罪查得少，主要还是因为贿赂犯罪在侦查和证明上存在的瓶颈问题没有得到解决。从实践看，贿赂犯罪大多是“一对一”犯罪，如果行贿人不积极配合办案机关，就会导致案件很难推进。目前办案机关可以大量地靠电子证据来证明，这个问题有了一定的缓解，不过，在很多情形下仍需要行贿人配合。因而为了鼓励行贿人配合，办案机关会对行贿人给予一定的从宽处理。此外，根据《刑法》第三百八十九条规定，如果行贿人没有谋取不正当利益，就不能以行贿罪追究刑事责任。现实生活中，行贿人为谋取正当或者处于灰色领域的利益而行贿，虽然属于违法，但根据规定却不构成犯罪。同时，刑事政策对行贿人也有从宽一面。例如，《刑法》第三百九十条第二款规定："行贿人在被追诉前主动交待行贿行为的，可以从轻或者减轻处罚。其中，犯罪较轻的，对侦破重大案件起关键作用的，或者有重大立功表现的，可以减轻或者免除处罚。"

雷勇［江苏省人民检察院第三检察部（职务犯罪检察部）主任］：受贿与行贿存在对合关系。与受贿犯罪相比，过去一段时期，行贿犯罪确实查得相对少一些，一些应该被追究刑事责任的行贿行为没有被查处，影响了对贿赂犯罪的整体打击效果。之所以行贿犯罪查得少，直接原因在于两个方面：一是对贿赂犯罪中受贿和行贿的关系认识存在误区，传统观念认为，受贿者在贿赂犯罪中处于主动地位，而行贿者有求于人，处于弱势被动的地位，主观恶性相对较小；二是长期以来贿赂犯罪的查办工作偏重于受贿，为确保受贿犯罪能够顺利认定，往往对行贿者从轻处罚，以此来换取行贿者在取证工作中的配合。深层次的原因在于：对贿赂犯罪的研究和认识不够深入，对利益主体多元化背景下的行贿主动出击、不择手段等趋势和特点缺乏洞察，没有清醒地认识到行贿犯罪是贿赂犯罪源头之一，对政治生态和社会公平正义危害巨大，没有深刻理解查处行贿犯罪对于一体推进不敢腐、不能腐、不想腐的重要意义。

记者：坚持受贿行贿一起查，要着重注意哪些问题？

雷勇：行贿尤其是重大的行贿犯罪破坏公平竞争的市场秩序，污染政治生态，败坏社会风气。在具体的查处工作中，要着重把握好几个方面。一是要强调依法依规惩治。严厉惩治不是查处得越多越好，越重越好，而是要严格按照党纪国法的规定开展查处工作，该惩治的不轻易放过，不该惩治的不随意扩大。同时还要注重查处工作自身的规范性和公正性，严格依法办案，避免因查处工作方式方法不当对经济社会发展造成不良影响。二是要区别对待，抓住重点。贿赂犯罪中往往行贿者人数众多，每个人的数额、情节、行为后果都不尽相同，这就需要在查处过程中加以区分，把打击重点放在巨额行贿、多次行贿、情节特别严重、给国家和人民的利益造成重大损失以及人民群众反响强烈的行贿犯罪，做到既严厉惩治，又顺应民心，保障经济社会的平稳发展。三是要始终围绕经济社会稳定发展的大局开展工作。坚持受贿行贿一起查，严厉惩治行贿犯罪，归根到底是为了满足人民群众对反腐工作的新期待，促进和保障经济社会的稳定发展。查处行贿犯罪要处理好个案和全局、眼前和长远的关系，确保政治效果、法律效果和社会效果相统一，充分发挥惩治腐败对于经济社会健康发展的保驾护航作用。

管友军：要注意打出“组合拳”，即行贿必调查、区别情形分门别类、正确界定“谋取不正当利益”的内涵，避免误打。首先，应当重视腐败的源头治理，对互为因果的行贿受贿一起防范、一起治理、一起查处。对每一起行贿犯罪，对每一个行贿人，都应当调查，对于情节或后果严重的行贿人进行刑事责任追究。有贿必查，让每个行贿人付出足够的违法成本，这样才能消除行贿人的侥幸心理，才能告示社会和警示潜在的行贿人，从源头上清理腐败的土壤。其次，查处行贿行为，不能“一刀切”，应当分门别类根据不同行贿人的行贿目的、行贿情节和后果及认罪悔罪表现，制订有梯度的查处形态，让求官者丢官，让求财者失财，比一概只用刑罚处理，更能有效治理行贿。再次，要正确认定行贿罪要件中的“不正当利益”，对于企业在办理符合条件和规定的贷款、按照约定或者规定办理合同款项结算、按规定参加“招拍挂”等经营活动中，被国家工作人员采用明示或暗示的方式勒索财物，没有谋取竞争优势，不应认定为“谋取不正当利益”，依法不认定构成行贿罪。

时延安：处理行贿犯罪案件，要注意综合权衡。现实中，确实存在一些企业为取得市场平等竞争机会而行贿的情形，对于这种情况，根据《刑法》第三百八十九条规定是不构成犯罪的。对于违反市场竞争规则向国家工作人员行贿的企业经营者，一方面要依法追究行贿者的刑事责任，另一方面要通过促进企业加强合规建设以解决企业反腐问题。

彭世权：在严格依规依纪依法查处行贿犯罪的同时，还要坚持惩前毖后、治病救人，更好地围绕中心、服务大局。一要严格区分法律界限，准确区分罪与非罪、此罪与彼罪、轻罪与重罪。二要精准把握政策和策略。坚持宽严相济原则，深化运用“四种形态”，结合动机态度、客观条件、时间节点、性质程度、一贯表现、企业经营状况、后果影响等要件，综合考量分析，对行贿人精准作出处置。比如，深入贯彻习近平总书记在民营企业座谈会上重要讲话精神和《中共中央国务院关于营造更好发展环境支持民营企业改革发展的意见》，统筹受贿行贿一起查与服务保障企业发展的关系。三要实现查办案件和服务发展的双赢。集中精力惩治党员干部腐败问题，抓住“关键少数”，提升减存量遏增量的质与效；统筹考虑是否多次、巨额行贿以及行贿方式（主动、被动）、积极配合调查、退赃等问题，对一些民营企业历史上曾经有过的一些不规范行为以发展的眼光看问题，让企业家卸下思想包袱，轻装前进；查办重点领域典型案件中，主动加强与有关部门和单位沟通协调，从防范化解重大风险、严格依规依纪依法、维护改革发展稳定大局等多个角度，把党的政策策略说清楚讲透彻。据重庆市委统战部多次反馈，市纪委监委在查办案件中服务保障企业合法经营、营造公平竞争营商环境的做法反响良好。

记者：是否对所有行贿行为都要追究刑事责任？严肃处置行贿行

为，应确定什么标准？

时延安：从现行《刑法》规定看，并非所有行贿行为都要予以刑事处罚，只有谋取“不正当利益”的行为，才能被作为犯罪处理。现行《刑事诉讼法》规定了认罪认罚从宽制度，对谋取不正当利益的行贿人，如果其能够认罪认罚，也可以在刑事追究上给予从宽处理。处置行贿犯罪，在法律适用和政策上应把握三个方面：一要按照法律规定办理案件，无论是实体还是程序上都应依法进行。二要重点打击涉及民生（如食品、公共卫生等领域）、安全（如建筑及重大工程、网络等领域）的行贿犯罪，因为这些领域的行贿行为造成的客观损害更大。三要注意把握政策，惩罚行贿犯罪的同时要保护民营企业的合法权益，尽可能减少刑事追究对企业的附带损害。

彭世权：对于行贿行为不能一概而论、搞“一刀切”“一锅烩”，既要体现严厉打击，又要注重实现综合效果的有机统一。聚焦重点领域、重点对象，紧盯工程、金融、国企、扶贫、教育医疗、生态环保、食药安全等领域的“围猎”行为，对涉嫌行贿犯罪且属于长期行贿、巨额行贿、多头多次行贿，在党的十八大后不收敛不收手的，依法移送司法机关追究刑事责任；对于具有犯罪情节轻微、初犯偶犯、主动投案、积极配合调查、积极退赃、重大立功表现等从轻、减轻情节的，可依法提出从宽处罚建议或不予追究刑事责任。重庆市纪委监委坚持实事求是、依规依纪依法，探索建立综合运用移送审查起诉、具结悔过、批评教育等多种方式对行贿行为精准分类作出处置。此外，重庆市纪委监委机关建立行贿人员数据库，为精准有效处置行贿人员提供数据支撑。

雷勇：首先，根据我国《刑法》规定，只有为谋取不正当利益而给予国家工作人员财物且达到一定数额的，才有可能构成行贿罪，行贿行为是否作为犯罪查处是有法律标准的，不是所有行贿行为都是犯罪。

其次，我国《刑法》对于构成犯罪的行贿行为如何适用刑罚也有明确的规定，同时还规定行贿者被追诉前主动交待或有重大立功表现可以从轻、减轻、免除处罚。依照上述规定，对于行贿犯罪，不一定都要判处刑罚，在符合法定条件时，也可以由检察机关作出不起诉决定，或由监察机关作出党纪政务处分。严肃处置行贿犯罪，首先要确立法定的处置标准，对事实情节的认定和处罚幅度都应当遵守《刑法》或《监察法》等规定，不能超出法定标准进行理解适用和恣意裁量，避免人为因素导致对行贿犯罪的惩治目标落空。处置行贿犯罪，还要注重宽严相济的刑事政策运用，对于主观恶性较小、认罪悔过、未造成严重后果，以及从轻处罚社会效果更好的行贿犯罪，可以给予从宽处置。

管友军：查处行贿行为，应当分门别类根据不同行贿人的行贿目的、行贿情节和后果及认罪悔罪表现进行查处。下列情形应当从严惩处：为买官行贿，情节严重或数额巨大的；为实施违法犯罪活动，向负有食品、药品、安全生产、环境保护等监督管理职责的国家工作人员行贿，严重危害民生、侵犯公众生命财产安全的；向行政执法机关、司法机关的国家工作人员行贿，影响公正执法和司法公正的；因行贿受过行政处罚或刑事处罚又行贿的；行贿数额一百万元以上的；因行贿造成严重后果的；多次行贿的；等等。

记者：对于铲除“围猎”土壤，有何建议？

管友军：要铲除“围猎”土壤，不能单打独斗，而要多管齐下：一方面，要建立和强化行贿必查的社会预期，同时通过立法立规提高行贿成本，建立行贿黑名单制度，建立统一并联网的诚信档案，将诚信档案记载的诚信度作为市场准入的必要门槛之一，还应完善公司、企业登记管理制度，加强对公司股东的真实身份和资信的审查，防止行贿人一再借壳、到处借壳开设公司、企业而“复活”，让行贿人在各方面得不偿失。另一方面，要认清矛盾的主要方面，一体推进不敢腐、不能腐、不想腐，筑起领导干部防腐蚀的思想防线，完善、落实权力行使的内外部监督制度，让行贿者无从下手，让受贿者不敢下手。强化舆论引导，生动形象地告诉公众行贿的成本最终会转嫁到消费者身上，行贿行为还是社会供应品价高质次的推手，行贿不但窃取了我们的财富，而且给我们的生命、健康、安全带来危险，形成全民痛恨行贿的氛围。

时延安：解决“围猎”问题，在政策和法律适用上主要考虑四个方面：一要尽可能减少国家工作人员的寻租空间，从制度和机制上将权力行使公开化，在程序细节上下功夫，提高“围猎”成本、降低“围猎”成功的可能性。二要充分利用刑罚的一般威慑功能确定重点处罚对象。例如，对于长期“围猎”国家工作人员的，在适用法律时，可以考虑不从宽处罚。三要禁止“围猎”者长期乃至终身不得从事市场经营活动，依法给予更多的附带性制裁措施。四要对“围猎”者给予更严厉的经济性制裁，降低其犯罪预期。

雷勇：第一，构建亲清新型政商关系。在制度化法治化的基础上，构建公平竞争的市场环境、简明有效的政策环境、公正透明的法治环境，公平对待各类市场主体，从源头上根除“围猎”的利益诱惑。第二，加大查处力度。加强对“围猎”问题的法律研究，精准适用法律，严厉惩治行贿等相关犯罪，坚持受贿行贿一起查，始终保持有贪必惩的高压态势。第三，建立健全完备有效的监督体系。在全面深化制度改革和机制创新中，优化重点领域、关键环节的权力配置，完善权力清单制度，进一步减少行政审批事项，简化审批办理程序，让项目审批、工程招投标、资金拨付公开透明，压缩权力寻租空间，把权力关进制度的笼子里，堵住“围猎”的制度漏洞。第四，开展警示教育，督促领导干部管好家人，树好家风，编发“围猎”犯罪的典型案例，以案释法。

彭世权：一是法律法规制度要完善。要完善惩处行贿行为的相关法律法规，特别是对“不正当利益”“单位行贿与个人行贿”等问题，需作出比较明确的界定；健全行贿犯罪不正当利益追缴制度，不让行贿人在经济上占到便宜。同时，要加强制度建设，深入贯彻党的十九届四中全会精神，完善权力配置和运行制约机制，让权力在阳光下运行，营造公平、公正的营商环境，减少“围猎”与被“围猎”的机会。二是程序要规范。建立集体决策等机制，避免对行贿人员处置随意性。审查调查部门形成行贿人员的处置建议报告后一并移送审理，审理部门全面审核把关，提出定性处置审核意见，召开专题会议，集体研究、审慎提出处置意见。三是适用要精准。要聚焦重点对象、紧盯关键领域，严肃处理金融、扶贫、医疗卫生、食品药品安全、环境保护、民生工程等领域的“围猎”行为；要积极适用从轻、减轻情节，体现态度“变量”，甄别行贿的犯罪目的与动机、造成的后果影响等，对具有主动投案、积极配合调查、积极退赃、重大立功表现等从轻、减轻情节的予以从宽处理。四是方法要有效。建立行贿人员数据库，全面录入行贿人员主体身份、具体事实、处置情况等信息，适时更新。此外，强化警示教育，在保护涉案单位、个人隐私的前提下，适时发布典型案件。

（程威，原载于《中国纪检监察报》2020年3月18日）

借款、投资之名难掩受贿犯罪之实

——从江苏省连云港市土地和矿业权市场管理中心原主任辛华受贿案说起

受礼还是受贿？罪抑或非罪？处理涉嫌受贿罪的案件，首先要正确把握这些问题。在江苏省连云港市纪委监委审查调查市土地和矿业权市场管理中心原主任辛华严重违纪违法问题中，就遇到了以上问题。此案涉案人数多，涉案数额巨大，违纪违法手段隐蔽。在市中级人民法院审理过程中，辛华及其辩护人提出，辛华收受的财物中有40万元是借款，55万元及一套房产在6年前已退还，40万元是投资款及其收益，这些行为均不是受贿。如何看待这些意见？如何把握罪与非罪的界限？我们特邀相关单位工作人员进行分析讨论。

基本案情

2005年至2018年，辛华先后担任江苏省东海县原国土资源局党组成员、局长助理、副局长、党组副书记、局长、党组书记，连云港市土地和矿业权市场管理中心主任。2005年至案发，辛华利用职务上的便利，以及职权、地位形成的便利条件，直接或通过其他国家工作人员职务上的行为，为连云港市晶都建设集团有限公司、连云港福尔多实业有限公司等单位和徐某某、武某某等个人在土地使用权登记、拆迁推进、工程项目承揽、土地评估和测绘业务承揽等事项上提供帮助，先后多次收受上述单位和个人现金人民币316万元（以下未标明币种的均为人民币）、欧元1500元、存有55.83万余元的银行卡1张、购物卡5万元，低价购房获得财产性利益14.0072万元，房产1套，折合共计人民币446.56万余元。其中，辛华于2009年至2016年先后收受徐某某人民币80万元及购房款40万元；2010年至2011年先后收受武某某人民币55万元，2011年12月收受张某房产一套（购买价格54.59万元）及该房租金人民币10万元，2012年7月辛华将上述财物分别退还给武某某和张某。

2018年8月15日，辛华因严重违纪违法涉嫌受贿犯罪被连云港市纪委监委立案审查调查并被采取留置措施；2019年1月19日，经连云港市纪委研究并报连云港市委批准，给予辛华开除党籍处分；同日经连云港市国土局研究决定，给予辛华开除处分。1月22日，辛华案被移送连云港市人民检察院审查起诉。

辛华归案后如实供述了自己的罪行，并交代了监察机关尚未掌握的其他受贿犯罪事实，检举他人犯罪事实，全部退还赃款赃物，自愿认罪认罚。

查处过程

【立案审查调查】2018年8月15日，根据江苏省监委指定管辖，辛华因严重违纪违法涉嫌受贿犯罪被连云港市纪委监委立案审查调查并采取留置措施。

【移送审查起诉】2019年1月22日，连云港市监委将辛华涉嫌受贿犯罪一案移送连云港市人民检察院审查起诉。同日，连云港市人民检察院决定对辛华刑事拘留，次日由连云港市公安局执行。2019 年 2 月 1 日，辛华被逮捕。

【提起公诉】2019 年 3 月 15 日，连云港市人民检察院就辛华涉嫌受贿犯罪一案向连云港市中级人民法院提起公诉。

【一审判决】2019 年 8 月 13 日，连云港市中级人民法院一审判决，被告人辛华犯受贿罪，判处有期徒刑十年，并处罚金人民币五十万元。对被告人辛华受贿所得财物及其孳息予以追缴，上缴国库。

纪法辨析

一、辛华违纪违法问题线索是如何发现的？本案案情有哪些特点？

李扬（连云港市纪委监委案件审理室干部）：2018 年 7 月，连云港市纪委监委在审查调查东海县国土资源局原党组书记、局长高明涉嫌受贿案过程中，发现了辛华违纪违法问题线索。本案涉案人数、次数多，涉案数额巨大，辛华违反纪律先后收受 29 人所送现金、购物卡共计人民币 33.3 万元，违反法律先后 78 次收受 16 人所送财物共计人民币 446 万余元，具有复杂性。违纪违法形式多样，辛华除直接收受现金、银行卡、金条等财物外，还出现收受财物后退还、低价购房、购买原始股获利等形式的违纪违法问题，具有隐蔽性。2018 年，辛华前任局长受贿案发后，辛华惧怕其问题败露而采取了与行贿人订立攻守同盟、退还 150 万元受贿所得、转移收受物品等行为，具有对抗性。针对这些特点，我们在审查调查期间，坚持惩前毖后、治病救人方针，做实做细政策感召、人文关怀工作，促使辛华主动交代问题，真心认错认罪。

如何确定管辖也是本案一大特点。根据省以下国土资源主管部门领导干部实行双重管理体制的规定，辛华作为一名副处级领导干部，干部管理权限在省国土资源厅，应当由设在主管部门、有管辖权的纪检监察机关进行审查调查。连云港市纪委监委发现辛华问题线索后，立即报请江苏省纪委监委。依据监察法第十七条“上级监察机关可以将其所管辖的监察事项指定下级监察机关管辖，也可以将下级监察机关有管辖权的监察事项指定给其他监察机关管辖”之规定，省监委将辛华问题线索指定连云港市监委管辖，手续完备、程序规范。

二、接受审查调查时，辛华检举揭发的行为是否构成立功？起诉意见书着重把握了哪些问题？

李扬：辛华在接受审查调查过程中，检举揭发张某某曾收受其 15 万元人民币为其谋取利益。经调查发现，2018 年 1 月，张某某利用职务便利，在辛华亲属涉嫌犯罪案件办理中提供帮助，收受辛华 15 万元。2019 年 6 月，张某某因涉嫌受贿罪被立案审查调查。根据最高人民法院、最高人民检察院《关于办理行贿刑事案件具体应用法律若干问题的解释》第七条规定：“因行贿人在被追诉前主动交待行贿行为而破获相关受贿案件的，对行贿人不适用刑法第六十八条关于立功的规定，依照刑法第三百九十条第二款的规定，可以减轻或者免除处罚。”辛华检举揭发张某某收受贿赂事实虽查证属实，但该行为是辛华向他人行贿的行为，依照规定不构成立功。

在起诉意见书中，我们着重把握了两个方面的问题：一是严格把握受礼与受贿；二是准确认定受贿犯罪金额。

第一，受礼与受贿的界定。在本案审理过程中，辛华除收受房地产开发商大额贿赂为其谋取利益构成受贿犯罪外，还在逢年过节大量收受基层乡镇工作人员所送礼金且金额巨大，我们对辛华收受礼金行为如何认定进行了认真研究。最高人民法院、最高人民检察院《关于办理贪污贿赂刑事案件适用法律若干问题的解释》第十三条规定：“国家工作人员索取、收受具有上下级关系的下属或者具有行政管理关系的被管理人员的财物价值三万元以上，可能影响职权行使的，视为承诺为他人谋取利益。”本案中，辛华虽然收受具有行政管理关系的乡镇工作人员钱款，且可能影响职权行使，但因没有具体请托事项，且单人数额均未达到三万元，不宜视为承诺为他人谋取利益，未达到受贿犯罪认定标准。因此我们以违反廉洁纪律受礼对其认定处理，并对违纪款予以收缴。

第二，受贿数额的认定。辛华提出，2012 年出资 100 万元给陈某某投资股权，虽然自己利用职务之便为陈某某谋取利益并收受其所送人民币 40 万元，但这 40 万元属于陈某某归还的 100 万投资款及收益的一部分，不是受贿。我们认为，辛华确曾出资 100 万元给陈某某投资股权，但是陈某某分三次送给辛华 40 万元是为了感谢辛华在相关土地确权办证、用地指标申请及有关土地征用、用地性质转换等方面提供的帮助，每一次送钱都有相应的谋利事项，而且在辛华 2016 年调离东海县后，陈某某未再给其送钱。在案证据足以证明该 40 万元与 100 万元投资款或收益没有关联，应计入受贿所得。

三、为何对辛华适用认罪认罚从宽制度？这对其量刑有何影响？

张川（连云港市人民检察院第三检察部副主任）：根据“两高三部”《关于适用认罪认罚从宽制度的指导意见》的规定，该制度的核心要件是“认罪”和“认罚”。“认罪”是指犯罪嫌疑人、被告人自愿如实供述自己的罪行，对指控的犯罪事实没有异议。需要注意的是，承认指控的主要犯罪事实，仅对个别事实情节提出异议，或者虽然对行为性质提出辩解但表示愿意接受司法机关认定意见的，不影响认罪的认定。“认罚”是指犯罪嫌疑人、被告人真诚悔罪，愿意接受处罚，应结合退赃退赔、具结悔过等因素综合考量。本案中，辛华到案后除如实供述了监察机关已经掌握的受贿事实，还主动供述了监察机关尚未掌握的受贿事实。虽然其对借款买房等个别情节提出异议，但表示接受检察机关的审查认定意见，不影响“认罪”的认定。同时，辛华认罪认罚并在辩护律师见证下签署《认罪认罚从宽制度告知书》《认罪认罚具结书》及附件，全部退出赃款赃物，符合“认罚”的要件。

关于认罪认罚后“从宽”的把握，应依照刑法、刑事诉讼法的基本原则，根据犯罪事实、性质、情节、社会危害程度，结合法定、酌定的量刑情节，认罪认罚的具体情况进行综合考量，依法在法定幅度以内提出从轻处罚的量刑建议；具有自首、坦白情节的，应当在法定刑幅度内给予相对更大的从宽幅度。本案中，辛华犯受贿罪，涉案数额 446 万余元人民币，其法定刑为十年以上有期徒刑或者无期徒刑，并处罚金或者没收财产。检察机关综合考量其犯罪数额，坦白、退赃等情节，自愿认罪认罚情况，依法提出了法定最低刑的从宽幅度，建议判处其有期徒刑十年至十一年、并处罚金。

四、辛华及其辩护人提出，指控的受贿款中，有的是借款买房，有的已经退还，这些不应认定为犯罪行为，如何看待这些意见？

李作超（连云港市中级人民法院刑事审判第二庭庭长）：关于辛华及其辩护人提出收受的徐某某受贿款中有 40 万元是借款买房不宜认定为受贿犯罪的辩解和辩护意见，其行为实质是“以借为名”收受财物。2003 年最高人民法院《全国法院审理经济犯罪案件工作座谈会纪要》规定，国家工作人员利用职务上的便利，以借为名向他人索取财物，或者非法收受财物为他人谋取利益的，应当认定为受贿。在区分受贿与借贷时，不能仅看是否有书面借贷手续，应当根据以下因素综合判定：有无正当、合理的借贷事由；款项的去向；双方平时关系如何、有无经济往来；出借方是否要求国家工作人员利用职务上的便利为其谋取利益；借贷后是否有归还的意思表示及行为；是否有归还的能力；未归还的原因；等等。

本案中，双方没有借贷手续；借贷事由是买房；款项的实际去向支付了购房款；双方平时关系密切；徐某某曾要求辛华利用职务上的便利为其在土地使用权登记、工程项目承揽等事项上谋取利益；借贷后，辛华因其前任局长受贿案发而惧怕，向徐某某表示要归还借款，且有归还的能力，但在其案发前并没有实际归还。上述要素中，利用职务之便谋取利益及有能力未归还等要素对贿赂判断的影响，明显大于借贷事由、去向等要素的影响，辛华的行为符合“以借为名”收受贿赂的条件，构成受贿罪。

关于收受财物后退还的问题，2007 年最高人民法院、最高人民检察院《关于办理受贿刑事案件适用法律若干问题的意见》第九条第一款和第二款分别指出：“国家工作人员收受请托人财物后及时退还或者上交的，不是受贿。”“国家工作人员受贿后，因自身或者与其受贿有关联的人、事被查处，为掩饰犯罪而退还或者上交的，不影响认定受贿罪。”本案中，辛华利用职务之便为他人谋取利益并收受了他人钱款和房屋，此时受贿行为已经实施完成。虽然 2012 年将钱款和房屋退还，但其退还行为发生在原县规划局局长被查处之后，该案中的两名行贿人对辛华也有行贿行为，具有关联性。辛华是为了规避法律而被迫退还，不属于及时退还。辛华的退还行为不影响认定受贿，但其退还的情节可以在量刑时酌情考虑。

（程威，原载于《中国纪检监察报》2020 年 3 月 25 日）

刑满释放后为何又被监委调查

——从湖南省郴州市城乡规划委员会原常务副主任周江案说起

这是一起因漏罪被再次查处的案件。周江曾因犯受贿罪被长沙市岳麓区人民法院判处有期徒刑三年，2017年8月刑满释放。2019年3月，周江因被发现任职期间还存在其他违纪违法问题被郴州市监委查处。周江被开除公职、刑满释放后，监察机关为何对其仍有管辖权？2014年周江到案后如实供述滥用职权事实，为何岳麓区人民法院仅以受贿罪对其判处刑罚？永兴县人民法院为何完全采纳检察机关的量刑建议？我们特邀相关单位工作人员对此进行分析讨论。

基本案情

周江，1994年12月至2008年7月，任长沙市规划局副局长、党组副书记；2008年7月至2014年2月，先后任长沙市房产管理局党委委员、副局长，长沙市住房保障局党组成员、副局长，长沙市住房保障局副处级干部，其中2009年2月至2014年2月，借调至郴州市城乡规划委员会任常务副主任兼任郴州市城乡规划委员会办公室主任。

2014年2月，周江因违纪违法问题被长沙市纪委立案审查，同年8月被刑事拘留。2016年6月，周江因犯受贿罪被长沙市岳麓区人民法院判处有期徒刑三年，并于2017年8月14日刑满释放。

2019年3月20日，周江因涉嫌受贿犯罪，被郴州市监委立案调查，后移送检察机关依法审查起诉。

永兴县人民法院经审理查明，2002年3月至2008年8月，周江在担任长沙市规划局副局长期间，分管业务综合处和用地规划管理处，主要负责建设项目的选址、下达规划要点、对总平面图的审批和用地规划许可证的发放等工作。

2006年3月，周江之妻薛某等人投资的长沙市明阳房地产开发有限公司与其他公司共同开发长沙市星典时代项目。该项目报建员为薛某，并由薛某等人投资的华银公司进行设计，设计住户1322户，按照《城市居住区规划设计规范》规定，居住人口应为4230人。为规避《长沙市城市中小学校幼儿园规划建设管理条例》“每4000居民以上住宅区应按标准规划配置小学、幼儿园”等规定，设计公司和开发商对住户人数造假，设计居住人数为3966人。

根据《中华人民共和国城市规划法》《长沙市城市规划管理条例》等相关规定及办法，用地规划管理处在总图审批前必须征求教育、消防等职能部门的意见。2006年8月17日，星典时代向周江提交《请求缓签教委意见的报告》，请求先行办理总图审批。2006年8月21日，周江在报告上签署“同意在单体报建时签署教委意见”，致使星典时代项目在总图审批环节未征求教育部门的意见，导致开发商规避承担建设小学或缴纳增容费的责任。经湖南盛泰房地产评估有限公司评估，损失价值为人民币2282.7499万元。

此外，2009年至2014年，周江被借调至郴州市城乡规划委员会任常务副主任期间，利用职务之便或职权、地位形成的便利条件，为他人在承揽工程、项目选址、规划审批等方面提供帮助，并以干股分红、低价购房、借款收息等方式收受他人财物等共计人民币 104.0644 万元、港币 10 万元。

查处过程

【立案调查】2019 年 3 月 20 日，周江因涉嫌受贿犯罪，被郴州市监委立案调查。经湖南省监委批准，2019 年 3 月 21 日被郴州市监委留置。

【移送审查起诉】2019 年 9 月 18 日，周江涉嫌受贿、滥用职权案被移送永兴县人民检察院审查起诉。同日经永兴县人民检察院决定，由永兴县公安局执行刑事拘留。2019 年 9 月 27 日经永兴县人民检察院决定，同日由永兴县公安局执行逮捕。

【提起公诉】2019 年 11 月 11 日，永兴县人民检察院将周江受贿、滥用职权一案，向永兴县人民法院提起公诉。

【一审判决】2020 年 2 月 13 日，永兴县人民法院判决，周江犯受贿罪，判处有期徒刑四年，并处罚金人民币四十万元，犯滥用职权罪，判处有期徒刑一年六个月，合并决定执行有期徒刑五年，并处罚金人民币四十万元。追缴周江犯罪所得，上缴国库。

纪法辨析

一、周江漏罪是如何发现的？周江被“双开”后，监察机关为何对其仍有管辖权？

刘洪峰（郴州市纪委监委第六审查调查室副主任）：2019 年初，中央纪委国家监委在初核湖南省人大常委会原副主任向力力案时，发现郴州市城乡规划委员会原常务副主任周江在郴州工作期间存在严重违纪违法问题。周江与向力力关系密切，2009 年 2 月，时任郴州市市长的向力力特意将周江从长沙借调至郴州市城乡规划委员会任常务副主任。2019 年 3 月 18 日，湖南省纪委监委将周江涉嫌违法问题线索指定郴州市纪委监委办理。

本案较为特殊。首先，周江案是“二进宫”案件。周江曾因职务犯罪被判 3 年，再次涉案，并被深挖漏罪，这样的案例比较少见。其次，周江作为“过来人”，经历过纪委审查、检察院侦查、法院审判和监狱执行全过程，具有极强的侥幸心理、畏罪心理和优势心理，办案难度大，调查前期，不回答办案人员提出的任何问题，办案人员把周江案作为“零口供”案件办理，全面收集证据。再次，本案取证困难。其犯罪行为发生时间较为久远，还原事实本来面貌困难，特别是涉嫌滥用职权问题，有关部门此前对其进行调查，因证据收集不充分没有认定，我们重新进行调查，先后解决了法律追诉时效、法律适用和造成损失计算等问题。

国家公职人员因违法犯罪被开除公职、判处刑罚后，又发现有遗漏的职务犯罪未调查处理，监察机关仍有权进行调查处理。因为该对象曾经是公职人员，并且其涉嫌的职务犯罪行为也是在行使公权力过程中发生的，对象当前的身份状态不影响监察管辖。如果在刑法规定的追诉时效范围内，对于已因犯罪被开除公职的人员，监察机关应对其遗漏的职务犯罪进行调查处理。具体到本案，周江虽然已被开除公职、刑满释放，但他还有一些违纪违法犯罪问题没有被调查清楚，监委应当依法对他进行调查处理。

二、2014 年，周江接受审查时如实供述滥用职权事实，为何长沙市岳麓区人民法院仅以受贿罪判处其刑罚？2019 年郴州市纪委监委对其再次调查时，能否认定周江对同一滥用职权事实具有自首情节？

刘洪峰：2014 年，周江在接受长沙市纪委审查期间，交代了其在星典时代项目中超越职权违规审批的问题。然而，根据当时查实的证据，没有足够证据证实其滥用职权罪成立，仅有被告人供述不能定罪，因此对该问题仅作违纪问题进行处理。长沙市岳麓区人民法院只对有证据证实的涉嫌受贿事实进行判决。

我们对周江立案后，把反映强烈的星典时代项目问题作为调查重点，进行了全面调查，证据确实充分，周江涉嫌滥用职权罪。此外，周江对其受贿罪具有坦白情节，退缴了全部赃款，并且由最初的不配合组织调查，到后期愿意现身说法进行警示教育，体现了态度认识的转变。

雷震宇（郴州市永兴县人民法院审委会委员、刑事审判庭庭长）：2014 年 2 月 28 日，周江主动到长沙市纪委接受调查，如实交代了滥用职权的事实。2019 年，周江接受郴州市纪委监委调查期间，对其同一滥用职权事实也作了如实供述。我们认为，周江到案后，如实供述了办案机关未掌握的其滥用职权事实，具有自首情节。

三、办理认罪认罚案件中，检察机关既可提出幅度刑量刑建议，也可提出确定刑量刑建议，为何本案中选择确定刑量刑建议？

彭国兰（郴州市永兴县人民检察院检委会专职委员、公诉科科长）：在审查起诉过程中，周江多次如实供述自己涉嫌受贿罪、滥用职权罪的犯罪事实，并自愿认罪认罚。鉴于其对滥用职权罪有自首情节、对受贿罪有坦白情节，且真诚悔罪、退缴了全部赃款，符合适用认罪认罚从宽制度的条件。

根据“两高三部”《关于适用认罪认罚从宽制度的指导意见》的规定：“办理认罪认罚案件，人民检察院一般应当提出确定刑量刑建议。对新类型、不常见犯罪案件，量刑情节复杂的重罪案件等，也可以提出幅度刑量刑建议。”

及时向郴州市人民检察院请示汇报，在郴州市检察院的精心指导下，我院认真细致梳理量刑情节，对近年来的职务犯罪案件判例深入进行实证分析、比较，对该案提出了确定刑量刑建议，提出了对周江犯受贿罪判处有期徒刑四年，并处罚金人民币四十万元；犯滥用职权罪判处有期徒刑一年六个月，合并执行有期徒刑五年，并处罚金四十万元的量刑建议。在其辩护人在场的情况下，周江签署了认罪认罚具结书。在开庭审理时，周江当庭认罪，完全接受检察机关提出的量刑建议。永兴县人民法院在判决时全部采纳了我院指控的犯罪事实和提出的量刑建议。

四、法院为何完全采纳检察机关的量刑建议？对于刑满释放后又发现漏罪的情形，如何进行处罚、确定执行的刑期？

雷震宇：本案中，周江受贿人民币104万余元、港币10万元，依据最高人民法院、最高人民检察院《关于办理贪污贿赂刑事案件适用法律若干问题的解释》第二条规定，贪污或者受贿数额在二十万元以上不满三百万元的，应当认定为《刑法》第三百八十三条第一款规定的“数额巨大”，依法判处三年以上十年以下有期徒刑，并处罚金或者没收财产。周江具有坦白情节，依据《刑法》第六十七条第三款规定，可以从轻处罚。故对受贿罪量刑四年，并处罚金人民币四十万元是适当的。

同时，周江因滥用职权造成损失2282万余元，依据最高人民法院、最高人民检察院《关于办理渎职刑事案件适用法律若干问题的解释(一)》第一条第二款规定，具有下列情形之一的，应当认定为《刑法》第三百九十七条规定的“情节特别严重”：（二）造成经济损失150万元以上的。周江属于“情节特别严重”，应在三年以上七年以下有期徒刑幅度内量刑。根据法律规定，考虑本案具体案情，结合自首情节，滥用职权罪量刑一年六个月是适当的。

被告人认罪认罚，依据《刑事诉讼法》第二百零一条规定，对于认罪认罚案件，人民法院依法作出判决时，一般应当采纳人民检察院指控的罪名和量刑建议，但特定情形除外。本案中，检察机关量刑建议合法适当，本院予以采纳。

对于又发现漏罪的情形，如何进行处罚、确定执行的刑期？我们认为，依据《刑法》的规定，前罪尚未执行完毕，发现有漏罪需追究刑事责任，应将漏罪依法作出判决，对判处死刑或者无期徒刑的，采取吸收原则，仅执行死刑或者无期徒刑；对于判处有期徒刑、拘役或者管制的，采取限制加重原则，应当在总和刑期以下，两刑中最高刑期以上，酌情决定执行的刑期。已经执行的刑期，应当计算在新判决决定的刑期以内，即“先并后减”。数罪中判处附加刑的，附加刑仍需执行。前罪已执行完毕，与前罪不实行数罪并罚。具体到周江案，他是刑满释放，前罪已经执行完毕，现只对他的漏罪执行刑罚。

（程威，原载于《中国纪检监察报》2020年4月1日）

盗窃还是贪污

——从江苏省常州市新北区一派出所辅警多次窃取财物说起

多次窃取财物，为何被分别认定为犯盗窃罪、贪污罪，并分别由监察机关调查终结移送审查起诉和公安机关侦查终结移送审查起诉？检察机关对监察机关和公安机关分别移送的同一犯罪嫌疑人涉嫌犯罪的案件如何提起公诉？监察机关没有认定被告人主动投案，但是为何司法机关皆认定被告人对所犯的贪污罪有自首情节？这起案件，虽然涉案金额不大、案情简单，但“麻雀虽小五脏俱全”，涉及区分此罪与彼罪、一罪与数罪，以及监察机关和公安机关均有管辖权的案件如何处理等实体和程序问题。对此，我们特邀相关单位工作人员释法明理。

基本案情

浦军（非中共党员）于2016年2月至2018年7月在常州市公安局新北分局龙虎塘派出所从事辅警工作，定岗于该所案管室，负责该所暂扣财物保管事宜。

2018年7月10日，浦军利用担任龙虎塘派出所辅警、能够接触到涉案财物的便利条件，乘人不备，私拿该所办案民警放在办公室卷宗柜内用于调查取证的涉案犯罪嫌疑人李某某的手机（贴在手机背面标签标注解锁密码、微信支付宝转账密码），并修改该手机支付宝支付密码，于7月13日、7月14日、7月16日连续三次从该手机支付宝绑定的银行卡进行转账以及通过微信扫码转账等方式，窃得被害人李某某的财物人民币28400元（每次分别为9800元、2500元、16100元），犯盗窃罪。

2018年7月18日，浦军利用在龙虎塘派出所案管室工作、负责保管暂扣财物的职务便利，私拿涉案犯罪嫌疑人耿某被该所暂扣于物证室内的手机（贴在手机背面标签标注解锁密码、微信钱包转账密码、捆绑的银行卡网银密码）、U盾和银行卡，于7月18日至7月20日连续三天先后七次通过手机银行转账、微信转账等方式将耿某手机绑定的银行借记卡内共计人民币34300元占为己有；另外其还于7月18日窃得耿某被该所暂扣于物证室内的金项链1条（价值人民币31000元，后被其变卖获利25000元）、金戒指1枚占为已有（因灭失无法确定价值）。

浦军将上述非法所得全部用于归还为其父亲治病而形成的借款。浦军在归案后如实供述了上述盗窃的事实，并主动交代司法机关尚未掌握的贪污犯罪事实。案发后，被告人浦军已经退还全部款项，并取得被害人谅解。

查处过程

【立案侦查、调查】2018年7月20日，常州市公安局新北分局对浦军涉嫌盗窃罪立案侦查，2019年8月14日将该案移送新北区人民检察院审查起诉，同年9月12日撤回该案，同年10月28日再次将该案移送审查起诉。2019年9月12日，新北区人民检察院发现浦军有部分犯罪事实涉嫌贪污罪，遂于同日向新北区监委移送该线索。新北区监委受理该线索后开展初核，于 2019 年 10 月 10 日对浦军涉嫌贪污罪立案调查并对其采取留置措施。

【移送审查起诉】2019 年 10 月 18 日，新北区监委将浦军涉嫌贪污罪一案移送新北区人民检察院审查起诉，同日，浦军被新北区人民检察院决定刑事拘留。

【提起公诉】新北区人民检察院分别受理浦军涉嫌盗窃罪一案和浦军涉嫌贪污罪一案后，于 2019 年 11 月 13 日决定对两案并案。浦军同意本案适用简易程序审理。2019 年 11 月 27 日，新北区人民检察院向新北区人民法院提起公诉，指控浦军犯贪污罪、盗窃罪，并建议法院适用简易程序审理。

【一审判决】新北区人民法院根据新北区人民检察院的建议，征得浦军的同意，依法适用简易程序，实行独任审判，公开审理此案，于 2019 年 12 月 10 日作出一审判决：浦军犯贪污罪，判处有期徒刑八个月，并处罚金人民币十万元；犯盗窃罪，判处有期徒刑一年二个月，并处罚金人民币五千元；决定执行有期徒刑一年六个月，缓刑二年，并处罚金人民币十万五千元（已缴纳）。判决已生效。

纪法辨析

一、浦军多次秘密窃取派出所暂扣财物的行为，为何区分为犯盗窃罪和贪污罪作不同评价？

张强（常州市新北区纪委监委第三纪检监察室副主任）：浦军在 2018 年 7 月期间连续多次秘密窃取派出所暂扣的案件当事人财物，并因相关当事人报案以致案发。从起初公安机关以其涉嫌盗窃罪侦查终结移送审查起诉，转变为由公安机关和监察机关分别管辖其涉嫌盗窃和贪污罪并移送检察机关审查起诉，然后由检察机关并案起诉，最终由法院判决其犯贪污罪、盗窃罪，这体现了执法过程中对案件认识的逐渐深化。

对浦军秘密窃取财物的行为予以分别评价，有以下原因。首先，从犯罪主体看，浦军是在国家机关中从事公务的人员。根据2003年最高人民法院《全国法院审理经济犯罪案件工作座谈会纪要》规定，“根据有关立法解释的规定，在依照法律、法规规定行使国家行政管理职权的组织中从事公务的人员，或者在受国家机关委托代表国家行使职权的组织中从事公务的人员，或者虽未列入国家机关人员编制但在国家机关中从事公务的人员，视为国家机关工作人员”。浦军系国家机关工作人员。其次，从客观方面看，浦军秘密窃取派出所暂扣的耿某财物时，是利用了其在派出所案管室保管暂扣财物的职务上的便利，这有别于其秘密窃取派出所暂扣的李某某财物的行为。《刑法》第三百八十二条规定，“国家工作人员利用职务上的便利，侵吞、窃取、骗取或者以其他手段非法占有公共财物的，是贪污罪”。“窃取型”贪污行为和普通盗窃行为的区别在于犯罪主体窃取时是否与其职务有关、是否利用了犯罪主体职务上的便利。

本案中，耿某的财物被暂扣于派出所后，处于派出所管理下，以公共财产论，并由浦军经手保管，浦军利用职务上的便利，窃得耿某被暂扣的金项链、金戒指、手机及银行卡，并擅自使用窃得的手机，通过微信转账支付、手机银行转账方式非法占有耿某被暂扣的银行账户资金。因此，一审法院对浦军秘密窃取耿某的财物的行为，判决认定构成贪污罪。

浦军秘密窃取派出所暂扣的李某某财物的行为被认定为盗窃犯罪，是因为李某某的手机被派出所承办民警暂扣后，先行放置于办公室的卷宗柜内保管，浦军利用熟悉作案环境的便利，凭借工作人员身份便于接近作案目标（协助该民警扫描案卷时发现卷宗柜内存放的该手机），私拿并擅自使用该手机，通过微信转账和支付宝转账方式非法占有李某某被暂扣的账户资金，这是浦军利用与其职务无关的便利条件而进行的窃取行为，应当认定为盗窃犯罪。

二、同一名公职人员既涉嫌职务犯罪又涉嫌其他刑事犯罪，为何由监察机关和公安机关分别管辖？检察机关受理案件后如何向审判机关提起公诉？

张强：根据监察法第三十四条第二款规定，被调查人既涉嫌职务犯罪，又涉嫌其他刑事犯罪的，一般应当由监察机关为主调查，其他机关予以协助。但是，本案中，监察机关调查浦军贪污犯罪事实时，公安机关已查明浦军盗窃犯罪事实。在这种情况下，移送审查起诉时，采取区监委和区公安分局分别向区检察院移送案件、并由区检察院并案审查起诉、一并提起公诉，符合《监察机关监督执法工作规定》第六十九条的规定。

陈晨（常州市新北区人民检察院第一检察部员额检察官）：新北区监委将浦军涉嫌贪污罪一案移送本院审查起诉后，区公安分局又将浦军涉嫌盗窃罪一案移送本院审查起诉。由于浦军案的起诉管辖权（无论其涉嫌何种刑事犯罪）都在区检察院，因此区检察院分别受理审查这两起案件；并且对于浦军一人犯数罪的实际情形，考虑到并案处理有利于查明案件事实和诉讼进行，区检察院遂依据《人民检察院刑事诉讼规则（试行）》第十二条第二款的规定，对这两起案件并案审查起诉、一并向区人民法院提起公诉。

三、浦军犯贪污罪后未向监察机关主动投案，但为何被检察机关和审判机关认定其对贪污罪具有自首情节？

陈晨：从时间标准而言，“主动投案”要求被调查人在审查调查阶段被谈话、询问或者留置前，主动向纪检监察机关投案。此外，不符合主动投案的时间要件，却有成立自首的可能性，比如，被采取强制措施的犯罪嫌疑人、被告人和正在服刑的罪犯，如实供述司法机关还未掌握的本人其他罪行的，以自首论，即“特殊自首”。

区监委的《起诉意见书》和《案发经过》等证据证明，2018 年 7 月 20 日，浦军接到龙虎塘派出所民警的电话通知后，即赴该所向民警如实说明其盗窃他人财物的犯罪事实。后龙虎塘派出所将该案移交常州市公安局新北分局刑警大队处理，浦军对自己利用支付宝和微信窃取李某某 3 万余元的犯罪事实供认不讳，并主动交代了办案机关未掌握的其利用职务便利窃取耿某的金项链、金戒指以及通过微信及银行转账方式窃取耿某 3 万余元的犯罪事实。区检察院在审查浦军盗窃案中发现其涉嫌职务犯罪，遂将线索移送区监委。区监委于 2019 年 9 月 29 日电话通知浦军进行谈话，在谈话期间浦军对其涉嫌贪污罪的事实仍然供认不讳。留置期间，浦军仍然积极配合调查、如实供述违法犯罪行为，认错悔过。

因此，本院根据全案证据认为，浦军虽未自动投案，但归案后在公安机关侦查其涉嫌盗窃罪期间如实供述了司法机关还未掌握的贪污的罪行，这与公安机关掌握其盗窃罪行在法律上、事实上不具有关联性，分属不同种罪行，根据刑法第六十七条第二款的规定，属自首，可以从轻或者减轻处罚。由于主动投案与自首之间存在差别，因此根据案件具体情况区分认定自首或坦白情节。

四、浦军案在量刑时有何考虑？浦军一人犯数罪，能否适用缓刑？

万小刚（常州市新北区人民法院副院长）：被告人浦军身为国家工作人员，利用职务上的便利，窃取公共财物，数额较大，其行为构成贪污罪；而且以非法占有为目的，采用秘密手段，盗窃他人财物，数额较大，其行为构成盗窃罪；浦军一人犯数罪，应当数罪并罚，即对其所犯数罪分别定罪量刑，并根据刑法第六十九条规定，决定应当执行的刑罚。

根据刑法第七十二条等规定，对被告人适用缓刑的三个基本条件包括：一是判处拘役、三年以下有期徒刑；二是犯罪情节较轻、有悔罪表现、没有再犯危险、宣告缓刑对所居住社区没有重大不良影响；三是不具备缓刑适用的限制条件，比如累犯和犯罪集团的首要分子不适用缓刑。

在量刑时，我们主要考量以下因素：浦军归案后如实供述盗窃犯罪事实，依法予以从轻处罚；浦军到案后如实供述司法机关还未掌握的本人贪污的罪行，以自首论，依法予以从轻处罚；浦军自愿如实供述自己的罪行，承认指控的犯罪事实，愿意接受处罚，可以依法从宽处罚；浦军主动退出全部赃款并取得被害人的谅解，可予酌情从轻处罚；浦军积极缴纳罚金保证金，可予酌情从轻处罚。对此可以综合评判浦军犯罪情节较轻、有悔罪表现、没有再犯危险、宣告缓刑对其所居住社区没有重大不良影响。

公诉机关在提出量刑建议时也考虑到，浦军对其所犯贪污罪，有自首这一法定从轻处罚情节，以及退赃、犯罪所得用于家庭成员治病等酌定从轻处罚情节；对其所犯盗窃罪有坦白这一法定从轻处罚情节，以及退赃取得谅解、犯罪所得用于家庭成员治病等酌定从轻处罚情节。

因此，我们依照相关规定，采纳公诉机关量刑建议，对浦军数罪并罚，决定执行有期徒刑一年六个月，并且宣告缓刑二年。

（程威，原载于《中国纪检监察报》2020 年 4 月 8 日）

收受干股的罪与非罪

——从南京紫金投资集团公司原副总经理董立新案说起

这是一起国企领导干部受贿、挪用公款、国有公司人员滥用职权的典型案例。董立新长期在财政金融系统工作并担任领导职务，掌管数百亿元资金，其腐败时间跨度长，违纪违法行为多，犯罪数额特别巨大，所从事的高新技术风险投资领域又具有较强的专业性，由于案件重大复杂，江苏省南京市纪委监委案件审理室在审查调查阶段进提前介入审理。本案中，如何开展审理提前介入？如何分别把握违纪、职务违法和涉嫌职务犯罪的证据标准？董立新收受干股贿赂时，未进行转让登记，能否认定为犯罪，是既遂还是未遂？对此，我们特邀有关单位人员进行分析讨论。

基本案情

董立新，1956 年 10 月出生，1976 年 11 月参加工作，1985 年 2 月加入中国共产党。曾任南京市国有资产投资管理控股（集团）有限公司董事、副总经理，南京紫金投资集团有限责任公司党委委员、副总经理、高级专务，兼任南京高新技术风险投资股份有限公司（以下简称高风投公司）等国有控股或参股投资管理公司、某生物科技发展有限公司董事长。2016 年 11 月退休。

2002 年至 2017 年间，董立新利用其担任高风投公司等公司董事长等职务上的便利，在企业经营、股权投资、项目审批等事项上为他人谋取利益，索取、非法收受某生物公司总经理周某等六人给予的财物，折合人民币共计 1048.88715 万元。其中，董立新于 2011 年 2 月，收受周某给予的某生物公司 500 万股股权，当时价值人民币 860 万元，双方约定由周某代持，没有进行股权转让登记。至案发时，因为该公司经营不善，股权已没有实际价值。

2009 年至 2011 年，董立新利用其担任高风投公司董事长职务上的便利，先后四次擅自决定将该公司公款共计 6000 万元供一家民营投资控股有限公司使用用于营利活动。

2014 年至 2015 年，董立新作为高风投公司董事长，违反规定，先后决定投资人民币 500 万元用于认购某科技有限公司股权、投资人民币 2301 万余元用于认购某生物公司股权，共造成高风投公司损失人民币 2801 万余元。

接受调查期间，董立新如实供述了监察机关掌握的全部罪行，主动交代了办案机关未掌握的部分受贿犯罪事实，并退缴了全部涉案款物。2019 年 5 月 8 日，董立新被开除党籍。

查处过程

【立案审查调查】2018 年 8 月 10 日，董立新因涉嫌严重违纪违法接受审查调查，同日被采取留置措施。

【移送审查起诉】2018 年 12 月 24 日，南京市监委将董立新涉嫌受贿罪、挪用公款罪、国有公司人员滥用职权罪一案移送南京市人民检察院审查起诉。2018 年 12 月 25 日，董立新被南京市人民检察院刑事拘留，2019 年 1 月 4 日被逮捕。

【提起公诉】2019 年 2 月 11 日，针对董立新涉嫌受贿罪、挪用公款罪、国有公司人员滥用职权罪一案，南京市人民检察院向南京市中级人民法院提起公诉。

【一审判决】2019 年 8 月 14 日，南京市中级人民法院作出一审判决，董立新犯受贿罪，判处有期徒刑七年，并处罚金人民币五十万元；犯挪用公款罪，判处有期徒刑七年；犯国有公司人员滥用职权罪，判处有期徒刑三年六个月；决定执行有期徒刑十二年，并处罚金人民币五十万元。扣押在案的受贿所得，包括古玩、字画、玉器等及现金人民币 115.38715 万元予以追缴，上缴国库。判决已生效。

纪法辨析

一、董立新案中，南京市纪委监委案件审理室开展审理提前介入工作，主要做了什么？

刘卫刚（南京市纪委监委案件审理室副主任）：董立新案是南京市监委在监察体制改革以后办理的首起市管国有企业领导干部留置案件。董立新长期在财政金融系统工作并担任领导职务，熟悉财政金融业务，掌管数百亿元资金。董立新作为党员领导干部和国有企业管理人员，本应严格自律，尽心尽力为国有资产保值增值作贡献，为经济社会发展提供金融支持，但他却忘记初心使命，大搞权钱交易。董立新违纪违法时间跨度长、行为多，犯罪数额特别巨大，其所从事的高新技术风险投资领域又具有较强的专业性，查证困难。针对案件事实认定复杂、定性处理分歧较大、法律适用难点较多等情况，审查调查室在审查调查工作基本结束后，提出了审理提前介入申请。

案件审理室经领导批准，根据案件实际情况和争议焦点，注重在三个方面开展审理提前介入工作。一是正确把握审理提前介入的时机条件和职责定位。案件审理室坚持独立审理与协调配合相结合，既避免过早介入审查调查工作造成查审不分，又加快解决审查调查工作中面临的难题。注重对审查调查工作进行引导而不是主导，重点在证据收集、法规适用等方面，帮助审查调查部门进一步补充完善。二是发挥对审查调查取证的引导作用。及时了解案件相关情况，对案件中的事实认定、证据收集、纪律规定和法律法规适用等提出补充完善意见，重点对收受干股的罪与非罪、既遂与未遂认定，以及利用职权影响力挪用国有参股公司的资金如何定性、滥用职权犯罪的渎职点如何认定等难题进行研究。三是提前做好证据的审核。审理提前介入时，审查调查室已经收集了近万份证据材料，证据卷宗达60余册。审理组对证据逐份进行预审核，按照证据的合法性、客观性和关联性要求，重点对证据的形式要件的规范性、内容要素的完整性提出意见。

二、案件审理过程中如何分别把握违纪、职务违法和涉嫌职务犯罪的证据标准？

刘卫刚：本案中既有大量的违纪行为，也有许多职务违法和涉嫌犯罪问题。应恰当把握违纪、职务违法和涉嫌职务犯罪的证据收集、固定、审查和运用，做到既不过度取证，又不影响证据链条的完整和证明力。一是以合法合规为要求，引导规范证据收集。我们突出问题导向，紧密结合《南京市监察委员会调查措施使用规范（试行）》《关于建立市监委、市法院、市检察院查办职务犯罪案件协作配合机制的办法（试行）》等制度规范，将违纪、职务违法和涉嫌职务犯罪案件证据标准要求，特别是证据收集的不同标准具体化。二是以案件类型为基础，细化证据标准。积极探索界定违纪、职务违法和涉嫌职务犯罪案件证据标准，并尝试明确差异化的具体要求。一方面，明确取证程序差异化。从取证主体、取证手续、取证要求等方面细化差异，对于董立新涉嫌职务犯罪案件的取证程序较违纪、职务违法案件更为严谨、规范，细节要求更高。如，与单纯违纪违法不同，由于受贿数额影响定罪量刑，对于董立新受贿犯罪中的古玩、字画等涉案财物的鉴定意见，从委托手续是否合法、鉴定机构是否适格、鉴定人员是否有资质、鉴定方法是否科学等方面，对证据合法性进行全面审查。另一方面，明确证明标准差异化。我们认为，职务犯罪案件应严格按照刑事诉讼中"排除合理怀疑"的证明标准执行；职务违法案件中的事实认定应以"较大盖然性"为证明标准，情节及后果认定以"优势证据"为证明标准；违纪案件应综合考虑案件事实、被审查人认错悔错态度，在达到基本事实清楚、基本证据到位的情况下，原则上以"优势证据"为证明标准。如，对于董立新违纪行为中收受的 1 台德国徕卡相机，虽无法作出价格鉴定，但根据董立新的交代、证人证言和扣押的相机，即可认定违纪事实。

三、董立新收受的股权没有转让登记也没有实际分红，能否认定为收受干股型受贿？对其提出量刑建议时有何考虑？

刘会宇（南京市人民检察院第三检察部一级检察官）：两高《关于办理受贿刑事案件适用法律若干问题的意见》规定："国家工作人员利用职务上的便利为请托人谋取利益，收受请托人提供的干股的，以受贿论处。进行了股权转让登记，或者相关证据证明股份发生了实际转让的，受贿数额按转让行为时股份价值计算，所分红利按受贿孳息处理。股份未实际转让，以股份分红名义获取利益的，实际获利数额应当认定为受贿数额。"本案中，董立新收受周某给予的价值 860 万元的 500 万股公司股权，但是该股权没有发生股权转让登记，也没有双方签订的股权转让协议、其他股东证言等有力证据证明股权发生了实际转让，同时由于公司经营不善，董立新也未参与分红。虽然该案不符合司法解释规定的登记转让、实际转让或者参与分红的情形，但是行贿人和受贿人均有犯罪故意。董立新利用职务便利为周某谋利后，与其口头约定收受股权贿赂，之所以未办理转让登记，是因为即便不办理转让登记，董立新也可以对该股权有相当的控制力。董立新供述、行贿人周某证言证实，董立新曾对周某说过“你还能逃出我的手掌心吗”，这也充分印证董立新拒绝与周某签股权转让书面协议，是基于其对股权有掌控能力，此行为符合受贿罪权钱交易的本质特征。同时，国家工作人员已经着手实施干股受贿行为，由于对所控制的股权没有实际获取对价款等意志以外的原因而未得逞，可以认定为犯罪未遂。

提出量刑建议时，我们综合考虑了其法定、酌定量刑情节。董立新到案后如实供述，认罪态度较好，主动交代了办案机关未掌握的部分受贿犯罪事实，同时还退缴了全部受贿违法所得，可予从轻处罚；在受贿犯罪中，收受干股系犯罪未遂，可以比照既遂从轻或者减轻处罚；有一笔 50 万元的受贿认定为以借为名的索贿，应当从重处罚。除此之外，还考虑了董立新行为的社会危害性，其一人犯三罪，表面上看是三个相当独立的行为，实际上其受贿行为与挪用公款、滥用职权行为密切相关。其行为手段在国企中有相当的代表性，造成较为恶劣的社会影响。

四、董立新收受 500 万股股权，如何认定受贿数额？辩护人提出，案发时该股权已无实际价值，如何看待该观点？对其定罪量刑需要注意哪些问题？

邓玲（南京市中级人民法院刑二庭审判长、四级高级法官）：公诉机关指控董立新收受周某 500 万股股权，按当时的股价折算，价值为人民币 860 万元。辩护人提出，该股权一直未实际转让，至案发时由于该生物公司已是负资产，上述股权已无实际价值。但法院审查认为，从行贿人的意思表示来看，其在2011年向董立新提出赠送股权，董立新也表示接受。双方对股权所对应的价值均有心理预期，不管后期这个股权价值是升还是降，当时周某是作了利益衡量后，才决定给董立新送多少股份。两高《关于办理受贿刑事案件适用法律若干问题的意见》第二条关于收受干股问题的规定并不适用于本案的情形。该规定所针对的系受贿既遂且有分红等不同的利益时，如何认定受贿数额的问题。本案由于股权一直由行贿人掌控，认定为受贿未遂，以当时的股份价值来认定受贿数额是适当的。

关于身份认定问题。经国有公司提名、推荐、任命、批准，在国有控股、参股公司从事公务的人员，应当认定为国家工作人员。经国家出资企业中负有管理、监督国有资产职责的组织批准或者研究决定，代表其在国有控股、参股公司中从事组织、领导、监督、经营、管理工作的人员，应当认定为国家工作人员。董立新经国有公司委派，兼任高风投公司董事长；他还先后兼任多家国有控股或参股公司董事长。高风投公司在上述公司中均有股份。因此，董立新在高风投公司等国家出资企业中从事领导、管理工作，应认定具有国家工作人员身份。

法院在量刑时坚持罪责刑相一致的原则，充分考虑其具有的各种量刑情节，并且也综合考虑了历史条件、企业发展等因素，贯彻宽严相济刑事政策，对其予以判罚。董立新在部分受贿犯罪行为中，系犯罪未遂，可以比照既遂犯从轻或者减轻处罚；其有索贿行为，应当从重处罚；归案后主动交代了办案机关尚未掌握的部分受贿犯罪事实，可以从轻处罚；案发后，积极配合办案机关退缴了涉案全部赃款赃物，可以从轻处罚；认罪认罚，可以从轻处罚。

（程威，原载于《中国纪检监察报》2020年4月15日）

受贿为何变行贿

——从云南省昆明市晋宁区一起行贿案件说起

这是一起以涉嫌受贿罪立案、却以行贿罪判决的案件。本案中，云南省昆明市晋宁区监委以涉嫌共同受贿对商人崔剑立案调查，在办理过程中进一步发现行贿问题线索，并以涉嫌行贿罪、利用影响力受贿罪移送检察机关依法审查起诉。最终，法院判决崔剑犯行贿罪。本案的查处如何从受贿延伸到行贿？为什么利用影响力受贿罪的指控未得到法院认定？量刑时，如何适用从旧兼从轻原则？我们邀请相关工作人员对此进行分析。

基本案情

2010 年至 2014 年期间，商人崔剑在经营云南省昆明市晋宁区吴岗箐崔剑苗圃过程中，为承揽晋宁区林业局工程项目及获取林业局苗木补助款，在时任林业局局长宋汝华（因犯受贿罪、滥用职权罪已被判刑）和该局办公室主任兼财务科长钱某（另案处理）的帮助下，多次获得市级苗木基地建设补助款，并在获取补助款后，分别于 2010 年、2011 年和 2012 年，分三次送给宋汝华、钱某等人 30 万元，于 2014 年送给钱某等人 5 万元。

2010 年 5 月 22 日，宋汝华以购房钱款不够为由，请崔剑帮其支付购房款，崔剑考虑到其经营的苗圃需要宋汝华的支持，便通过刷卡方式为宋汝华支付购房款61.468万元。2017年6月29日、7月26日，昆明市公安局晋宁分局怀疑崔剑所收林业工程款不正当找到崔剑调查，宋汝华内心惧怕，将购房款退还崔剑。

2011年初，崔剑经宋汝华介绍参与晋宁区二街镇锁溪渡村核桃基地建设项目。其间，崔剑仅向该项目供应核桃苗3000至5000株，未进行过施工、种植等工作。2011年5月，崔剑与同事李某申领本该支付给项目建设方的99万元核桃基地退让补偿款。项目建设方考虑到崔剑与宋汝华的关系，并考虑到以后有求于宋汝华，遂同意签署委托崔剑领取补偿款的委托收款证明。崔剑凭借该证明领取99万元后，意图使其合理化，于2012年6月找项目建设方补签了核桃基地施工合同。

2018年5月18日，晋宁区监委通知崔剑到案调查时其主动到案，2018年5月19日，晋宁区监委对崔剑涉嫌受贿案予以立案调查。

查处过程

【立案调查】2018年5月19日，崔剑因涉嫌受贿罪被晋宁区监委立案调查。

【移送审查起诉】2018年10月23日，晋宁区监委将崔剑涉嫌行贿罪、利用影响力受贿罪一案移送晋宁区人民检察院审查起诉。

【提起公诉】2018年12月5日，晋宁区人民检察院以崔剑涉嫌行贿罪、利用影响力受贿罪向晋宁区人民法院提起公诉。

【法院判决】2019年8月8日，晋宁区人民法院作出判决，崔剑犯行贿罪，判处有期徒刑三年，缓刑五年，并处罚金人民币五十万元；涉案赃款61.468万元，没收上缴国库。

纪法辨析

一、为何对崔剑以涉嫌共同受贿立案调查？在行贿罪中，崔剑是否构成自首？

刘月涛（晋宁区纪委监委第四纪检监察室主任）：2018年，晋宁区纪委监委在查办二街镇锁溪渡村集体林权非法流转案过程中，发现锁溪渡村核桃基地建设项目投资方本应付给建设方云南欣格土石方工程有限公司的补偿款99万元，却付给了仅为项目提供了约5000株树苗，未参与项目其他建设的崔剑。崔剑向该项目提供的核桃树苗总价值仅约7.5万元，据此，我们认为崔剑领取该99万元不合理。

我们对欣格公司法定代表人杨某（因犯职务侵占罪已被判刑）及股东袁某（因犯行贿罪、职务侵占罪已被判刑）进行询问。袁某陈述，之所以把99万元补偿款给崔剑，是因宋汝华给予了该公司帮助，宋汝华让袁某将99万元补偿款给崔剑。杨某陈述，宋汝华虽未直接安排其将该99万元给崔剑，但因袁某暗示宋汝华在崔剑苗圃中有利益关系，考虑到公司利益，遂同意由崔剑领取99万元补偿款。

经查，崔剑系宋汝华在晋宁公安分局工作时的同事之子，宋汝华与崔剑一直以叔侄相称，两人关系密切。我们认为，崔剑领取99万元补偿款利用了宋汝华的职务影响力，涉嫌利用影响力受贿。同时，该核桃基地建设项目实施期间，晋宁区林业局本应拨给项目建设方的5万元种苗补助款也被崔剑领取。崔剑在领取相应款项后，找袁某、杨某伪造了核桃基地建设施工协议，意图使领取的99万元补偿款和5万元种苗补助款合理化，该事实有相关书证，李某、袁某、杨某的证言相印证。

本案中，晋宁区纪委监委是在办理其他问题线索中发现崔剑存在与国家工作人员共同受贿嫌疑的，并研判崔剑存在向国家工作人员行贿嫌疑，但此时并不掌握行贿的有关证据。综合调查取证情况，我们将宋汝华作为重点工作对象，鉴于宋汝华案情况复杂，且宋汝华具有长时间从事公安工作并担任领导职务的经历，我们遂将案件的突破口选定涉嫌共同受贿的崔剑。因此，我们以崔剑涉嫌受贿罪对其立案调查。

崔剑到案后，交代了其在宋汝华关照下多次获得苗木补助款，并按照宋汝华要求，送给钱某约 11 万元等情况。此后，崔剑进一步如实交代了向国家工作人员行贿的有关问题。根据最高人民法院、最高人民检察院《关于办理职务犯罪案件认定自首、立功等量刑情节若干问题的意见》，以及最高人民法院《关于处理自首和立功若干具体问题的意见》第一条第一项的规定，应当认定崔剑在行贿方面具有自首情节。

二、本案是如何开展取证工作的？怎样做到证据确实充分？

刘月涛：崔剑到案后供述，在承接晋宁区林业工程项目期间，其所经营的苗圃在宋汝华关照下，多次获得市级的苗木补助款，在获取补助款后向宋汝华、钱某行贿 45 万元。2010 年 5 月 22 日，宋汝华以购房钱款不够为由请崔剑支付房款，考虑到其所经营的苗圃需要宋汝华的支持，崔剑便通过刷卡方式为宋汝华支付房款 61.468 万元。直到 2017 年 7 月，宋汝华才将购房款归还。2011 年初，宋汝华介绍其参与锁溪渡村核桃基地建设项目，为项目提供树苗，未进行过项目其他建设。

对于崔剑供述，宋汝华承认帮助崔剑获取过市级苗木补助款，并通过钱某与钱某共同收取崔剑钱款 30 万元；辩称购房款系其向崔剑借款，且已于 2017 年 7 月将该款还给崔剑；承认介绍崔剑参与锁溪渡村核桃基地建设项目，但否认崔剑领取 99 万元与其有关。

关于苗木补助款，钱某陈述，其按照宋汝华安排，多次为崔剑苗圃争取市级苗木补助款提供帮助，后收到崔剑返款 30 万元。2014 年，其帮助崔剑苗圃申报苗木补助款后，崔剑又返其5万元，其未告知宋汝华。

崔剑、宋汝华、钱某三人证言以及大量林业工程合同、苗木补助款拨付凭证、崔剑苗圃领款凭证等书证证实，宋汝华、钱某帮助崔剑苗圃多次获取市级苗木补助款，崔剑在收到补助款后，将部分钱款返给宋汝华、钱某。基于书证、证人证言，认定崔剑涉嫌行贿罪的证据是充分的。根据在案证据，我们认定崔剑向宋汝华、钱某行贿30万元，向钱某行贿5万元。

对于购房款，我们调取了宋汝华房产资料、崔剑银行转账记录，印证了崔剑帮助宋汝华支付购房款的事实。经调取宋汝华及其家人银行存款情况，发现宋汝华买房时，其家庭具备足够的支付能力，故其关于购房款系其向崔剑借款的辩解不成立。崔剑供述，如果宋汝华不当林业局局长就不会为其支付房款，支付房款就是希望能够得到宋汝华关照承揽更多的林业工程，从中获利。大量林业工程合同、苗木补助款拨付凭证和崔剑苗圃领款凭证等书证证实，2010年至2014年期间，崔剑苗圃承揽了相较于其他企业更多的林业工程项目，并在宋汝华、钱某的帮助下，多次获得上级苗木补助款。综上，我们认定，该61.468万元为崔剑向宋汝华行贿款。

三、辩护人为何认为崔剑支付的购房款不是行贿款？如何看待该意见？

肖瑜［晋宁区人民检察院检察官（该案主办检察官）］：本案中，辩护人认为崔剑为宋汝华支付购房款不是行贿款，而是借款。其理由主要有三点：一是崔剑在为宋汝华垫付房款时，并没有谋取不正当利益，也没有请托宋汝华为其谋取不正当利益，不存在利益输送；二是在借款发生后，崔剑曾经三次向宋汝华催款；三是宋汝华主观上也认为这笔钱属于借款，并且多次主动表示还钱，因崔剑推托，最终在案发前还清。

对于辩护人的意见，结合本案事实，我们主要从证据情况和法律适用两个方面来考量。客观证据反映出，第一，从二人关系看，崔剑、宋汝华自称是叔侄关系，正是因为崔剑与宋汝华的关系密切，崔剑知道宋汝华的职权能为自己谋取何种利益，才会为宋汝华支付购房款。第二，林业局出具的大量收款凭证能证实崔剑苗圃在宋汝华任职期间与林业局有大量的承揽工程、经济往来。且在该笔购房款发生后的2010年至2014年期间，崔剑在经营过程中，为多承揽林业局工程项目及获取苗木补助款，又多次送给宋汝华和钱某35万元，崔剑也得以领取苗木补助款，且其利用宋汝华的职权在承揽工程方面谋取竞争优势，属于谋取了不正当利益。根据我国《刑法》第三百八十九条的规定，以及最高人民法院、最高人民检察院《关于办理行贿刑事案件具体应用法律若干问题的解释》第十二条之规定，应当认定为谋取不正当利益。

2017年，公安机关因其他案件找崔剑调查，宋汝华才退还购房款，从该款项发生到归还经历了7年之久，根据在案证据，不能证明崔剑曾向宋汝华讨要过该笔款项，而且在此期间，崔剑也承揽了林业局的工程及领取苗木补助款。能够反映出崔剑主观上是为了谋取不正当利益，而通过帮宋汝华支付房款为名，行行贿之实，且崔剑也谋取到了不正当利益。故应认定崔剑为宋汝华支付61.468万元钱款的行为构成行贿罪。

四、为何认为公诉机关关于崔剑构成利用影响力受贿罪的指控不成立？在对被告人量刑时为何适用2016年有关司法解释的规定？

张锐华［晋宁区人民法院副院长（该案审判长）］：结合本案证据，我们认为公诉机关关于崔剑的行为构成利用影响力受贿罪的指控证据不足，不能成立。利用影响力受贿罪是指国家工作人员的近亲属或者其他与该国家工作人员关系密切的人，通过该国家工作人员职务上的行为，或者利用该国家工作人员职权或者地位形成的便利条件，通过其他国家工作人员职务上的行为，为请托人谋取不正当利益，索取请托人财物或者收受请托人财物，数额较大或者有其他较重情节的行为。本案中，首先，公诉机关没有证据能够证明袁某、杨某请被告人崔剑办事；其次，没有证据证明崔剑利用宋汝华的影响力为袁某、杨某谋取了不正当利益；再次，也没有证据证明崔剑利用与宋汝华的特殊关系，使宋汝华为袁某、杨某谋取了不正当利益。综上，崔剑的行为不符合利用影响力受贿罪的构成要件，不构成利用影响力受贿罪。

本案对被告人量刑时适用了现行司法解释的规定，依据是：本院结合公诉机关的指控证据认定崔剑的行贿金额为96.468万元。因崔剑行贿行为发生在2010年至2014年间，如按照2012年12月最高人民法院、最高人民检察院《关于办理行贿刑事案件具体应用法律若干问题的解释》的规定：行贿数额在二十万元以上不满一百万元的应认定为“情节严重”，应认定崔剑的行贿情节严重，其法定刑就为五年以上十年以下有期徒刑。如依照2016年4月最高人民法院、最高人民检察院《关于办理贪污贿赂刑事案件适用法律若干问题的解释》的规定：行贿数额在一百万元以上不满五百万元的应认定为“情节严重”，则不能认定被告人崔剑的行贿情节严重，其法定刑为五年以下有期徒刑。依据2001年12月最高人民法院、最高人民检察院《关于适用刑事司法解释时间效力问题的规定》第三条规定：“对于新的司法解释实施前发生的行为，行为时已有相关司法解释，依照行为时的司法解释办理，但适用新的司法解释对犯罪嫌疑人、被告人有利的，适用新的司法解释。”故本案适用了2016年4月相关司法解释的规定。

（程威，原载于《中国纪检监察报》2020年4月22日）

两次分红受贿的既遂与未遂

——从成都成华国投公司资产管理部原部长罗明东案说起

这是一起因对被告人受贿数额认定存在分歧而引起的抗诉案件。案件中，被告人接受行贿人两次分红，第一次分得5万元；第二次约定分15万元，实际分得6.5万元。那么，被告人的受贿数额是实得的11.5万元，还是20万元？这也意味着可对被告人判处3年以下还是3年以上有期徒刑的不同量刑基准。一审判决和被告人认为是11.5万元，而成华区人民检察院认为是20万元，并认为一审判决量刑畸轻、提出抗诉。检察机关为何提出抗诉？二审法院如何辨析抗诉机关和被告人的观点？我们特邀相关单位工作人员进行解析。

基本案情

罗明东，1995年7月参加工作，1997年11月加入中国共产党，成都成华国资经营投资管理有限责任公司（国有独资公司，以下简称成华国投公司）资产管理部原部长。2013年7月，成华区国有资产监督管理办公室将建设路综合市场（以下简称建综市场）经营管理权移交至成华国投公司。成华国投公司接手后，适逢建综市场5000余平方米房屋空置，便指派罗明东具体负责建综市场经营管理以及房屋招租事宜。

2013 年下半年，罗明东代表成华国投公司负责建综市场经营管理和招租期间，接受四川余波投资管理有限公司（以下简称余波公司）法定代表人余化波等人的请托，利用职务之便，帮助余波公司成功承租建综市场 5000 余平方米房屋。同时，罗明东承诺在建综市场的日常管理中，以及后期续租时会给余波公司提供帮助。余化波也承诺将租赁经营收益的 25%作为好处费给予罗明东。2014 年 7 月，罗明东、余化波等四人进行了第一次结算，罗明东分得 5 万元；2015 年底，上述四人进行了第二次结算，约定罗明东等四人每人还可分得 15 万元。但之后余化波实际给付罗明东 6. 5 万元，因余化波个人原因，罗明东未能取得约定的剩余部分。

2019 年 3 月 20 日，罗明东在接受成华区纪委监委谈话时，主动交代了自己受贿的犯罪事实。2019 年 5 月 15 日，区纪委监委对罗明东涉嫌违纪违法问题立案审查调查。接受调查期间，罗明东主动供述了监察机关尚未掌握的受贿事实，并退缴了全部涉案款。2019 年 6 月 10 日，罗明东被开除党籍。

查处过程

【立案审查调查】2019 年 5 月 15 日，罗明东因涉嫌违纪违法接受审查调查。

【移送审查起诉】2019 年 6 月 10 日，成华区纪委监委将罗明东涉嫌受贿罪一案移送成华区人民检察院审查起诉。

【提起公诉】2019 年 7 月 26 日，成华区人民检察院以罗明东涉嫌受贿罪向成华区人民法院提起公诉。

【一审判决】2019 年 9 月 30 日，成华区人民法院作出一审判决，罗明东犯受贿罪，判处有期徒刑一年，缓刑一年六个月，并处罚金人民币 10 万元。

【提出抗诉】一审宣判后，成华区人民检察院提出抗诉，认为一审认定事实错误，适用法律错误，量刑畸轻。

【二审判决】2020 年 2 月 26 日，成都市中级人民法院作出二审判决。判处罗明东有期徒刑一年六个月，缓刑二年，并处罚金人民币 10 万元。

纪法辨析

一、罗明东违纪违法问题线索是如何发现的？本案有哪些特点？

方思超（成都市成华区纪委监委第三纪检监察室干部）：罗明东的问题线索来源于他人实名举报。在初核工作中，监察机关已直接接触被举报人开展走读式谈话，在初步固定其涉嫌职务犯罪的证据后，开展外围取证工作，并在较短时间内对其立案审查调查。经综合分析全案案情，研判排除可能风险，并制定相应预案，决定不对其采取留置措施。在可防可控基础上，监察机关将案件调查终结，并将案件移送人民检察院审查起诉。

本案的特点在于，一是行受贿方非传统形式上一一对应的单个主体。罗明东接受余波公司有关人员请托，帮助后者成功获得建综市场承租权并转租续租，在公司后续经营年度内获取分红款项。纵观全过程，自最初商量合议，到期间运作市场承租权，再到取得分红款项等阶段，行贿方均有多人参与并清晰地议定经手各事项。这与传统意义上常见的单对单合意并实施行为有所区别，在一定程度上减弱了行受贿犯罪取证时依赖行受贿方口供造成的难度，对于监察机关调查形成完整闭合的证据链条较为有利。二是把握新型受贿方式和传统受贿方式认定界限。罗明东同他人约定按一定比例收受经营收益作为请托对价，不仅有直接取得具体分红款项的行为，亦有同行贿人商议确定应得分红款项数额的行为。在此情形下，结合“两高”《关于办理受贿刑事案件适用法律若干问题的意见》第二条之规定，对其是否应以完全未出资型“干股型受贿”进行评价，还是应剥离其约定收益比例表征，径直认定为传统型受贿，在此案中显得较为特殊。

二、罗明东在接受纪委监委谈话时主动交代自己受贿事实是否构成自首？起诉意见书着重把握了哪些问题？

苏天赐（成都市成华区纪委监委案件审理室主任）：本案中，纪检监察机关在对罗明东相关问题线索开展初核时，并未掌握罗明东具体涉嫌违法犯罪事实。纪检监察机关在对罗明东开展第一次谈话时，罗明东主动交代了接受余化波等人的请托，利用职务之便，帮助余波公司成功承租建综市场，并在事成之后收受余化波等人赠予的建综市场经营收益25%的分红的事实。罗明东在纪检监察机关对其立案审查调查前，主动交代纪检监察机关未掌握的涉嫌受贿犯罪事实，依据《刑法》第六十七条第一款及最高人民法院《关于处理自首和立功具体应用法律若干问题的解释》相关规定，构成自首。

起诉意见书中，我们着重把握了以下问题：

第一，准确认定主体身份。成华国投公司系国有独资公司。罗明东于2010年3月从成都市华建学校借调到成华国投公司工作，2011年1月起至案发，担任该公司资产管理部部长职务。罗明东虽不在国家机关事业单位中任职，但作为成华国投公司资产管理部部长，依据《刑法》第九十三条第二款的规定，属于在国有公司中从事公务的人员，以国家工作人员论。

第二，详细阐述其行为。罗明东代表成华国投公司负责建综市场经营管理和招租工作期间，接受余化波等人的请托，为余化波等人谋取利益，实施了以下行为：一是给余波公司透露了建综市场对外招租及租赁相关信息（含招租设定条件、租金、以及内部流程和进展情况）；二是在竞价谈判中，为余波公司争取了 2 年后的优先续租权，帮助他们后续顺利续租并同意他们能对外转租等；三是在余波公司续租及租赁过程中，为余波公司提供各项信息咨询，提示余波公司应提前提交续租申请事宜，帮助拟写并审定相关续租申请。

第三，如实表述影响量刑的情节。罗明东在纪检监察机关对其开展第一次谈话时，主动交代了纪检监察机关尚未掌握的涉嫌犯罪事实。在接受审查调查期间，积极配合调查，主动退缴涉案款，态度较好。综合考虑罗明东的认罪悔罪态度、退赃情况等多方面因素，我们向检察机关提出了对罗明东可不采取羁押强制措施的建议。

三、罗明东及其辩护人认为，罗明东第二次分红属于股份未实际转让、受贿数额以实际获利数额为准的收受干股型受贿，这些意见为何不成立？本案如何认定受贿数额？

朱鹏飞（成都市成华区人民检察院一级检察官）：公诉机关认为，罗明东及其辩护人的意见不成立，罗明东的受贿犯罪金额应当认定为 20 万元：首先，罗明东在负责建综市场招租过程中，未实际出资，接受余波公司 25%干股的经营收益权，但没有进行股权转让登记，也没有股权转让协议或其他证据证明股权发生了实际转让。按照“两高”《关于办理受贿刑事案件适用法律若干问题的意见》第二条“股份未实际转让，以股份分红名义获取利益的，实际获利数额应当认定为受贿数额”的规定，罗明东于 2014 年 7 月按约定以分红款名义实际收受了 5

万元，应当计入其受贿犯罪金额。其次，罗明东第二次分红时约定收取的15万元也应当计入其受贿犯罪金额，理由是第二次分红系罗明东和余波公司股东在得知余化波挪用承租建综市场项目租金及收益后，对该公司收益进行的结算。后罗明东多次向余化波主张15万元，余化波也向罗明东支付了6.5万元。罗明东尚未收取的8.5万元仅是因为余化波无钱给付而暂未履行。此外，罗明东与余化波就未支付部分是否约定支付时间、地点和其他事宜不影响对其受贿犯罪金额的认定。尽管罗明东尚有8.5万元未实际收取，但第二次分红时约定分给罗明东15万元的金额是经各位股东结算后确定的，数额明确具体且部分金额已经实际给付。第二次约定分红款实际上是各股东对公司的利润进行再次分配，当时所有股东已经约定了具体的分红数额，并约定因余化波个人先前挪用了公司资金而由余化波个人负责对各位股东实际进行支付，其中包括罗明东的15万元，此时罗明东对公司的15万元经营收益权已经转化为其对余化波的“个人债权”。综上，罗明东第二次分红不属于司法解释中规定的仅约定分红比例而未明确具体金额的收受干股型受贿。

四、如何区分第二次分红行为的既遂与未遂？为何量刑时未判处罗明东三年以上有期徒刑？

张燕（成都市中级人民法院刑庭二级高级法官）：对于罗明东与行贿人第二次约定分红15万元后，其并未实际收取的8.5万元部分应认定为既遂还是未遂，辩方和一审法院的观点是不作为犯罪数额。抗诉机关的意见是：应当全案认定为既遂。

二审法院认定该部分为受贿未遂，理由是：根据《刑法》第二十三条规定，本案符合犯罪未遂应同时具备的三个条件：

第一，被告人着手实施犯罪。着手标志着犯罪预备阶段的结束，并进入实行阶段，是实行具体犯罪构成要件的起点。结合本案案情，罗明东在与行贿人约定第二次贿赂金额后已着手收取部分贿赂，对未收取的余款虽未约定具体的交付时间、地点和支付方式，但不可否认其基于一个犯罪故意，有多人印证的明确的约定，已经开始着手实施受贿犯罪。第二，犯罪未得逞。这是区别于犯罪未遂与犯罪既遂的最根本标准，审查的重点是被告人的犯罪行为是否具备《刑法》规定的具体犯罪行为的全部构成要件。本案中，罗明东虽然与行贿方有约定且主张过“权利”，但对于该8.5万元的款项并未实际获取或控制占有，因此不符合犯罪既遂的标准，应认定为犯罪未得逞。第三，意志以外原因造成未得逞。所谓意志以外原因，是指违背被告人意志，客观上使犯罪不可能既遂的原因。本案中，罗明东未能收受剩余行贿款系因行贿人无钱给付，并无证据证明系因罗明东主动向对方表示不再收受或拒绝收受等原因，故其犯罪目的未得逞是因其意志以外原因所致。因此，对于罗明东约定收受而并未实际收受的8.5万元，应认定为犯罪未遂。

需要说明的是，本案不应当适用“两高”《关于办理受贿刑事案件适用法律若干问题的意见》第二条规定的“进行了股权转让登记，或者……发生了实际转让的，受贿数额按转让行为时股份价值计算，所分红利按受贿孳息处理。股份未实际转让，以股份分红名义获取利益的，实际获利数额应当认定为受贿数额”的规定。根据该规定，干股是指未出资而获取的股份。本案中虽有“分红”的表述，但实质上罗明东并非通过占有或转让股份方式获利，仅仅是以“分红”的说法约定了收取利益的比例，与股份多少无关。故不能以本意见中规定的实际获利数额来认定本案的受贿数额。

关于量刑问题。本案未判处被告人罗明东三年以上有期徒刑，主要基于以下考虑：第一，罗明东具有自首情节，依法可以从轻或者减轻处罚；第二，罗明东的犯罪数额中有部分未遂，依法应对该部分行为从轻或减轻处罚；第三，罗明东归案后积极全额退赃，且认罪悔罪态度较好。

（程威，原载于《中国纪检监察报》2020 年 4 月 29 日）

受贿还是徇私舞弊

——从浙江省仙居县水利局原局长王志海案说起

这是一起受贿并滥用职权的案件。王志海以干股分红款形式收受砂场股东贿赂，并滥用职权，为砂场采矿、测量及违法行为处理等提供帮助。本案中，王志海收受的烟酒等财物，为什么有的以涉嫌受贿犯罪来认定，有的作为违犯党纪来处理？王志海不清楚行贿人代持干股的具体数额，且不清楚具体分红款数额，为何认定其构成受贿犯罪？为砂场谋利行为在受贿罪中已经评价，在滥用职权罪中再认定为徇私舞弊情节，是否属于重复评价？对此，我们特邀相关单位工作人员释法明理。

基本案情

王志海，2013 年 4 月至 2015 年 7 月任浙江省仙居县卫生局党组书记、局长，2015 年 7 月至 2019 年 3 月任仙居县水利局党组书记、局长。

2015 年上半年，王某新、王某森等人从他人处受让了位于仙居县下各镇的上官砂场，为了得到王志海的关照，2016 年 1 月，他们吸纳与王志海关系较好的李某某入股。2016 年，李某某先后送给王志海价值人民币 2.3 万元的浪琴牌手表一只、价值人民币 1.28 万元的香烟烟票、价值人民币 2.68 万元的白酒，王志海均予以收受。

2016 年上半年，上官砂场主要股东王某森、李某某等人商定，送给王志海砂场干股并由李某某代持，王志海对股份及价值不知情。2016

年5月至2016年12月，李某某共收到干股分红款人民币62.5万元，李某某没有告知王志海分红款具体数额。2017年初，李某某邀请王志海投资外省某矿山项目，王志海应交投资款163万元，实际出资160万元，剩余投资款3万元和2017年度、2018年度需追加的投资款共20万元，由李某某在代持的干股分红款中支付；2017年下半年，李某某邀请王志海投资仙居县某房地产开发公司的2个房地产项目，王志海应交投资款300万元，实际出资280万元，剩余投资款20万元由李某某在代持的干股分红款中支付。综上，王志海实际收受上官砂场干股分红款43万元。

收受上官砂场贿赂后，王志海滥用职权，明知上官砂场未办理采矿许可证即采矿的情况，未依法查处，并于2016年6月15日帮助办理了采矿许可证，且将采矿许可证的开采起始时间提前到2016年4月15日；违规同意上官砂场提前进行夜间开采；明知上官砂场存在超深、超范围开采，且群众对此进行信访情况下，未依法采取措施，仅对上官砂场发放责令整改、停止违法行为通知书，未要求依法进行立案查处或移送相关司法机关。

2017年初，在委托浙江省某设计院对上官砂场开采情况进行测量过程中，王志海要求设计院对砂场超深、超范围测量问题予以关照，让设计院推迟作出测量报告，同时要求测量单位对数据进行模糊处理，以责令整改的方式让上官砂场对开采超深、超范围的位置进行回填、整平，以此来掩盖上官砂场违法犯罪事实，掩盖其本人及水利局部分工作人员渎职行为，而设计院在第一份报告中也隐瞒了上官砂场非法开采的具体方量；在测量单位第二份报告中，明确了非法开采的方量。在明知存在涉嫌刑事犯罪情况下，王志海仍为了关照上官砂场，未依法移送公安机关处理。经查，上官砂场非法开采砂石价值人民币 200 余万元。

此外，2015 年至 2017 年期间，王志海利用担任县卫生局局长、县水利局局长的职务便利，为他人谋利，收受他人香烟、烟票、烟卡以及加油卡、购物卡，共计人民币 17.978 万元，其中，香烟、烟票、烟卡价值人民币 16.478 万元。

查处过程

【立案审查调查】2019 年 2 月 28 日，王志海因涉嫌渎职、受贿犯罪，被仙居县纪委监委立案审查调查。经台州市纪委监委批准，2019 年 3 月 1 日，王志海被仙居县纪委监委留置。

【移送审查起诉】2019 年 6 月 6 日，王志海涉嫌受贿、滥用职权案被移送仙居县人民检察院审查起诉，同日，经仙居县人民检察院决定，由仙居县公安局执行刑事拘留。2019 年 6 月 14 日，经仙居县人民检察院决定，由仙居县公安局执行逮捕。

【提起公诉】2019 年 7 月 19 日，仙居县人民检察院以王志海涉嫌受贿、滥用职权罪向仙居县人民法院提起公诉。

【一审判决】2019 年 10 月 31 日，仙居县人民法院作出判决，王志海犯受贿罪，判处有期徒刑三年，并处罚金人民币二十万元；犯滥用职权罪，判处有期徒刑五年；数罪并罚，决定执行有期徒刑五年十个月，并处罚金人民币二十万元。没收王志海的犯罪所得，上缴国库。一审判决后，王志海提出上诉。

【二审判决】2020 年 3 月 24 日，台州市中级人民法院裁定驳回上诉、维持原判。

纪法辨析

一、王志海违纪违法的问题线索是怎么被发现的，本案的最大特点是什么？

王帅（仙居县纪委监委第二纪检监察室主任）：仙居是一个山水小城，永安溪横贯县域全境，流域内砂石资源丰富。然而，随着近年来砂石价格不断攀升，河砂盗采滥挖现象时有发生。仙居县纪委监委在协同公安机关打击非法采制砂工作过程中，发现主管部门县水利局公职人员涉嫌渎职犯罪。渎职问题背后往往潜藏着利益输送。我们首先发现了仙居县水利局水政监察大队原负责人赵中海的违纪违法问题线索，于2019年1月对赵中海进行了纪律审查和监察调查。而后又顺藤摸瓜，发现了王志海的问题线索。

王志海案最大的特点是他没有直接收受现金，而是以收受烟酒、干股分红等形式隐蔽受贿。水利部门掌握着砂石资源的监管权力，是非法采砂场主"围猎"的对象，在王志海之前，县水利局先后有局长、副局长及多名干部因收受砂场主贿赂、违规开办砂场等受到查处，县里专门组织了警示教育，这让王志海在上任之初就打定主意"不想和砂场有经济往来"。为接近王志海，上官砂场的股东们采取了"曲线行贿"的策略。他们得知李某某与王志海关系较好，于是拉李某某入股，经由李某某对王志海展开攻势。在"好朋友"身份的掩护下，李某某送的烟酒名表，被王志海以"礼尚往来"半推半就，心态也逐渐变化。当李某某送上干股分红款时，王志海虽然知道不能收，但又不甘心，于是默许由李某某收下代持，并表示有意向参股其他投资项目。而后，王志海和李某某一起参与3个投资项目，通过用李某某代持的分红款支付部分投资款来迂回受贿，并让李某某出具借条等，试图给受贿犯罪披上合法外衣，掩饰权钱交易的本质。

王志海是典型的被“围猎”的领导干部，他之所以走上违法犯罪道路，与他的“不拘小节”分不开。我们在审查调查中发现，王志海违纪违法所得的高档香烟、名酒部分总价值超过 30 万元。香烟尤其是烟票、烟卡，披着礼尚往来的人情外衣，实质是一种代金券。正所谓“小节不拘，大节失守”，王志海正是从收受烟酒开始，逐渐腐化。

二、王志海收受的烟酒等财物，为什么有的以涉嫌受贿犯罪来认定，有的作为违犯党纪来处理？

朱健（仙居县监委委员）：对于公职人员收受他人烟酒、现金等财物的行为，要根据相关事实和证据情况进行认定，区分是正常的礼尚往来还是违反党纪条规或者是涉嫌贿赂犯罪。可从以下方面进行判断认定：一看主体，即公职人员或公职人员的特定关系人收受何人财物。二看财物价值。对于亲戚朋友所送财物，按照所在区域实际，是否为正常的礼尚往来行为。三看送财物的目的，有无具体请托事项。

结合本案，王志海收受了李某某送的烟酒、手表，二人是朋友关系也是监管服务关系，且相关烟酒、手表的价值明显超出了一般礼尚往来的物品价值，更关键的是，李某某送给王志海烟酒等物品有明显的目的性，即希望或感谢王志海关照上官砂场违法采砂行为。另外，王志海还收受了下属或其他人送的价值 16 万余元的香烟，都是他们为了求得王志海在人事任免、招工、岗位安排、水利工程承包等相关事宜上的帮忙或感谢。上述均符合受贿罪的构成要件。

此外，在审查调查中，我们发现王志海还收受了其他人的财物，如亲戚朋友在节日期间送的土特产，根据相关证据认定其为正常的礼尚往来行为。对其收受的监管服务对象的财物，但没有具体请托事项的，我们认定其违反中央八项规定精神和廉洁纪律，给予党纪处分。

三、上诉意见中，王志海称干股一直由行贿人代持，且不清楚分红款具体数额，因此没有受贿故意。如何看待该意见，如何认定受贿数额？

范政伟（仙居县人民检察院党组成员、副检察长）：随着经济社会的发展，行受贿手段日趋隐蔽和复杂。“两高”《关于办理受贿刑事案件适用法律若干问题的意见》中，对收受干股及以开办公司等合作投资名义收受贿赂问题进行了规定，其中对于股份未实际转让，以股份分红名义获取利益的，实际获利数额应当认定为受贿数额；“合作”开办公司或者进行其他“合作”投资的，以受贿论，受贿数额为请托人给国家工作人员的出资额。

本案中，上官砂场经由李某某送给王志海砂场干股，王志海没有收受，但又默许由李某某代持分红款，并说以后如有稳定收益的投资项目其可以参与。之后李某某相继介绍王志海参与投资矿山项目、房地产开发项目，并在王志海提到投资款不足时，表示由他来安排。对于李某某用于补足投资款项来源系砂场分红款，王志海是明知且同意并接受的，其行为符合受贿罪的特征。其一，王志海利用职权，在上官砂场采砂许可证办理等方面帮请托人谋取利益。其二，王志海主观上有收受他人财物的故意，他曾明确供认上官砂场的干股一开始并不想要，但后来心理慢慢发生变化，认为冒风险违规帮忙应有所回报，故在李某某给其分红款时留了个心眼，没有让李某某把分红款退回砂场，而是放在李某某处，以后拿时方便些。因此，王志海不清楚分红款的具体数额不能反证其主观上不具有受贿故意。其三，李某某代持的王志海干股，已获得实际的分红，部分的分红款以补齐王志海相关项目投资款的形式，作王志海投资的份额。王志海主观上明知他人给予财物用于其个人投资，至于这些财物是何名义，不影响受贿罪认定。

至于具体的受贿数额，因为王志海不清楚分红款的具体数额，所以我们将王志海实际收受的43万元认定为受贿款，其余还在李某某处的19.5万元不计入受贿数额，以非法所得予以追缴。

本案虽是以隐蔽、间接的方式进行利益输送，其实质仍是权钱交易。王志海利用职务便利，为他人谋利，收受他人财物，其行为构成受贿罪。

四、王志海及其辩护人认为，收受李某某钱物的行为在受贿罪中已经评价，在滥用职权罪中再认定徇私舞弊，系重复评价，导致量刑过重。如何看待该意见？

吴雨雁（仙居县人民法院刑庭庭长、员额法官）：对于被告人的犯罪行为同时构成受贿罪、滥用职权罪，学术理论界存在一罪还是数罪的争议。对此，“两高”《关于办理贪污贿赂刑事案件适用法律若干问题的解释》第十七条规定：“国家工作人员利用职务上的便利，收受他人财物，为他人谋取利益，同时构成受贿罪和刑法分则第三章第三节、第九章规定的渎职犯罪的，除刑法另有规定外，以受贿罪和渎职犯罪数罪并罚。”司法实践中，不能机械地以“收受他人财物，为他人谋取利益”在受贿罪中已评价，而一概认为滥用职权罪中不能再认定“徇私舞弊”，应当结合被告人的主观故意、犯罪行为等综合来认定滥用职权罪中的徇私舞弊行为。

本案中，王志海以收受砂场干股获取分红的方式受贿，与直接收受他人财物在形式上有较大区别。王志海能获得多少私利，与其滥用职权行为相关，且其私利直接来源于国家的损失，并非行贿人私人财物，所以受贿罪中并未完全评价王志海的徇私舞弊行为。

另外，不能将“徇私利”简单地理解是为了金钱方面的利益，这里的私利还包括“保住职务”“防止犯罪行为的案发”等。实际上，王志海滥用职权行为目的之一也是为了掩盖其本人渎职犯罪，保住其职务。该徇私行为在受贿罪中未作评价，而王志海也正是出于该私利，出现要求测量单位在测量时予以关照、对砂场进行回填平整、未依法立案查处及移送司法机关等一系列弄虚作假行为。

综上情况，本案在滥用职权罪中再认定王志海有“徇私舞弊”情形不存在重复评价。

（程威，原载于《中国纪检监察报》2020年5月6日）

收送回扣的罪与罚

——从郑州新型城镇化过程中建筑领域一起贪腐案件说起

这是一起发生在新型城镇化建设中的公职人员和不法承包商内外勾结、权钱交易的腐败案件。本案中，河南省郑州市新密市纪委监委从薛国良的受贿问题入手，抽丝剥茧、步步深入，揭开了薛国良、李海利用公职人员权力，迎合承包商张亮、邵国庆、王凯等人“围猎”，甚至沆瀣一气，大肆收受回扣的违纪违法犯罪事实。本案有哪些显著特点？收、送回扣的双方当事人刑事责任如何认定？一审后，为何检方抗诉、被告人也上诉？二审中，对回扣数额及所谓“自首”如何认定？我们邀请相关部门工作人员对此进行分析。

基本案情

薛国良，郑州市郑东新区豫兴路街道办事处新型城镇化服务中心原副主任，2015 年 4 月任豫兴路办事处刘集 02 号安置区指挥部负责人。李海，原系郑州市郑东新区豫兴路街道办事处干部。张亮，原系泰宏公司刘集 02 号安置区二期项目部经理。

2015 年 7 月，薛国良、李海、张亮利用薛国良、李海国家工作人员职务之便，共谋将安置区基坑支护、降水工程从承建方泰宏公司揽下，再转手交给行贿人邵国庆施工，提取工程款10%作为回扣。2015年9月至2017年12月，薛国良、李海、张亮分6次共收受邵国庆450万元，其中薛国良得200万元、李海、张亮各得120万元，其余10万元分配给其他相关人员。

2016年，郑州恒基建筑安装工程有限公司砼站业务经理白某，为能向刘集安置区供应混凝土，找到薛国良、张亮帮忙，薛国良同意后，白某答应以供应混凝土每立方提取10元作为回扣款。2016年9月至2017年1月，张亮收受白某给予的回扣款共计38万元，薛国良分得4万元。

2015年8月至2018年7月，王凯为承揽刘集安置区防水工程和供应防水材料，通过某人介绍找到薛国良帮忙，并承诺给予提成。薛国良向施工队打招呼后，王凯达成目的。自2016年6月至2018年初，王凯五次给予薛国良共计50.5万元。2018年上半年，王凯为感谢某人及张亮在其承揽工程及施工过程中给予的帮助，送给某人现金10万元，某人分给张亮5万元。

查处过程

【立案审查调查】2018年7月30日，新密市纪委监委对薛国良涉嫌受贿问题立案审查调查；2018年9月13日，新密市纪委监委对李海涉嫌受贿问题立案审查调查；2018年9月11日，新密市纪委监委对张亮涉嫌行贿、受贿的违法问题立案调查，对邵国庆涉嫌违法犯罪问题立案审查调查。2018年9月28日，新密市纪委监委对王凯涉嫌行贿问题立案调查。

【移送审查起诉】2018年10月19日，新密市纪委监委将薛国良、李海、张亮三人涉嫌受贿罪及邵国庆、王凯涉嫌行贿罪一案移送新密市人民检察院审查起诉。

【提起公诉】2019 年 1 月 2 日，新密市人民检察院以薛国良涉嫌受贿罪、李海涉嫌受贿罪、张亮涉嫌受贿罪及非国家工作人员受贿罪、邵国庆涉嫌行贿罪及对非国家工作人员行贿罪、王凯涉嫌行贿罪及对非国家工作人员行贿罪向新密市人民法院提起公诉。

【一审判决】2019 年 9 月 11 日，新密市人民法院作出一审判决，判处薛国良有期徒刑十年，并处罚金；判处李海有期徒刑八年六个月，并处罚金；判处张亮有期徒刑八年，并处罚金；判处邵国庆有期徒刑七年八个月；判处王凯有期徒刑一年九个月，缓刑二年。

一审判决后，新密市人民检察院认为原审法院对邵国庆、王凯所犯行贿罪、对非国家工作人员行贿罪只判处主刑，未判处附加刑罚金，属于法律适用错误，提起抗诉。薛国良、李海、张亮、邵国庆不服判决提起上诉。

【二审判决】2019 年 12 月 26 日，郑州市中级人民法院作出判决，维持一审判决中对薛国良、李海、张亮的定罪量刑和对邵国庆、王凯的定罪部分；撤销一审判决中对邵国庆、王凯的量刑部分。

判处邵国庆有期徒刑七年八个月，并处罚金人民币 40 万元。判处王凯有期徒刑一年九个月，缓刑二年，并处罚金人民币 30 万元。

纪法辨析

一、本案是如何层层递进、深挖窝案串案的？案件有哪些显著特点？

黄伟锋（新密市纪委监委第七纪检监察室原主任）：2018 年 7 月，

郑州市公安局龙子湖分局在侦办一起寻衅滋事案件中，发现薛国良涉嫌受贿的问题线索，郑州市公安局将问题线索移交郑州市纪委监委。经指定管辖后，2018 年 7 月 31 日，新密市纪委监委对薛国良采取留置措施。

薛国良被留置以后，面对调查人员的讯问避重就轻，不如实供述自己的违纪违法行为，并采取哭闹、不回答问题等方式对抗组织审查调查。面对这种情况，调查组改变策略，积极开展外围调查取证，通过调取公安机关掌握的证据和相关财务凭证，询问涉案人王凯，初步查实薛国良在王凯承诺给予回扣的情况下，利用职权帮助王凯承揽安置区的防水工程。2016 年至 2018 年，王凯 5 次给予薛国良共计 50. 5 万元。

调查组同时发现，王凯提供的公司账目显示，王凯还向张亮送礼品和现金合计 6 万余元。调查组及时跟进，了解到王凯在进入刘集安置区施工期间，为感谢张亮在其承揽工程及施工中给予的帮助，多次向张亮送钱的违法事实。此时，张亮因涉嫌非国家工作人员受贿罪被市公安局龙子湖分局监视居住。调查组决定对张亮涉及的问题展开调查，发现张亮“围猎”拉拢薛国良，利用自己项目经理手中的权力和薛国良的职权，收取安置区工程混凝土供应商回扣 38 万元，并分给薛国良 4 万元。经进一步深入调查，发现张亮和薛国良、李海三人共谋，利用李海和薛国良的公职人员身份，通过向泰宏公司管理层施压，揽下基坑支护、降水工程，再转手交给邵国庆施工，从中拿回扣，三人共收受邵国庆现金 450 万元。

本案是发生在工程建设领域的一起典型的内外勾结型贪腐案件。具体来讲，有以下特点：一是内外勾结。涉案的工程利润巨大，但张亮仅凭其个人能力，不可能把工程揽到自己手中，因此他拉拢公职人员薛国良、李海，最终三人合谋，对项目承包方施加影响，拿到该工程建设部分项目的承包权。二是拿到项目之后，张亮、薛国良开始寻找承包方，并提出承建工程需要支付回扣的条件。最终转手一倒，就获得了巨额贿赂。三是权力不受监督埋藏隐患。本案中，实际上，李海、薛国良并无对工程项目的直接干预权，也并不能影响正常施工，但是因为薛国良是安置区项目的协调人、李海是当地干部，项目方考虑到整个项目施工受到二人的牵制，权衡利弊之后，选择了妥协。

二、几名被告人在上诉时均提出自己不是主犯而是从犯，对于这些意见，如何区分本案中共同犯罪的主犯与从犯？

张焱鑫（新密市纪委监委第八纪检监察室副主任）：刑法第二十六条第一款规定，组织、领导犯罪集团进行犯罪活动的或者在共同犯罪中起主要作用的，是主犯；第二十七条规定，在共同犯罪中起次要或者辅助作用的，是从犯。

通常情况下，身份犯在共同犯罪中扮演着主犯的角色，从犯一般是非身份犯。但是非身份犯教唆、帮助身份犯实施身份犯罪时的主从犯认定，不可一概而论。因为，虽然身份对共同犯罪的完成起到至关重要的作用，但是不能因此就简单地认为身份犯一定是主犯，非身份犯一定是从犯。如果非身份犯在共同犯罪中所起作用远超过身份犯，非身份犯也成立主犯。界定共同犯罪嫌疑人在共同犯罪中的作用大小，要从各自在共同犯意形成、实行行为及造成客观危害后果中的原因力大小等方面来评判。

在薛国良、李海、张亮共同收受邵国庆450万元受贿事实中，张亮首倡犯意，组织薛国良、李海等共同谋划，利用李海、薛国良的身份，共同设局使泰宏公司同意由张亮决定工程发包，张亮具体操作使邵国庆取得工程承建资格，薛国良积极参与协商谋划并催收、掌控、分配收受的回扣款，三人的行为成立身份犯与非身份犯的共同受贿罪。薛国良和张亮均应系主犯。李海受张亮主导以豫兴路街道办事处正科级干部的身份参加宴请泰宏公司领导，为张亮取得工程发包决定权、邵国庆最终取得工程承包起到帮衬协调作用，应系从犯。

在薛国良伙同张亮收受白某38万元受贿事实中，张亮积极为行贿人能够向安置区供应混凝土出谋划策，并与薛国良共同商议白某供应混凝土相关事宜，后张亮积极催收、分配回扣款。薛国良、张亮在此事中均起主要作用，均是主犯。

三、一审判决后检察院为何提起抗诉？邵国庆上诉称其具有自首情节、一审判决量刑畸重，如何看待该意见？

周星羽（新密市人民检察院第一检察部主任、一级检察官）：2015年11月1日施行的《中华人民共和国刑法修正案（九）》完善了行贿类犯罪财产刑的规定，加大了对行贿类犯罪的处罚力度，增设了并处罚金的规定。这也就意味着，如果犯罪分子实施的行贿类犯罪行为发生在2015年11月1日之前，根据“从旧兼从轻”的原则，不应判处罚金附加刑，如果犯罪行为发生在或者持续、继续到2015年11月1日之后，则应当在判处主刑的同时，并处罚金。本案中，邵国庆行贿的时间为2015年9月至2018年2月，持续至《中华人民共和国刑法修正案（九）》实施之后，因此在对其定罪量刑时，应当适用修正后的刑法条款，依法应当并处罚金。王凯行贿的时间为2016年6月至2018年上半年，也应适用修正后的刑法条款，在判处主刑的同时，并处罚金。一审法院对二人的犯罪行为只判处了主刑，而未判处附加刑罚金，适用的是修正前的刑法条款，属于适用法律错误，导致量刑畸轻。为维护司法公正，准确惩治犯罪，新密市人民检察院提出抗诉，郑州市中级人民法院对邵国庆、王凯的量刑进行了改判，在维持一审法院对二人主刑判决的同时，并处了罚金。

关于邵国庆的自首和量刑，我们认为，根据我国刑法和相关司法解释，自首要么同时满足“自动投案”“如实供述自己的罪行”条件，要么满足“非自动投案”“如实交代办案机关未掌握的本人其他罪行”。本案中，张亮于2018年8月7日已全部交代了伙同薛国良、李海共同收受邵国庆贿赂的事实，8月8日邵国庆被传唤到公安机关后否认与张亮、薛国良、李海等人有经济往来，直至8月20日才交代行贿事实。虽然邵国庆后来交代了犯罪事实，但其到案时，办案机关已经掌握其涉嫌行贿的犯罪事实，其行为依法不能认定为自首。结合邵国庆犯行贿罪、对非国家工作人员行贿罪的犯罪数额、认罪态度等因素，一审法院对邵国庆的主刑判决罪责刑相适应，量刑适当，不属于量刑畸重。

四、如何看待薛国良上诉时提出的犯罪数额问题？二审在量刑时有何考虑？

宋应红（郑州市中级人民法院刑二庭庭长、四级高级法官）：薛国良上诉提出“行贿人王凯给的50.5万元中的一笔20万元是借款，另一笔15万元已归还，均不应计入受贿数额；邵国庆行贿的450万元其并未实际得到200万元，其仅仅是参与并知情，原判量刑畸重，罚金刑过高”。

二审经仔细审查卷宗并开庭审理，查实薛国良对犯罪数额提出的上诉理由均不能成立。薛国良所称“不应计入受贿数额”的一笔20万元，根据其在监察机关审查调查阶段的多次供述，2016年10月，薛国良在办公室和王凯聊天，主动提到想在郑州绿博园附近购买房产，向王凯提出借20万元；几天后王凯交给薛国良20万元，但是薛国良并没有将此款用于买房、也未向王凯退还此款。根据《全国法院审理经济犯罪案件工作座谈会纪要》相关规定，薛国良以借为名索要王凯财物，其与王凯平素并无正常经济往来，其虽有买房的正当借款事由，但双方都没有提到出具书面借款手续和约定还款时间，薛国良在没有实际买房、具有还款能力的情况下，直至案发也没有归还，且在本次借款后的近二年时间内又三次收受王凯 25.5 万元。结合在案证据，认定薛国良主观上具有对该笔款项的受贿故意，有充足的事实根据和法律依据。另一笔 15 万元是在王凯被抓后，王凯的合作伙伴为筹集“捞人”行贿款向薛国良要回的款项，在受贿犯罪成立且既遂的情况下主动或者被动退回受贿款项，不影响犯罪数额的认定。薛国良所称“不应计入受贿数额”的另外一笔 200 万元，从卷宗证据看，该款是薛国良安排承包安置区某工区的姚某从邵国庆处取得，薛国良称随后又被姚某以经营资金困难为由“借走”，但是相关证据又存在冲突。薛国良是否实际得到此款，仅涉及赃款的去向问题，不影响受贿数额的认定。

本案二审综合考虑各被告人的犯罪数额、在共同犯罪中的地位作用及相应的坦白、自首、退赃、初犯等情节，充分贯彻宽严相济的刑事政策，认为一审对薛国良、李海、王凯的量刑适当，对张亮认定有自首、从犯情节错误，据以减轻处罚量刑不当，但基于上诉不加刑原则，亦应维持原判刑罚。邵国庆、王凯所犯行贿罪、对非国家工作人员行贿罪依法确应并处罚金，一审没有并处罚金错误，检察机关提出的相应抗诉理由成立，故二审维持对邵国庆、王凯的主刑，改判并处罚金。

（程威，原载于《中国纪检监察报》2020 年 5 月 13 日）

公款理财的罪名之辩

——从中南大学计划财务处原工作人员卢进案说起

这是一起事业单位聘用人员用公款理财的案件。本案中，卢进聘用人员的身份是否会影响罪名的成立？卢进在上诉中称其只是暂时将无人认领的钱放在自己手中，分文未花也未转送他人，不具有贪污的主观意图，为何认定其为贪污罪而非挪用公款罪？长沙市中级人民法院二审时为何撤销一审判决中部分量刑并改判？我们特邀相关单位工作人员对此进行分析讨论。

基本案情

卢进，1991 年 2 月 18 日出生，非中共党员，2016 年 10 月至 2018 年 9 月就职于中南大学计划财务处（非事业编），负责票据审核、制单和国库资金的管理。

2017 年 9 月至 2018 年 4 月，卢进以非法占有为目的，利用其审核、制单的职务便利，虚构支付理由或虚构支付事项，制作会计凭证，通过他人财务操作系统进行复核操作及支付操作，将一些长期滞留在账上、无人认领的资金通过第三人账户转入自己的银行账户，用于购买基金等理财产品，共计 16 笔 186.79 万余元人民币。

查处过程

【立案调查】2018 年 9 月 5 日，岳麓区监委对卢进涉嫌贪污犯罪立案调查。经湖南省监委批准，2018 年 9 月 25 日，卢进被岳麓区监委留置。

【移送审查起诉】2018 年 10 月 22 日，卢进涉嫌贪污案被移送岳麓区人民检察院审查起诉。同日，经岳麓区人民检察院决定，由长沙市公安局岳麓分局执行逮捕。

【提起公诉】2018 年 10 月 25 日，岳麓区人民检察院以卢进涉嫌贪污罪向岳麓区人民法院提起公诉。

【一审判决】2019 年 1 月 8 日，岳麓区人民法院判决，卢进犯贪污罪，判处有期徒刑四年八个月，并处罚金人民币四十万元。扣押在案的贪污款人民币 1867931.91 元，返还中南大学，由扣押机关岳麓区监委依法处理。

卢进不服一审判决，以其不具有贪污的主观意图请求法院重新考虑罪名，以及一审量刑过重为由，提起上诉。

【二审判决】2020 年 4 月 23 日，长沙市中级人民法院作出判决，维持一审判决中对卢进的定罪部分及对扣押在案的涉案财物处理；撤销一审判决第一项中对卢进的量刑部分。判处卢进有期徒刑四年，并处罚金人民币二十五万元。

纪法辨析

一、卢进是否为监察对象？其涉嫌贪污的问题线索是怎么发现的？如何确定监察管辖？

张瑞颖（岳麓区纪委监委第四纪检监察室主任）、朱维坤（岳麓区纪委监委案件监督管理室主任）：卢进与中南大学签订有正式的劳动合同，负责票据审核、制单和管理国有资金等工作，属于从事公务的人员，符合监察法第十五条第四款规定的“公办的教育、科研、文化、医疗卫生、体育等单位中从事管理的人员”，属于监察对象。

2018年7月23日，中南大学物理学院老师周某某到计财处查询2014年一笔质保金（58440元）在2018年2月7日对外支付事宜。经会计查询后，发现该笔支付凭证存在以下疑点：一是凭证上在经手人一栏签名的财务人员当时已经退休；二是该笔凭证附件不符合财务报销规定；三是此笔业务收款人为周某某，但是周某某明确称卡号非自己所有；四是同一张凭证上另外一笔支付业务（21000元）收款人石某某两年前已毕业离校。经问询，石某某未收到款项。通过查询，实际收款人为雷某某（系卢进的大学同学）。经对同类业务其他凭证进行查询，总共发现类似支付业务13笔，金额为1652692.91元，卢进有重大嫌疑。

由于高校纪委没有监察调查权，因此，中南大学发现该线索后，按照程序和规定由学校纪委向湖南省监委书面报告，申请对卢进涉嫌职务犯罪行为进行协调处理，省监委根据属地管辖原则，将此案转交长沙市监委处理，长沙市监委于2018年8月16日出具指定管辖通知书，指定由岳麓区监委对卢进涉嫌职务犯罪问题进行调查。

二、卢进的作案手法有哪些特点？其聘用人员身份是否影响贪污罪成立？

廖剑聪（岳麓区人民检察院党组成员、副检察长）：根据一般财务管理制度，对资金的出入均会设置一定流程、在不同环节安排不同人员进行互相配合互相制约，以实现对资金的监管。本案中，中南大学资金支付流程规定：资金支付业务，先由经办人提供票据，交制单人审核制单；会计对制单及附件进行复核；之后交出纳进行支付。从该规定可以看出，资金支付须经过制单、复核和支付三个环节，各环节分别由不同的人操作。如果三个环节的人均履职监督到位，一般能保证资金的安全。但本案中，复核和支付环节的履职均出现了漏洞，导致卢进可以实现一人操作三步审核环节，这是卢进有机可乘的外部原因。

卢进具有制单权，他在其职权范围内虚构支付理由或支付事项制作会计凭证后，利用偷看到或被告知应当高度保密的账号和密码或同事在电脑操作业务后本应及时退出账号却没有退出的机会，擅自进入具有复核权和支付权的同事账号，进行复核操作和支付操作，将资金转入亲戚、朋友的银行账户，再转回自己的银行账户。其作案手段具有三个特点：一是利用了财务制度执行不严格的漏洞作案，相关财务人员保密意识不强，给了卢进可乘之机；二是作案手段虽然技术含量不高，但使用多个账号接收赃款，资金流动隐蔽，其作案经过和后果不易被发现；三是通过蒙骗亲朋好友，为其提供接收赃款的账户，客观上为其作案提供了帮助。

贪污罪的构罪要件要求犯罪主体必须是国家工作人员，根据我国刑法第九十三条规定，国家工作人员是指国家机关中从事公务的人员。国有公司、企业、事业单位、人民团体中从事公务的人员和国家机关、国有公司、企业、事业单位委派到非国有公司、企业、事业单位、社会团体从事公务的人员，以及其他依照法律从事公务的人员，以国家工作人员论。从上述法条可以看出，是正式职工还是临聘人员并不绝对影响国家工作人员的认定，关键在于是否从事公务。本案中，中南大学属于事业单位，卢进与中南大学签订了聘用合同，其从事的是审核、制单和国有资金管理的公务，因此卢进符合贪污罪的主体要件，其临聘人员身份不影响贪污罪的成立。

三、卢进在上诉意见中称其只是暂时将无人认领的钱放在自己手中，分文未花，不具有贪污的主观意图，如何看待该意见，其行为与挪用公款理财有何区别？

舒秋膂（岳麓区人民法院审判委员会委员、坪塘人民法庭庭长）：挪用公款罪与贪污罪的主要区别在于行为人主观上是否具有非法占有公款的目的。前者是为了临时“使用”而暂时占有公款，准备将来归还；后者则是为了将公款永远归己而占有，不准备归还。行为人实施挪用公款行为时，一般不会采取做假账、虚报账目等手段；而行为人在实施贪污行为时，则往往采取做假账、虚报账目等方式，对贪污事实进行掩盖。

《全国法院审理经济犯罪案件工作座谈会纪要》指出：挪用公款是否转化为贪污，应当按照主客观相一致的原则，具体判断和认定行为人主观上是否具有非法占有公款的目的。在司法实践中，具有以下情形之一的，可以认定行为人具有非法占有公款的目的：

1. 根据《最高人民法院关于审理挪用公款案件具体应用法律若干问题的解释》第六条的规定，行为人“携带挪用的公款潜逃的”，对其携带挪用的公款部分，以贪污罪定罪处罚。

2. 行为人挪用公款后采取虚假发票平账、销毁有关账目等手段，使所挪用的公款已难以在单位财务账目上反映出来，且没有归还行为的，应当以贪污罪定罪处罚。

3. 行为人截取单位收入不入账，非法占有，使所占有的公款难以在单位财务账目上反映出来，且没有归还行为的，应当以贪污罪定罪处罚。

4. 有证据证明行为人有能力归还所挪用的公款而拒不归还，并隐瞒挪用的公款去向的，应当以贪污罪定罪处罚。

本案中，卢进于2017年9月至2018年4月间，先后16次利用其在中南大学审核、制单的职务便利，虚构支付理由或支付事项，制作会计凭证，再通过他人的财务操作系统进行复核操作及支付操作，将一些长期滞留在中南大学账上、无人认领的公款先转入亲戚、朋友的银行账户，再转回自己的银行账户，并用于购买基金等理财产品。

卢进的行为虽然表面上看有点像挪用公款理财的行为，其上诉也称主观上不具有非法占有的意图，但卢进的行为已使所挪用的公款难以在单位财务账目上反映出来，如果无人出来认领被其贪污的款项，单位难以发觉其犯罪行为。而且卢进动用单位公款的次数多达16次，时间跨度超过半年，在案发前一直没有归还。卢进作为财务人员，应当知晓因其平账、销账等行为客观上导致有关款项已难以归还，足以认定卢进主观上具有非法占有公款的贪污故意，且侵吞国有财物数额巨大，其行为应当认定构成贪污罪。卢进上诉称其主观上不具有非法占有的意图，其行为不构成贪污罪的理由，没有事实与证据依据，不能成立。

张瑞颖：卢进在2017年9月至2018年4月，8个月时间作案16次，涉案资金均被用于购买基金等理财产品，且每次作案后，卢进都伪造申请付款书和申请人签名，篡改网银回单中的收款人姓名和账号，确保不在账面留下痕迹，企图掩饰其犯罪行为，这些都能够证明其主观具有非法占有而非暂时挪用的故意。以导致案发的那笔58440元为例，该

58440元系2014年3月31日浪潮电子信息产业股份有限公司因设备销售向中南大学缴纳的质量保证金。钱到账后，长时间无人认领。卢进为非法占有这笔资金，虚构支付理由，自制会计凭证，私下用计财处工作人员赖某某的账号进行复核操作，用计财处工作人员杜某某的账号进行支付操作，将该58440元支付到其大学同学雷某某的银行账户里。之后，卢进通知雷某某将该58440元转至自己银行账户里。为掩盖自己的犯罪事实，卢进私自登录系统管理员吴某某的账号，用吴某某的系统权限修改了网银回单，将实际收款人雷某某的姓名篡改为周某某，并篡改了收款人账号，从而达到其掩饰犯罪、占有财物的目的。

四、二审撤销一审判决中部分量刑并改判的理由是什么？综合全案，有哪些从轻或减轻处罚的情节？

蒋家来（长沙市中级人民法院审判员）：卢进除了交代办案机关已掌握的13笔贪污的犯罪事实外，还主动交代了办案机关未掌握的另外3笔共计215239元的贪污事实；且其如实交代对于定案证据的收集亦有相应重要作用；岳麓区监委出具的《卢进到案情况说明》材料亦认为“卢进在调查期间认罪态度好”；鉴于上诉人卢进认罪态度好，积极退缴全部赃款及缴纳全部罚金，可对其再予从轻处罚。

《刑法修正案（九）》出台之后对贪污贿赂犯罪的量刑，不是单纯的计赃论罚，亦突出数额之外的其他情节在定罪量刑中的作用，如将其中贪污犯罪“数额特别巨大”的标准上调至300万元，为十年以下刑罚留出空间，就是考虑发挥情节的量刑作用。根据《最高人民法院、最高人民检察院关于办理贪污贿赂刑事案件适用法律若干问题的解释》规定，贪污犯罪“数额巨大”“数额特别巨大”的标准分别为20万元、300万元。犯罪数额上，本案上诉人卢进犯罪数额为186万余元，根据其犯罪数额，应在三年以上十年以下有期徒刑幅度内予以量刑。量刑情节上，卢进具有坦白的法定从轻处罚情节、全部退赃的酌定从轻处罚情节，并缴纳全部罚金，确有悔罪表现。综合上述情况，二审改判其有期徒刑四年，改判罚金为二十五万元。

（刘一霖，原载于《中国纪检监察报》2020 年 5 月 20 日）

量刑为何从重又从轻

——从北京地铁公司一管理人员受贿案说起

这是一起市管国有企业管理人员涉嫌受贿罪被地方纪委监委和企业纪委联合查处的案件。案件中，被调查人商霄顺利用职务便利帮助李某才（另案处理）挂靠的公司承揽工程，通过“借”、要、收等方式从李某才处获得资金、房产、汽车等财物价值共计211万余元。对商霄顺的监察管辖按什么原则确定？如何认定商霄顺的索贿情节？商霄顺到案后的坦白、立功情节是如何认定的？量刑时如何统筹考量被告人具有的从重、从轻情节？我们特邀相关单位工作人员对此进行分析讨论。

基本案情

商霄顺，1977年4月出生，大学文化，2005年11月加入中国共产党，2000年8月参加工作，2007年2月起，先后任北京市地铁建筑安装工程公司（以下简称建安公司）安全生产部副部长、建安公司五号线服务部副经理、建安公司第一工程部经理兼党支部副书记、建安公司大修项目部经理兼党支部书记、建安公司桥隧维修监测第三项目部党支部书记兼经理、建安公司桥隧维修监测第三项目部经理等职务。

2012年10月至2017年4月间，商霄顺利用其担任建安公司桥隧维修监测第三项目部经理，负责全面主持项目部工作、推荐劳务方的职务便利，推荐工程承包方李某才挂靠的公司承揽工程，合同实际付款金额达1599万余元。商霄顺分四次向李某才索取人民币155万元，非法收受李某才给予的房产一套（价值人民币46.55万元）、汽车一辆（价值人民币20万元），财物价值共计人民币221.55万元。

查处过程

【立案调查】2019年5月21日，北京市西城区监委对商霄顺涉嫌受贿犯罪问题立案调查并对其采取留置措施。

【移送审查起诉】2019年8月14日，商霄顺涉嫌受贿案被移送西城区人民检察院审查起诉。经西城区人民检察院决定，商霄顺8月20日被北京市公安局西城分局执行拘留，8月29日被西城分局执行逮捕。

【提起公诉】2019年10月16日，西城区人民检察院以商霄顺涉嫌受贿罪向西城区人民法院提起公诉。

【一审判决】2019年11月29日，西城区人民法院判决，商霄顺犯受贿罪，判处有期徒刑3年，并处罚金人民币30万元。退赃款人民币155万元及在案查封、扣押的房产一套、汽车一辆予以没收。商霄顺当庭表示认罪认罚。

纪法辨析

一、商霄顺案线索是如何被发现的，如何确定管辖，办案采取了哪种模式？

李惠明（北京市西城区纪委监委第四审查调查室主任）：2018年11月，北京市地铁运营有限公司（以下简称北京地铁公司）向我委反映北京市地铁建筑安装工程公司桥隧维修监测第三项目部经理商霄顺涉嫌受贿的相关问题线索。

商霄顺属于市管国有企业下属公司管理人员。案件线索移送时，北京地铁公司纪委没有监察权（2019 年 11 月才设立监察专员办），按照属地管辖原则，由西城区监委管辖。

我委在与北京地铁公司纪委沟通后，初步研判认为该线索有一定可查性，但是前期初核工作量较大。我委在上级交办问题线索量大、案件查办任务重、人手紧张的情况下，改变单位纪委线索一经移交就由地方纪委监委一手操办的传统办法，探索联合办案新机制。具体包括日常沟通交流机制、问题线索移交机制、审查调查协助配合机制和单位纪委直接派员参与办案机制。

北京地铁公司纪委派员全程参与办案，解决了区纪委监委办案人手紧张的问题。从 2018 年 11 月 5 日至 12 月 11 日，第四审查调查室抽调一名有经验的纪检监察干部专门负责指导北京地铁公司纪委工作人员开展外围取证工作，在正式移送线索前夯实基础性材料；2018 年 12 月 11 日线索正式移送后，北京地铁公司纪委选调了 3 名业务骨干进入线索初核组与第四审查调查室联合开展初核工作，进行更有针对性的取证和信息收集整理；2019 年 5 月 21 日对被调查对象立案并留置后，北京地铁公司纪委又抽调 7 名政治过硬、业务能力强的同志参与相关工作，保证办案力量充足。

区纪委监委审查调查室干部具备更强的涉纪涉法案件查办专业能力，保证了调取证据和收集相关信息的针对性，避免走弯路做无用功。北京地铁公司纪委人员更了解单位的历史沿革、人员情况、业务开展情况，能为区纪委监委办案人员及时提供有效线索。

二、查办过程中遇到了什么困难，案件有哪些特点？

李晓明（北京市西城区纪委监委第四审查调查室干部）：本案关键

涉案人（行贿人）李某才一开始并没有出现在线索中，并且商霄顺还有对抗组织审查调查的行为。

转到我委的线索仅仅为反映商霄顺占用建安公司供应商北京某贸易公司总经理李某兵小客车指标，长期使用供应商蔡某英购买的帕萨特轿车。

经核实，商霄顺占用李某兵小客车指标一事属实，仅属违纪。唯一有价值的涉法线索就是商霄顺长期使用供应商蔡某英购买的帕萨特轿车，但如果商霄顺辩称是借用车辆，又只能认定为违纪问题。购买该帕萨特轿车的付款账号系蔡某英名下的银行卡账号，我们对该银行卡账号购车后的几笔消费继续追查，发现是商霄顺在使用。交易记录显示，在北京地铁公司纪委将线索正式移交我委之前，商霄顺已经将买车及消费的20余万元还到蔡某英银行卡中。核查组分析，商霄顺已经准备好了说辞，解释为借钱买车，而且已经把钱还上了，那只能认定为违纪问题。除此之外，账面上蔡某英与商霄顺再无任何经济往来。

核查组没有放弃，继续对蔡某英名下的银行账户以及商霄顺名下的银行账户海量交易记录进行分析，发现与蔡某英经常大额资金往来中有个叫李某才的人，而且向商霄顺转账的人中也有李某才。北京地铁公司纪委的同志反映，李某才是个包工头，长期承接建安公司的业务。通过查询李某才的银行账户，发现他与好几个供应商有大额经济往来，疑似挂靠供应商公司拿工程。此外还发现李某才的账户在海南有大额消费，疑似购房款。

种种迹象显示，李某才是个关键人，核查组将工作重心立即调整到对李某才的调查。通过大量细致扎实的初核工作，掌握了商霄顺与李某才之间的不正常经济往来以及违纪违法涉嫌犯罪问题，随后予以立案查处。

三、检察机关在认定商霄顺具有索贿情节时着重把握了哪些问题，提起公诉时为何没有认定商霄顺具有立功情节？

廖南（北京市西城区人民检察院职务犯罪检察部四级高级检察官）：商霄顺案移送检察机关后，我们经过初步审查认为，该案的证据基础较好，受贿事实清楚，而且犯罪嫌疑人的认罪态度较好、积极退赃。应该说，监察机关的调查工作非常扎实有效。在进一步深入细致审查后，监察机关配合我们进一步补充完善了主体等方面的证据，我们也通过讯问进一步核实了犯罪事实，有针对性地进行释法说理和教育转化工作，进一步巩固、固定了嫌疑人供述，使得案件达到了事实清楚和证据确实充分的条件。

该案在事实认定上的一个难点是索贿情节的认定。索贿是受贿罪中法定的从重处罚的情节。对于认定索贿还是收受贿赂，要根据相关事实和证据情况进行分析。从国家工作人员的角度讲，要看其主观上是否有索取的意思，是否认识到索取的财物是职务行为的对价，客观上看其是否有主动索要的表示和收取财物的行为。从行贿人的角度讲，在国家工作人员向其索要财物后，其是否出于自愿给予财物不影响索贿成立，但是需要其认识到其给予的财物是贿赂的性质，即是国家工作人员职务行为的对价。

从本案的证据看，被告人商霄顺和行贿人李某才是一种不正当的“政商关系”，商霄顺长期利用职务便利帮助李某才挂靠的公司承揽项目，事实上已经形成了利益共同体。几个事实中有的是商霄顺主动提出需要钱或者直接要求李某才为其提供资金财物，有的是行贿人李某才在商霄顺暗示自己缺钱、需要钱后“心领神会”主动提出给予财物支持。由于长期的利益关系存在，商霄顺觉得自己帮李某才拿工程赚了钱，找他要钱是“顺理成章”；从李某才的角度讲，其对自己给予商霄顺财物的贿赂性质也非常清楚，所以对商霄顺提出需要钱时，李某才按照要求给商霄顺转款的行为应认定为索贿。

值得一提的是，商霄顺收受的一笔 70 万元贿赂，既有索贿情节，又属于商霄顺在到案后主动交代的办案机关尚未掌握的同种犯罪事实，构成坦白。

商霄顺到案后，检举揭发 3 人，但在检察机关向人民法院提起公诉前，这 3 人尚未被刑事立案，依据规定，还不能认定其具有立功情节。

经过认真审查，根据本案的事实和证据，结合商霄顺自愿认罪认罚的情况，检察机关依法认定了其具有的坦白、退赃等从轻情节和索贿的从重情节，适用了认罪认罚从宽程序，提出了 3 年 6 个月至 4 年 6 个月的量刑建议，以受贿罪向人民法院提起公诉，是合法合理的。

四、法庭在量刑时如何看待商霄顺及其辩护人的辩护意见，怎样统筹考量商霄顺的从重、从轻情节？

张岩（北京市西城区人民法院刑庭副庭长、四级高级法官）：根据《中华人民共和国刑法》第三百八十五条第一款、第三百八十六条、第三百八十三条第一款第（二）项和“两高”《关于办理贪污贿赂刑事案件适用法律若干问题的解释》第二条第一款、第十九条第一款的规定，被告人商霄顺受贿数额人民币 221.55 万元，属于数额巨大，依法应处 3 年以上 10 年以下有期徒刑，并处罚金或者没收财产。

法庭量刑的原则是：以事实为根据，以法律为准绳，根据犯罪的事实、性质、情节和对于社会的危害程度，决定判处的刑罚；量刑时既要考虑被告人所犯罪行的轻重，又要考虑被告人应负刑事责任的大小，全面审查被告人具有的法定和酌定量刑情节，把握宽严相济的刑事政策，做到罪责刑相适应，实现惩罚与预防的目的。

具体到本案，被告人商霄顺对于部分犯罪具有索贿情节，应依法从重处罚；其到案后能如实供述全部犯罪事实，且主动坦白办案机关尚未掌握的同种较轻犯罪事实，具有坦白情节，可依法从轻处罚；其到案后检举揭发他人犯罪事实（在本案审判阶段检举揭发对象被刑事立案），具有立功表现，可依法从轻、减轻处罚；其认罪、悔罪态度较好，自愿认罪认罚，积极委托家属退缴全部赃款赃物，可酌情从轻处罚。

被告人商霄顺的辩护人提出的辩护意见是：被告人商霄顺到案后能如实供述犯罪事实，且主动坦白同种犯罪，认罪态度一直较好，系初犯，检举揭发他人犯罪事实，具有立功表现，积极退赃，认罪认罚，希望法庭从轻处罚。上述辩护意见与法庭查明的事实一致，公诉机关亦无异议，法庭予以采纳。

需要说明的是，被告人认罪认罚，不仅看态度，更要看行动和结果。根据“两高三部”《关于适用认罪认罚从宽制度的指导意见》规定，“认罚”考察的重点是犯罪嫌疑人、被告人的悔罪态度和悔罪表现，应当结合退赃退赔、赔偿损失、赔礼道歉等因素来考量。商霄顺退赃态度积极，但是筹集资金比较困难，一直到审判阶段（宣判前）才退缴全部赃款赃物。对此，法院依法予以认定。

根据被告人商霄顺的犯罪事实和情节，西城区人民法院一审作出判决，商霄顺犯受贿罪，判处有期徒刑 3 年，并处罚金人民币 30 万元。退赃款人民币 155 万元及在案查封、扣押的房产一套、汽车一辆予以没收。商霄顺当庭表示认罪认罚。

（尹健，原载于《中国纪检监察报》2020 年 6 月 3 日）

妻子实际工作领薪，他缘何构成受贿

——从浙江省绍兴市柯桥区一起新型受贿案件说起

这是一起具有隐蔽性和迷惑性的新型受贿案件。本案中，被告人倪仁龙的受贿方式呈现出哪些特点？倪仁龙妻子郑某某在请托人的公司实际工作而领取薪酬为何构成受贿？怎样确定受贿数额？又是如何与党员干部亲属和特定关系人虽实际工作但领取明显超出同职级标准薪金这一违反廉洁纪律的行为相区分？对此，我们特邀相关单位人员释法析理。

基本案情

倪仁龙，2011年至2019年5月先后担任原绍兴县人民政府办公室副主任、原绍兴县体育中心建设指挥部总指挥及绍兴市柯桥区体育中心建设指挥部办公室主任，绍兴市柯桥区经济和信息化局党组书记、局长。其间，倪仁龙利用负责相关工程建设承包、监督管理，验收结算、资金存放，企业项目审批、能评审查等职务上的便利，非法收受周某、戴某某、洪某某等人财物，合计276.8万余元，并为上述人员提供帮助和关照。

其中，2015年，倪仁龙在担任绍兴市柯桥区经济和信息化局党组书记、局长期间，在项目审批方面为某环保科技公司提供帮助和关照。

2016 年 7 月至 2018 年 4 月，该公司法定代表人洪某某为感谢倪仁龙，要倪仁龙让妻子郑某某到该公司工作，并给出明显高于正常薪酬水平的 15 万元年薪，其间还以“薪酬”“奖金”名义发放 31 万元给郑某某，高于正常薪酬水平共计 16 万元。倪仁龙明知妻子薪酬高于正常水平，仍予以接受。

此外，2006 年至 2011 年底，倪仁龙在担任原绍兴县县城建设领导小组办公室副主任，原绍兴县经济贸易局党组副书记、副局长期间，利用职务便利，伙同其妻弟郑伟国，先后共收受叶某某、王某某等人财物，合计价值 60 万余元，并为上述人员提供帮助和关照。

综上，倪仁龙单独或者结伙非法收受他人财物共计价值 337 万余元。

2019 年 10 月 17 日及同月 30 日，倪仁龙、郑伟国先后向柯桥区监委投案，并如实交代了上述事实、退缴全部赃款。

查处过程

【立案审查调查】2019 年 10 月 17 日，柯桥区纪委监委对倪仁龙涉嫌严重违纪违法问题立案审查调查，并于同日对其采取留置措施；2019 年 10 月 30 日，柯桥区监委对郑伟国涉嫌严重违法问题立案调查，并于同日对其采取留置措施。

【移送审查起诉】2020 年 1 月 15 日，柯桥区纪委监委将倪仁龙、郑伟国涉嫌受贿罪一案移送柯桥区人民检察院审查起诉。

【提起公诉】2020 年 2 月 20 日，柯桥区人民检察院以倪仁龙、郑伟国涉嫌受贿罪向绍兴市柯桥区人民法院提起公诉。

【一审判决】2020 年 4 月 1 日，柯桥区人民法院作出一审判决，倪仁龙犯受贿罪，判处有期徒刑五年六个月，并处罚金人民币五十万元；郑伟国犯受贿罪，判处有期徒刑二年，并处罚金人民币十五万元。

一审判决后，倪仁龙与郑伟国均认罪服判，未提起上诉，检察院也未提起抗诉，判决现已生效。

纪法辨析

一、本案是如何发现的？在犯罪形式上呈现出哪些特点？

孙琦（绍兴市柯桥区纪委监委审理室干部）：倪仁龙的问题线索来源于他人的检举揭发。在初核过程中，倪仁龙主动向本委投案，并如实供述了自己涉嫌受贿的主要违法犯罪事实。倪仁龙投案当日，本委对其立案审查调查并采取留置措施。在对倪仁龙留置期间，其妻弟郑伟国又主动向本委投案，如实供述自己伙同姐夫倪仁龙涉嫌共同受贿的违法犯罪事实。同日，本委对郑伟国立案调查并采取留置措施。

本案在犯罪形式上呈现出以下特点：一是隐蔽化。本案多数犯罪形式带有明显的市场化特征，出现了诸多以“买卖”“劳动报酬”等市场经济交易形式掩盖非法目的的受贿形式，更具隐蔽性和迷惑性，如高于市场价出售营业房，再如“出售”商品房只签合同不过户，变相收受房款等，种种新型受贿形式给调查审理工作增添了难度。

二是间接化。主要表现为权钱交易的关系在时间和空间上的刻意淡化，如倪仁龙收受财物往往在利用职权为请托人谋取利益多年之后，刻意制造时间上的间隙，冲淡权钱交易的对价关系，表现出“事后受贿”的鲜明特征；同时，在收受财物方面又避免本人亲自出面，在空间上进行回避。

三是扩张化。权力天然具有扩张性，在底线意识失守的倪仁龙身上更甚，他不仅在自身职权上“做文章”，利用职务之便搞权钱交易，还利用了自己分管、主管的下属国家工作人员的职权，甚至利用自己居于监管地位所形成的对监管对象的制约力，通过监管对象为请托人谋利，公权力已沦为倪仁龙攫取一己私利的工具。

四是交织化。一旦公权力未得到有效制约，其腐蚀性最先体现在掌权者身上，紧接着便是身边最为亲密的人，尔后就可能会按照亲疏远近向其他人扩散，表现出亲属、家族共同敛财的特征。本案中，倪仁龙的妻弟郑伟国就充当了这一角色，其利用倪仁龙的职权“狐假虎威”，充当“传声筒”站于台前，而倪仁龙则躲于幕后发号施令，二人一前一后、一明一暗共同为他人谋取利益并收受对方财物，走上了共同犯罪的道路。

二、倪仁龙的妻子郑某某在请托人洪某某的公司实际工作而领取薪酬，其为何仍构成受贿？该行为定性在违纪与违法犯罪上是如何进行把握的？

孙琦：对该节事实认定构成受贿主要基于以下几个方面：首先，《关于办理受贿刑事案件适用法律若干问题的意见》（以下简称《意见》）虽仅对“挂名领薪”的情形明确以受贿论处，但《意见》并未否定特定关系人实际参与工作，领取的薪酬明显高于正常薪酬水平的行为具有权钱交易的受贿本质属性，该行为与以明显高于市场价值出售商品的“交易型受贿”性质上并无不同，只不过考虑到当时企业薪酬发放不规范，认定薪酬是否明显不对等、具体受贿金额等存在一定困难，故对该情形没有作出具体规定。换言之，国家工作人员利用职务上的便利为他人谋取利益，后通过特定关系人领取明显高于正常水平薪酬的行为，存在认定为受贿的空间。

其次，“参与工作”仅是双方假借合法形式掩盖非法目的的幌子，该行为符合权钱交易的受贿本质特征。一方面，倪仁龙明知其妻子“虚岗实薪”，领取的超额收益系自己职务行为为对方谋取利益的对价，仍授意其妻子“坐享其成”，具有变相收受他人财物的主观故意。另一方面，洪某某为感谢倪仁龙利用职务之便为自己谋取利益，专门虚增岗位，将本由其他文员附带即可完成的勤杂工作交给郑某某作为主业工作，并配以“部门经理”之待遇，亦具有变相向倪仁龙输送利益的故意。至此，双方已达成行受贿之合意，以特定关系人“实际工作”为外衣，实为变相收送财物的权钱交易。

最后，在受贿金额认定上参照了“交易型受贿”的认定，即受贿数额为特定关系人实际领取的薪酬与正常薪酬的差额。为确保案件的质量与效果，本案遵循了有利于被调查人的原则。一方面，在参照系选择上有利于被调查人，比如在从事勤杂的工种中以待遇最高的文员职位为参照；另一方面，在基数选择上亦有利于被调查人，比如以该公司文员中的最高年收入为正常薪酬基准，差额部分即认定为受贿金额。

法律是治国之重器，纪律是治党之戒尺。对该节事实定性，须以纪法贯通的思维去分析、研究和判断，既考虑纪的因素，又考虑法的内容，精准地把握纪法界限，防止以纪律处分代替法律制裁。《中国共产党纪律处分条例》（以下简称《条例》）第八十七条第二款对党员干部的配偶虽实际工作但领取明显超出同职级标准薪酬，党员干部知情未予纠正的行为以违反廉洁纪律进行处分。显然，该行为存在影响公正执行公务的可能性，对该条保护的客体，即职务行为廉洁性的安全条件进行了侵害，但当可能性发展为确定性时，侵害的客体也从廉洁性的安全条件发展为职务行为廉洁性本身。当超额领薪与公权力的出卖已形成对价关系时，就符合了受贿罪权钱交易的本质特征，则应当适用《条例》中的纪法衔接条款，以涉嫌受贿罪进行处理，而不是认定为违反廉洁纪律，这与纪严于法、纪在法前的理念也一脉相承。

三、怎样判断郑某某领取的薪酬明显高于正常水平？郑某某为何不构成共同受贿犯罪？

张健（绍兴市柯桥区人民检察院副检察长）：在倪仁龙受贿一案所涉事实中，洪某某为感谢倪仁龙的帮助，邀请倪仁龙的妻子到其公司工作，所付薪酬是否明显高于正常水平，我们在审查起诉阶段主要是从以下几个方面考量：

首先，本节事实中行、受贿之间因果关系明确。倪仁龙有利用职务便利为洪某某谋取利益的行为，且洪某某聘用郑某某目的明确，就是为了感谢倪仁龙的关照、帮助，并在开始提出要郑某某来公司上班时就向倪仁龙言明不会亏待郑某某，据此，倪仁龙才授意妻子郑某某去洪某某的公司“应聘”。因此，本节事实实质是倪仁龙利用职务便利为他人谋取利益并从中收受财物。

其次，郑某某受聘后虽从事了一定的工作，但从郑某某的工作内容看，既没有具体任务、要求，也没有考勤约束，上下班时间灵活自由，该工作本可以由别人附带完成，无须专人专岗。洪某某实际上就是为了给倪仁龙好处，而专门设置一个工作岗位，在案证据均证明了这点。对此，倪仁龙亦明知。

再次，洪某某给郑某某的薪酬，无论是方式上还是数额上均有异于该公司的其他员工：一是年薪制，该公司其他员工均按月根据考核结果领取薪酬，而郑某某是在与公司签订“合同”之后一次性领取全年薪酬，不受考核结果影响；二是明显高于他人，如与郑某某一同工作的员工张某某工作专业性强（财务），参加工作时间比郑某某早，上班时间比郑某某长，其一年的工资为7.5万元，此外，该公司一般行政人员的年平均工资也仅6.6万余元，与郑某某的薪酬形成强烈反差；三是从资金来源看，为掩盖其特殊性，郑某某的薪酬系通过洪某某个人账户直接支付，而其他员工薪酬均通过企业账户走账。

综上，倪仁龙利用职务便利为洪某某谋取利益，并收受洪某某以郑某某工作薪酬为名义的好处（差额），其行为性质应当认定为受贿犯罪。

关于郑某某与倪仁龙能否构成受贿罪共犯的问题，我们认为不宜将郑某某作为受贿罪共犯处理。在本节事实中，虽郑某某受聘到洪某某公司工作，且明知自己的薪酬明显高于他人，但郑某某参加工作获取薪酬在倪仁龙为洪某某公司谋取利益之后，郑某某与倪仁龙对此没有通谋，郑某某事先并未接受或知晓洪某某请托倪仁龙的事项，也没有让倪仁龙从中帮忙，也不明知倪仁龙在为洪某某谋取利益，因此缺乏共同受贿犯罪的故意和行为，对郑某某不宜作受贿罪共犯处理。

四、本案量刑时考虑了哪些因素？怎样看待辩护人提出的建议对郑伟国从轻、减轻处罚并宣告缓刑？

傅蓉蓉（绍兴市柯桥区人民法院刑事审判庭副庭长）：本案部分属共同犯罪，被告人倪仁龙系主犯，被告人郑伟国系从犯。两被告人均具有自首情节，自愿认罪认罚，退缴赃款。在量刑时主要考虑了上述因素。

关于辩护人提出的对被告人郑伟国从轻、减轻处罚并宣告缓刑的建议。被告人郑伟国的犯罪金额属“数额巨大”，依法应处三年以上十年以下有期徒刑，并处罚金或者没收财产。因被告人郑伟国系从犯，并具有自首情节，且自愿认罪认罚，退缴了赃款，本院对其依法予以减轻处罚。被告人郑伟国系利用倪仁龙职务上的便利共同实施犯罪，本院虽已认定其具有法定或酌情从轻、减轻处罚情节，但其犯罪金额达到60万余元（“数额巨大”犯罪金额起点为20万元），且在共同犯罪中分赃金额较多，根据其犯罪金额及性质，不宜对其适用缓刑，故采纳辩护人提出的减轻处罚建议，不采纳辩护人提出的适用缓刑建议。

（刘一霖，原载于《中国纪检监察报》2020 年 6 月 10 日）

主犯从犯的罪与罚

——从浙江省衢州市原规划局党委书记、局长徐骋与特定关系人共同受贿案说起

这是一起党员领导干部与特定关系人（情妇）共同受贿的案件。本案中，衢州市原规划局党委书记、局长徐骋表示，对于特定关系人徐娟的部分受贿具体金额并不清楚，这是否影响对于他与徐娟共同受贿行为的认定？徐骋辩护律师称共同受贿款项系徐娟收取并使用，徐骋主观恶性相对较小；徐娟辩护律师称徐娟既不是党员干部也不是国家公职人员，系从犯，对此该如何认定？我们邀请相关单位工作人员进行分析。

基本案情

徐骋，男，汉族，1991 年 12 月参加工作，2000 年 2 月加入中国共产党，2005 年至 2018 年 12 月，历任衢州市规划局规划管理处处长，衢州市规划局城南分局局长，衢州市建设局党委委员、副局长，衢州市住房和城乡建设局党委委员、副局长，衢州市规划局党委委员、副局长，衢州市西区管委会党工委委员、副主任（兼）及衢州市规划局党委书记、局长等职务。

经法院审理查明，2005 年至 2018 年 12 月间，徐骋利用职务便利，单独或伙同其特定关系人徐娟共同收受单位与个人所送的财物，折合人

民币共计 5047372 元，其中徐骋单独收受折合人民币 1831838 元，徐骋、徐娟共同收受折合人民币 3215534 元。

查处过程

【立案审查调查】2018 年 12 月 28 日，徐娟因涉嫌利用影响力受贿被衢江区监察委员会留置。2019 年 1 月 8 日，徐骋因涉嫌违纪违法接受纪律审查和监察调查，并被采取留置措施。

【移送审查起诉】2019 年 4 月 17 日，衢江区监委将徐娟涉嫌受贿罪一案移送衢江区人民检察院审查起诉。2019 年 6 月 4 日，衢州市监委将徐骋涉嫌受贿罪一案移送衢州市人民检察院审查起诉，经衢州市人民检察院指定管辖，由衢江区人民检察院审查起诉。衢江区人民检察院将两案并案处理。

【提起公诉】2019 年 8 月 20 日，衢州市衢江区人民检察院以徐骋、徐娟涉嫌受贿罪向衢州市衢江区人民法院提起公诉。

【法院判决】2020 年 5 月 11 日，衢江区人民法院作出判决，徐骋犯受贿罪，判处有期徒刑 8 年，并处罚金人民币 55 万元；徐娟犯受贿罪，判处有期徒刑 6 年，并处罚金人民币 50 万元。徐骋、徐娟当庭表示认罪认罚。

纪法辨析

一、徐骋案有何特点？案件办理中有哪些难点？

祝明飞（衢州市纪委监委第六审查调查室主任）：徐骋案最大的特点是和特定关系人徐娟共同受贿。徐骋与徐娟的不正当关系在小范围内是公开的秘密，且围绕在其身边欲对其“围猎”的行贿人均知道徐娟对徐骋的影响力，将徐骋、徐娟视作一个共同体，对徐娟“曲线攻关”是拉拢腐蚀徐骋的最有效手段。行贿人相互之间介绍“经验”称要找徐骋办事，就要先“拿下娟姐”，如徐骋在对中梁房开公司违反规划设计施工问题的处理上，前期尚能坚持原则，但得知徐娟收受贿赂后，原则尽失，甚至强行要求下属通过规划核实验收。本案受贿事实中，更多的是徐娟在台前谈事、收钱，徐骋在后台办事。

值得一提的是，2016 年 12 月 28 日，衢州市纪委信访室以纪检监察信访通知书的方式，要求徐骋对其是否存在违反生活纪律问题向组织如实说明。然而徐骋放弃向组织如实说明问题的机会，选择隐瞒组织，在 2017 年 1 月 9 日的回复中否认其存在违反生活纪律问题。

本案办理中最大的难点是审查突破难。一方面是徐骋较多受贿事实都是通过徐娟在受贿，行贿人与徐骋无论是在请托事项还是输送利益方面都没有直接接触，从而行贿人的供述在直接指向上不够紧密。另一方面，徐骋、徐娟在主要行贿人被调查后即作了一些准备，采取措施对抗审查调查，如转移赃款、销毁涉案物品、找他人串供、手机单线联系及让徐娟到外地避风头等。最后，徐骋与徐娟保持了近 10 年的情夫妇关系，双方虽然本质上是利益关系，但也掺杂着一些感情因素，有相互保护的本能。

对此，审查调查组精心设计审查谈话方案。一是唤起初心，对徐骋的性格、经历作了深入分析，认为其虽然有腐化堕落的一面，但也有工作积极肯干、为人较和善的另一面，在谈话中回顾其一步步成长的足迹，肯定其作出的努力，逐步唤起其初心，让其深刻认识到辜负了组织多年的培养，犯错后要相信组织依靠组织。二是找回他们的伦理道德感，徐骋、徐娟各自都有家庭，在两人保持情夫妇关系期间，漠视的是对家庭的照顾，被调查后对家庭成员的打击较大，如徐娟生病的母亲、徐骋正在上大学的孩子，正如徐骋在写给其孩子的信中所说，在他孩子人生最需要指点的时候，他缺席了，对此深表悔恨。三是分析责任后果，共同犯罪中有责任大小之分，通过释法、举例，逐步分化瓦解徐骋、徐娟的攻守同盟，促使两人如实交代各自在受贿犯罪事实中所起的作用。

二、在受贿金额的认定上，怎样区别哪些是徐骋的单独受贿金额，哪些是与徐娟的共同受贿金额？

姚呈佳（衢州市衢江区人民检察院员额检察官）：受贿罪的犯罪主体是国家工作人员，但并不意味着只有国家工作人员才能成立受贿罪。根据最高人民法院、最高人民检察院《关于办理受贿刑事案件适用法律若干问题的意见》第七条规定，特定关系人与国家工作人员通谋，共同实施受贿行为收受的行贿数额，特定关系人应承担共同受贿责任；而特定关系人没有参与的，应认定国家工作人员单独受贿。具体到本案，应从如下几个方面考虑。

第一，徐娟与徐骋是否有通谋。通谋实际上是双方的意思联络，也不仅仅包括事前的共谋，事中的共谋也是通谋，通谋也不仅仅表现为积极的商议达成共识的明示方式，默许的方式也能成为通谋的表现形式。在本案中，徐娟成立受贿罪，必须要依赖徐骋受贿罪的成立，所以这里的通谋实际上就表现在徐骋是否对徐娟收受行贿人财物的明知上，即徐骋在明知的情况下，还利用职务便利为他人谋利，那自然构成受贿罪。从本案的证据来看，徐骋有的参与徐娟与行贿人谈好处费的商议过程，有的经手行贿人送给徐娟的钱，有的徐娟在让徐骋出面帮忙的时候告知徐骋，有的徐娟在收受财物后告知徐骋。因此可以认定徐骋是知情的，上述徐娟出面收受贿赂的犯罪事实应认定徐骋、徐娟共同受贿数额。

第二，关于明知的程度问题，因为受贿犯罪是非法占有为目的类的犯罪，对于这类犯罪，要求自己对占有的财物要明知，即徐骋实际上没有占有这些财物，那他是否有占有的故意，是否要求徐骋知道徐娟实际收受了多少钱。我们认为，故意有具体的故意，也有概括的故意，徐骋只需要知道徐娟因某特定的请托事项收受了行贿人的好处费，无论数额多少，收了几次都应该在其受贿的概括故意囊括之中，只要他没有提出异议，那这些都是他能接受或者默许的。至于徐骋没有使用过徐娟收受的行贿款的问题，因为共同犯罪有不同的分工，其与徐娟是一个整体，双方共同的行为（徐骋利用职务便利为他人谋利，徐娟收受财物）才完成该犯罪，最后钱由谁占有、谁使用是分赃的问题，不影响定性，双方都需对两人共同收受的行贿款总额负责。故徐娟出面收受行贿款的犯罪事实，应认定与徐骋共同犯罪。

第三，关于被告人徐娟辩护人提出，被告人徐骋以徐娟工资名义从请托人吴某某处收受的款项，不应计入徐娟受贿数额的辩护意见。我们认为，根据在案证据，吴某某是基于事先与徐骋、徐娟约定的工资名义给予钱款，且事后徐骋也是将钱款交给徐娟，由徐娟使用，故该款项不论是徐娟收取，还是徐骋收取，都不影响对徐骋和徐娟共同受贿的认定。

三、徐娟及其辩护人提出，徐骋是国家公职人员，徐娟既不是党员干部也不是国家公职人员，因此，在共同犯罪中徐娟应属从犯。本案如何认定主犯、从犯？

赵慧萍（衢州市衢江区人民法院党组成员、副院长）：最高人民法院、最高人民检察院《关于办理受贿刑事案件适用法律若干问题的意见》规定，特定关系人与国家工作人员通谋，共同实施受贿行为的，对特定关系人以受贿罪的共犯论处。同时该意见规定了特定关系人的范围，是指与国家工作人员有近亲属、情妇（夫）以及其他共同利益关系的人。被告人徐骋与被告人徐娟自2009年以来保持稳定的情夫妇关系，两人经常成双成对出入公共场所，徐骋让请托人租住房屋供徐娟居住。本案所涉的请托人都明知徐娟是徐骋的情妇。徐娟收受请托人的财物，向徐骋转达请托人的请托事项，并在徐骋的同意下由徐娟实际占有财物，徐骋利用职务便利为请托人谋利，应当认定为通谋，对徐娟以受贿罪的共犯论处。

受贿罪侵犯的客体是国家工作人员的职务廉洁性，在本案共同犯罪中，徐骋利用职务之便与请托人进行权钱交易，起主要作用，是主犯。虽然徐娟在具体收受财物的过程中作用积极且占有共同受贿的全部财物，但其不具有国家工作人员身份，徐娟收受财物的行为依附于徐骋的身份和职权，请托人也是看中徐骋的国家工作人员身份可为其谋利，并且基于徐娟是徐骋的情妇才向徐娟行送财物。徐娟相较于徐骋在共同受贿犯罪中起次要作用，是从犯。

四、法院在定罪量刑时考虑了哪些减轻从轻或者从重的情节？

赵慧萍：《中华人民共和国刑法修正案（九）》对贪污贿赂犯罪的定罪及量刑作了重大调整，取消贪污罪、受贿罪定罪及量刑的具体数额标准，突出数额之外其他情节在定罪量刑中的作用。在此背景下，最高人民法院、最高人民检察院于2016年出台《关于办理贪污贿赂刑事案件适用法律若干问题的解释》（以下简称《解释》），对于贪污贿赂犯罪的认定标准进行明确和细化，遵循“数额+情节”的立法思路，结合犯罪情节进一步拉开了不同量刑档次的数额级差，以此满足不同情节犯罪的量刑需要，尽可能实现罪责刑均衡。

我们在本案定罪量刑时，即采用数额加情节的量刑模式。徐骋受贿504万余元，其中单独受贿183万余元，共同受贿321万余元，根据

《解释》规定，贪污或受贿数额在三百万元以上的，应当认定为刑法第三百八十三条第一款规定的“数额特别巨大”，应当判处十年以上有期徒刑、无期徒刑或者死刑，并处罚金或者没收财产。在以犯罪数额确定量刑档次的基础上，考虑徐骋具有检举他人犯罪并经查证属实的立功情节，且留置期间如实供述监察机关尚未掌握的本案部分受贿事实，退缴全部违法所得，认罪认罚，依法予以减轻处罚，判处徐骋有期徒刑 8 年，并处罚金人民币 55 万元。

关于对特定关系人徐娟的量刑。首先，根据上述《解释》，本案中徐娟参与的受贿数额为 321 万余元，系数额特别巨大，可确定其基准刑为有期徒刑十年以上，并处罚金。其次，徐娟系从犯，依法应当从轻、减轻处罚，徐娟还有留置期间如实供述监察机关尚未掌握的本案部分受贿事实，归案后退缴全部违法所得，认罪悔罪等从轻情节，综合对徐娟予以减轻处罚。同时还考虑与徐骋之间量刑的均衡，最后对徐娟判处有期徒刑 6 年，并处罚金人民币 50 万元。

（尹健，原载于《中国纪检监察报》2020 年 6 月 17 日）

受贿还是合伙经营违纪所得

——从重庆市黔江区中心医院原中层干部付晓、钟华案说起

这是一起利用职务便利共同受贿的案件。付晓、钟华作为重庆市黔江区中心医院中层干部，利用职务便利为他人谋取利益并收受好处费。付晓、钟华参与了重庆圣莱宝医学检验中心有限公司黔江分中心的人员协调、款项审核等事务，和圣莱宝公司是否因此形成合伙经营？收受圣莱宝公司1770余万元应如何认定？上诉意见中，付晓提出其到案后交代同案其他人犯罪事实的行为构成立功，二审是否因此改判？我们特邀相关单位工作人员释法明理。

基本案情

付晓，1999年6月至案发，担任重庆市黔江区中心医院（以下简称黔江中心医院）检验科主任，2000年11月兼任院长助理。

钟华，1998年10月至案发，先后担任黔江中心医院财务科科长、医学装备科科长、院长助理。

2010年，黔江中心医院在创建三级甲等医院时，因检验科检验项目不足，检验科主任付晓与时任院长张某林（另案处理）商量，由黔江中心医院与重庆圣莱宝医学检验中心有限公司（以下简称圣莱宝公

司）合作成立黔江分中心，负责黔江中心医院尚未开展的检验项目，并由付晓负责与圣莱宝公司协商合作事宜。

付晓与时任圣莱宝公司法定代表人尹某协商合作事宜过程中，向尹某提出圣莱宝公司从黔江分中心所得 90%的收入中，除去成本后由圣莱宝公司留下 30%，另外 70%的利润要支付给付晓和张某林、钟华三人，尹某表示同意。

2010 年 12 月 25 日，黔江中心医院与圣莱宝公司签订了为期十年的《合伙经营合同》。黔江分中心成立后，付晓、钟华利用各自的职务便利，在黔江分中心的运行、收入款项拨付以及检验项目安排等方面为圣莱宝公司谋取利益。从 2011 年 6 月开始，付晓、钟华及张某林按照与尹某的协商方案，逐月从圣莱宝公司分取与其比例对应的金额，直至 2018 年 5 月。三人为长期获取利益，分别以各自亲属或者朋友的名义与圣莱宝公司签订虚假投资合作协议；为防止事情败露，三人商议，由谭某（代张某林收受贿赂，另案处理）牵头成立了四家咨询公司走账。三人共收受圣莱宝公司好处费共计人民币 1770. 06 万元，按约定比例进行了分配，其中付晓所获金额为 758. 59 万元，钟华所获金额为 252. 86 万元。

查处过程

【立案审查调查】2018 年 9 月 12 日，付晓因涉嫌受贿犯罪，被黔江区监委立案调查。2018 年 9 月 20 日，经重庆市监委批准，黔江区监委对付晓采取留置措施。

2018 年 10 月 30 日，钟华因涉嫌受贿犯罪，被黔江区监委立案调查。2018 年 11 月 7 日，经重庆市监委批准，黔江区监委对钟华采取留置措施。

【移送审查起诉】2019 年 3 月 18 日，付晓、钟华涉嫌受贿罪一案被移送黔江区人民检察院审查起诉。同日，经黔江区人民检察院决定，由黔江区公安局执行刑事拘留。2019 年 3 月 31 日，经黔江区人民检察院决定，由黔江区公安局执行逮捕。

【提起公诉】2019 年 5 月 9 日，黔江区人民检察院以付晓、钟华涉嫌受贿罪向黔江区人民法院提起公诉。

【一审判决】2019 年 12 月 12 日，黔江区人民法院作出判决。付晓犯受贿罪，判处有期徒刑十年一个月，并处罚金人民币六十万元。钟华犯受贿罪，判处有期徒刑九年，并处罚金人民币五十万元。在案扣押的涉案赃款依法予以上缴国库；对付晓尚未退缴赃款 10.84 万元依法继续予以追缴并上缴国库，对钟华尚未退缴赃款 221.38 万元依法继续予以追缴并上缴国库。一审判决后，付晓、钟华提出上诉。

【二审判决】2020 年 5 月 6 日，重庆市第四中级人民法院撤销一审判决，重新宣判。付晓犯受贿罪，判处有期徒刑十年，并处罚金人民币六十万元。钟华犯受贿罪，判处有期徒刑八年，并处罚金人民币五十万元。扣押在案的涉案赃款上缴国库；对钟华尚未退缴赃款 191.38 万元继续追缴。

纪法辨析

一、本案争议焦点是什么？

李禄江（重庆市黔江区监委委员）：付晓、钟华等收受圣莱宝公司 1770 余万元的行为，应认定为受贿还是合伙经营的违纪所得是控辩双方争论的焦点，也是付晓、钟华提起上诉的主要理由。

合伙经营是指两个以上的民事主体，共同出资、共同经营、共负盈亏、共担风险的行为。结合本案，首先，圣莱宝公司的合作对象是黔江中心医院，而非上诉人付晓、钟华等个人。圣莱宝公司与黔江中心医院分别出于拓展业务和创建三甲医院的需要而进行合伙经营，属于单位行为。如果不依托黔江中心医院，付晓、钟华乃至张某林作为个人而言没有资质和能力与圣莱宝公司合作。

其次，上诉人付晓、钟华在黔江分中心并未出资或以个人身份参与经营管理。黔江分中心的出资主要由两部分组成，一部分是圣莱宝公司提供的检验设备，另一部分是黔江中心医院提供的办公场所，均与付晓、钟华等个人无关。在黔江分中心运行期间，付晓虽然从事了一些人员协调、工作安排等事务，但其行为一方面是代表黔江中心医院履行合同约定义务，另一方面行使其黔江中心医院检验科主任的职权，并不代表个人。钟华从事款项审核划拨工作也是工作职责所需，并非个人行为。因此，合伙经营的说法是不成立的。

本案中，黔江中心医院与圣莱宝公司合作开展业务之初，合同约定双方的风险和利润按占股比例承担，其中由黔江中心医院提供场地及病人资源，占股仅 10%。与之形成对比的是，圣莱宝公司投资 300 余万元设备（实际购买了 20 多万元的设备，其他的是由相关设备供应商免费投放），而占股却达到 90%。

黔江中心医院与圣莱宝公司双方在投资占比和利益分配上存在极大的不平衡、不对等性，这其中暗藏的正是付晓等人为了后期利益输送所做的前期准备，利用管理公共事务的职务便利，以黔江分中心为平台为圣莱宝公司谋取利益的最大化，双方存在请托与被请托关系。

在黔江分中心成立运营的过程中，付晓、钟华除违反廉洁纪律，每月从圣莱宝公司违规获得了几千元上万元不等的“劳务费”“辛苦费”

和“管理费”外，另外收取的1770余万元系为圣莱宝公司谋取利益后额外得到的财物。《刑法》第三百八十五条规定：国家工作人员利用职务上的便利，索取他人财物的，或者非法收受他人财物，为他人谋取利益的，是受贿罪。国家工作人员在经济往来中，违反国家规定，收受各种名义的回扣、手续费，归个人所有的，以受贿论处。付晓、钟华作为国家公职人员，将原本属于正常履行合同的职务行为演变为谋取个人私利的手段，并以虚假合伙经营协议、咨询服务协议为掩盖，以合伙经营的名义受贿，权钱交易、利益输送的方式更加隐蔽，但权钱交易的本质并没有改变，其行为侵犯了国家公职人员职务行为的廉洁性和不可收买性，符合受贿罪的构成要件。

二、付晓、钟华二人受贿的行为是否构成共同犯罪，其中主犯从犯如何认定？

梁利金（重庆市黔江区人民检察院检委会专职委员）：刑法第二十五条规定：共同犯罪是指二人以上共同故意犯罪；二人以上共同过失犯罪，不以共同犯罪论处；应当负刑事责任的，按照他们所犯的罪分别处罚。构成共同犯罪，一是看是否二人以上，二是看是否存在共同故意。

本案中，从付晓、钟华二人的供述和辩解来看，黔江分中心筹备之初，付晓就将收取黔江分中心70%的利润的事情分别告知了钟华和张某林，二人均表示赞同。钟华在与付晓、谭某一起同圣莱宝公司签订虚假投资合作协议的时候，就应当认定为存在犯意上的联络，到2011年底钟华明确知道谭某是代表张某林之后，其犯意就更为清晰。

根据查明的事实，黔江分中心投入运行后，将其经营收入的10%按照约定支付给黔江中心医院，剩余部分除去成本后再在圣莱宝公司、付晓、钟华及张某林之间按比例进行了分配，其中圣莱宝公司占30%，付晓、钟华、张某林共占70%。可见，付晓、钟华等人有共谋行为，是共同利用职务之便，互相配合，为圣莱宝公司谋取利益，以追求自身利益最大化，符合共同犯罪的构成要件。

付晓在黔江分中心的筹备、成立、运行、利益分配及掩盖受贿罪行等各环节中均积极实施行为，起主要作用，系主犯。钟华未参与前期预谋，中途受邀参与犯罪，主要实施资金审核及拨付工作，在共同犯罪中起次要作用，系从犯。

三、付晓及其辩护人提出，即使认定付晓的行为构成受贿罪，受贿金额也只能按照黔江分中心总出资额 316.94 万元的 70%计算，即 221.86 万元。如何看待该意见？如何认定其受贿数额？

徐曼（重庆市黔江区人民法院刑庭庭长）：关于受贿金额按照出资额认定还是按照实际获取的财物认定，依据《最高人民法院、最高人民检察院关于办理受贿刑事案件适用法律若干问题的意见》，无论哪种形式的受贿，国家工作人员没有实际出资和参与管理、经营的，其受贿数额一般以实际获取的财物数额认定。

根据查明的事实，黔江中心医院和圣莱宝公司的合作长达八年，付晓等人并未以个人名义出资和参与管理、经营，但却各自找人与圣莱宝公司签订虚假投资合作协议，并以个人名义收受圣莱宝公司的贿赂。刚开始，由于业务量较少，付晓、钟华等人多采用提取现金或用发票报账的方式收受贿赂，随着公司管理和审计逐渐严格，一度又通过各自指定的向某菊、周某志、谭某的银行账户进行收取，后为规避风险又采取开办重庆慕华商务信息咨询公司等四个咨询公司的方式收取，至案发时收受圣莱宝公司好处费共计人民币 1770.06 万元（其中付晓所获金额为 758.59 万元，钟华所获金额为 252.86 万元）。

在 1770.06 万元中，包含了其犯罪成本及圣莱宝公司已支付给咨询公司但被告人付晓、钟华等人尚未分配的款项。其中犯罪成本是付晓等人为实施犯罪所支出的成本，不应当从犯罪金额中剔除；尚未分配的款项已由圣莱宝公司支付至代付晓等人收款的咨询公司，已处于付晓等人的实际控制之下，付晓等人未进行分配是对该财产的自行处置，并不影响受贿行为已实施终了的既定事实，也不可能对受贿金额的认定产生影响。

四、上诉意见中，付晓提出其到案后交代张某林等人的犯罪事实的行为构成立功，如何看待该意见？二审为何改判？

万晓佳（重庆市第四中级人民法院刑事审判第一庭庭长）：立功，是指犯罪分子到案后揭发他人犯罪的行为，经查证属实，或者提供重要线索，从而得以侦破其他案件，以及其他有利于预防、查获、制裁犯罪的行为。坦白是犯罪分子在司法机关询问、传讯或者采取强制措施后，对已被怀疑、发觉的犯罪事实供认交代的行为。需要注意的是，立功中检举、揭发他人犯罪行为，包括共同犯罪人供述同案犯共同犯罪以外的罪行，如果供述的是同案犯共同犯罪之内的罪行，属于坦白中的如实供述，不属于立功。

本案中，付晓在到案后，即被采取留置措施后，交代了涉案人员张某林等人涉嫌犯罪的事实，就是属于如实供述同案犯及共同犯罪事实的法定义务，成立坦白，不符合立功的构成要件。

在二审期间，由于付晓退赃 10.84 万元，已完成个人所得赃款的全部退缴，钟华退赃 30 万元，有一定悔罪表现，根据各自犯罪事实、数额和情节，对二上诉人均可酌情从轻处罚，二审法院遂根据《中华人民共和国刑事诉讼法》第二百三十六条的相关规定，依法予以改判。

（重庆市纪委监委宣传部干部罗泽旭、黔江区纪委监委宣传部干部冯颖姣对本文亦有贡献）

（尹健，原载于《中国纪检监察报》2020 年 6 月 24 日）

因挪用承兑汇票受贿是一罪还是数罪

——从江苏游子山生态产业发展有限公司原负责人职务犯罪案件说起

这是一起贪污、受贿与挪用公款交织的案件。本案中，挪用的对象承兑汇票是否为公款？杨纪鹏、孔祥柏收受芮某给予的钱款究竟是共同挪用行为的收益分配还是单独构成受贿？第三次挪用后，杨纪鹏将芮某口头约定给他的钱转投芮某的项目，至案发时该项目未产生效益也未分红，杨纪鹏究竟是受贿既遂还是未遂？数额怎么认定？我们特邀相关单位工作人员对这些问题进行分析讨论。

基本案情

杨纪鹏，中共党员，曾任江苏游子山国家森林公园管委会办公室主任、江苏游子山生态产业发展有限公司（以下简称生态公司）董事长兼总经理，高淳区委国际慢城党工委委员、游子山管委会（游子山管理服务中心）主任，南京游子山神农绿化工程有限公司（以下简称神农公司）总经理等职务。

孔祥柏，中共党员，曾任生态公司副总经理兼监事、神农公司副总经理兼监事。

芮某，江苏某传媒公司法定代表人。

2012 年 12 月至 2016 年 3 月，杨纪鹏利用担任生态公司、神农公司总经理，负责公司全面工作的职务便利，孔祥柏利用担任生态公司、神农公司副总经理，负责公司财务工作的职务便利，多次从上述公司套取公款共计人民币 727.975 万元，非法占为己有。

2013 年 11 月至 2015 年 12 月，杨纪鹏、孔祥柏与芮某共同商量，利用杨纪鹏、孔祥柏分别担任生态公司总经理、副总经理的职务便利，先后 3 次将生态公司出票金额共计 6000 万元的银行承兑汇票，交由芮某进行营利活动后归还。

2011 年至 2017 年，杨纪鹏利用负责生态公司、神农公司全面工作的职务便利，在游子山工程项目承接、工程款结算、挪用公款等方面为他人谋取利益，先后多次收受他人财物折合共计 247.38 万元。其中，2014 年至 2015 年，先后 3 次收受芮某为感谢其在挪用公款方面提供帮助给予的财物折合共计 145 万元，具体为：第一次挪用公款后收受芮某给予的 15 万元；第二次挪用公款后收受芮某给予的 75 万元；第三次挪用公款后接受芮某给予的 55 万元某项目股份。

2011 年至 2016 年，孔祥柏利用负责公司财务工作的职务便利，在工程款结算、挪用公款等方面为他人谋取利益，先后多次收受他人给予的财物折合共计 87.5 万元。其中，2014 年至 2016 年，孔祥柏利用职务上的便利，先后 3 次收受芮某为感谢其在挪用公款方面提供帮助给予的财物折合共计 39 万元。

2013 年至 2015 年，杨纪鹏、孔祥柏还利用职务便利，为盛某在分配神农公司利润等方面谋取利益，分别收受盛某给予的钱款 20 万元。

查处过程

【立案审查调查】2018 年 2 月 25 日，杨纪鹏因涉嫌严重违纪违法接受高淳区纪委监委立案审查调查，同日被采取留置措施。2018 年 4 月 27 日，孔祥柏因涉嫌严重违纪违法接受高淳区纪委监委立案审查调查。2018 年 4 月 23 日，芮某因涉嫌共同职务犯罪被高淳区监委留置。

【移送审查起诉】2018 年 5 月 22 日，高淳区纪委监委将杨纪鹏、孔祥柏涉嫌贪污、挪用公款、受贿犯罪案件以及芮某涉嫌挪用公款、行贿犯罪案件移送南京市秦淮区人民检察院审查起诉，同日三人被逮捕。

【提起公诉】2018 年 7 月 6 日，秦淮区人民检察院指控杨纪鹏、孔祥柏犯贪污罪、挪用公款罪、受贿罪，芮某犯挪用公款罪、行贿罪，向秦淮区人民法院提起公诉。

【一审判决】2019 年 4 月 26 日，秦淮区人民法院作出一审判决，被告人杨纪鹏因犯贪污罪、挪用公款罪、受贿罪，被判处有期徒刑十六年，并处罚金人民币八十五万元；被告人孔祥柏因犯贪污罪、挪用公款罪、受贿罪，被判处有期徒刑十年，并处罚金人民币六十万元；被告人芮某因犯挪用公款罪、行贿罪，被判处有期徒刑五年，并处罚金人民币二十万元。

杨纪鹏、芮某不服一审判决，向南京市中级人民法院提出上诉。

【二审判决】2019 年 8 月 2 日，南京市中级人民法院作出终审裁定：驳回上诉，维持原判。

纪法辨析

一、银行承兑汇票是否属于公款？怎样看待芮某辩护人提出的其与杨、孔二人没有共谋，不是挪用公款罪的共犯，以及芮某有自首情节，原判量刑过重的辩护意见？

汪波（南京市中级人民法院刑二庭三级高级法官）：公款的本质特征是具有公共财产的特性，其表现形式多样，最为典型的是现金、银行存款等货币资金形式。本案中涉及的承兑汇票系有价金融凭证，国有企业的银行承兑汇票是公款的一种载体，挪用承兑汇票进行质押、贴现均使国有资产处于风险之中，符合挪用公款罪的本质特征，故挪用承兑汇票的行为应当认定为挪用公款罪。

本案一审查明的事实是芮某与杨纪鹏、孔祥柏事先共同预谋挪用公款，后经杨纪鹏授意，孔祥柏将承兑汇票交由芮某使用，芮某将上述公款用于营利活动。二审经审查认为，一审事实认定准确、证据充分。依据上述查明的事实，被告人芮某、杨纪鹏、孔祥柏共同参与了挪用公款犯罪从起意到具体实施的整个犯罪过程，主客观方面均符合挪用公款共同犯罪的认定标准，芮某与杨纪鹏、孔祥柏应构成挪用公款罪的共犯。辩护人提出的未共谋、不是共犯等辩护意见，没有事实依据和法律依据，不予采纳。

法院在量刑时坚持罪责刑相一致的原则，充分考虑被告人的犯罪事实和情节，综合考虑被告人的主观恶性、犯罪行为造成的社会危害后果等要素，并贯彻宽严相济的刑事政策。被告人芮某有挪用公款罪、行贿罪两个罪名，其中挪用公款的犯罪数额为 6000 万元，且由其具体负责挪用后的营利活动，行贿的犯罪数额为 184 万元，两个罪名均系自首，一审法院对于两个罪名均减轻处罚，决定执行有期徒刑五年，并处罚金人民币二十万元，这个刑期是与被告人的罪行相适应的，不存在过重的情形。

二、杨纪鹏将第三次挪用公款后芮某口头约定给他的60万元直接转投芮某的项目，至案发时该项目未产生效益也未分红，是受贿既遂还是未遂？数额怎么认定？

张俏（南京市高淳区纪委监委审理室副主任）：《刑法》第二十三条规定："已经着手实行犯罪，由于犯罪分子意志以外的原因而未得逞的，是犯罪未遂。"结合受贿犯罪来讲，受贿犯罪的未遂形态是指行为人已经着手实施受贿罪客观构成要件的行为，由于行为人意志以外的原因而未得逞的情形。而受贿犯罪是否得逞的认定，应以受贿行为是否已经齐备了受贿罪的法定构成要件为准。本案中，杨纪鹏与孔祥柏、芮某三人商量利用杨、孔二人的职务便利，为芮某挪用公款并收取好处，说明杨纪鹏与芮某有行受贿的合意，主观故意的构成要件已经具备。客观上杨纪鹏利用职务上的便利，为芮某挪用公款的行为也已完成。杨纪鹏、芮某均承认，芮某口头承诺给杨纪鹏60万元，杨纪鹏主动提出将该60万元连同其第二次收受芮某给予的75万元一起，以入股形式转投芮某项目，并由杨纪鹏儿子与芮某签订了合同，合同明确出资金额为130万元。至此，芮某第三次向杨纪鹏行贿的款项已脱离芮某的控制，并已实际置于杨纪鹏控制之下，杨纪鹏可以据此向芮某提出退出股份收回本金，也可提出参与股份分红，杨纪鹏第三次收受芮某贿赂的客观行为已经完成，应认定为受贿既遂。

关于第三次受贿数额的认定。第三次挪用公款后，芮某虽然口头约定给予杨纪鹏60万元好处，但杨纪鹏儿子在汇款给芮某75万元后，与芮某签订的股份书面合同的金额、出具的收条总额均为130万元。杨纪鹏与芮某的约定是将第三次的好处费直接转投入股，之后杨纪鹏未向芮某主张 5 万元尚未支付的问题，芮某也未主动提出给予。因此，杨纪鹏第三次受贿数额应为 130 万元扣除 75 万元，即 55 万元。

三、因挪用公款而受贿是一罪还是数罪？如何看待孔祥柏提出的其收受芮某财物系挪用公款进行经营活动的利益分配，不构成受贿的辩解？其是否有自首情节？

刘娟（南京市秦淮区人民法院刑庭副庭长）：根据《最高人民法院关于审理挪用公款案件具体应用法律若干问题的解释》第七条的规定，因挪用公款索取、收受贿赂构成犯罪的，依照数罪并罚的规定处罚。本院经审理查明，被告人杨纪鹏、孔祥柏、芮某共同实施了挪用公款的犯罪行为，此外，因挪用公款被告人杨纪鹏、孔祥柏又实施了受贿行为，被告人芮某又实施了行贿行为，对上述两个行为应该分别进行评价和定罪。

被告人杨纪鹏、孔祥柏与被告人芮某主观上具有行、受贿的合意，杨纪鹏、孔祥柏、芮某共同商量挪用公款，芮某明确表示挪用后会给二人好处，公款挪用出去后的具体运作方式由芮某全盘负责，杨纪鹏和孔祥柏并不参与，挪用公款获利后再由芮某决定何时以及如何给予杨纪鹏、孔祥柏二人何种好处。上述过程并非简单的挪用公款共同犯罪行为的继续，而是符合受贿罪、行贿罪的构成要件，构成独立的行贿、受贿犯罪，被告人芮某给予杨纪鹏、孔祥柏的钱款应认定为贿赂而非简单的利益分配。综上，被告人杨纪鹏、孔祥柏应以挪用公款罪和受贿罪数罪并罚，被告人芮某应以挪用公款罪和行贿罪数罪并罚。

关于孔祥柏是否构成自首。被告人孔祥柏因涉嫌隐匿会计凭证于 2018 年 3 月 11 日被江苏省公安厅直属公安局执行指定居所监视居住，监察机关在行贿人盛某供述行贿行为之后发现孔祥柏涉嫌收受贿赂，后在向孔祥柏核实过程中，孔祥柏如实供述自己的受贿行为。因受贿行为系行贿人供述在先，已经被监察机关所掌握，经监察机关询问后被告人孔祥柏才交代，被告人孔祥柏不具有主动性，不符合自首中自动投案要件的规定，其受贿犯罪不应认定为自首。被告人孔祥柏归案后主动供述了监察机关并不掌握的贪污、挪用公款的犯罪事实，系自首。

四、杨、孔二人在神农公司不具备分红条件的情况下，给予股东湖南盛世神农公司分红并从中得利，定性贪污还是受贿？

曹丽（南京市秦淮区人民检察院检委会专职委员）：贪污罪和受贿罪虽然都是职务犯罪，但在利用职务之便的含义、获取财产的方法、占有的财产性质等方面均有所不同。该笔事实如何认定，是定性贪污还是受贿，关键在于杨纪鹏、孔祥柏二人主观故意的内容，以及二人从盛某处所获取的利益究竟属于二人单位的公款还是属于盛某个人所有并支配的款项。

本案中，杨纪鹏、孔祥柏系国有单位生态公司的总经理、副总经理，经人介绍、撮合，两人代表单位与盛某商定，与盛某担任法定代表人的湖南盛世神农公司，共同出资成立神农公司，作为生态公司融资、贷款平台，并由盛某出任法定代表人，双方各占50%股份。而盛某为了做生态公司的绿化工程以及提供苗木等生意，在神农公司成立尚未盈利之时即与杨纪鹏、孔祥柏私下约定，将其在神农公司的股份，分别给予二人10%股份。

虽然盛某在神农公司成立后，因自己的湖南盛世神农公司未做成生态公司业务便离开神农公司，神农公司实际上由杨纪鹏、孔祥柏二人管理，但其股东身份依然存在，当其以股东的身份提出分红时，杨纪鹏、孔祥柏利用职务便利，两次违规同意分红，第一次分红时只分给了湖南盛世神农公司，没有分给生态公司，当审计部门提出分配方式有问题，盛某又不愿意退出分红款时，杨纪鹏、孔祥柏遂让盛某开具虚假采购苗木发票冲抵分红款，用于应付审计部门；第二次是没有召开股东会，直接通过虚列民工工资套取款项，给盛某分红。表面上看，盛某获取的分红款系通过开具虚假发票套取的公款，但事实上盛某作为股东具有分红的权利毋庸置疑，只是杨纪鹏、孔祥柏通过自己的违规行为帮助盛某实现了分红权利。而盛某在两次分红款尚未到账的情况下，即按照事先约定分别给予杨纪鹏、孔祥柏各 20 万元的好处。该节事实中，从主观方面看，杨纪鹏、孔祥柏不是为了套取公款，而是为盛某违规分红提供帮助。而盛某分别给予二人的 20 万元系对自己所有财产的一种处分行为，既是兑现了一开始的承诺，更是对杨纪鹏、孔祥柏二人提供帮助的感谢，符合受贿罪“权钱交易”的本质特征。

因此，杨纪鹏、孔祥柏利用职务便利，为盛某在分红、公司经营等事项上提供帮助，收取盛某钱款的行为应认定为受贿罪而不是贪污罪。

（刘一霖，原载于《中国纪检监察报》2020 年 7 月 8 日）

潜逃后投案能否构成自首

——从重庆市大足区某幼儿园杨斌彬案说起

本案中，被告人杨斌彬利用负责幼儿园报账工作的职务便利，在两年多的时间内非法占有公共财物203万余元。杨斌彬正式身份是幼儿园教师，为何成了监察对象？截留、窃取幼儿园公款构成挪用公款罪还是贪污罪？他为何在潜逃10余天后主动投案？法院为何认定他有自首情节？对此，我们特邀相关单位工作人员释法析理。

基本案情

杨斌彬，男，1986年6月出生，大学文化，2011年6月参加工作，2012年6月加入中国共产党，2014年初至2019年1月，担任大足区双桥实验幼儿园教师、报账员。

2016年暑假期间，杨斌彬通过朋友推荐，下载了某款手游并沉迷其中，使用信用卡为游戏疯狂充值。为维持自己在游戏中“老大”的地位和满足生活中无限度的物质欲望，2016年8月至2018年12月期间，杨斌彬利用自己收取、保管、支取幼儿园公款的职务便利，陆续截留、窃取单位资金200余万元。

2018年12月17日，杨斌彬在大足区教委多次催促其提供做账票据的压力下，为逃避责任和处罚，携公款9.45万元潜逃。2018年12月24日，大足区纪委监委对杨斌彬涉嫌严重违纪违法问题进行立案审查调查。2019 年 1 月 3 日，杨斌彬经组织做思想工作和亲属劝导，主动向大足区纪委监委投案，并如实供述了犯罪事实。

查处过程

【立案审查调查】2018 年 12 月 24 日，大足区纪委监委对杨斌彬涉嫌严重违纪违法问题进行立案审查调查；次日，经重庆市监委批准，大足区监委决定对杨斌彬采取留置措施；2019 年 1 月 3 日，杨斌彬主动到案并被采取留置措施。

【移送审查起诉】2019 年 1 月 28 日，杨斌彬涉嫌贪污罪一案被移送大足区人民检察院审查起诉，同日被大足区公安局执行刑事拘留，1 月 30 日被该局执行逮捕。

【一审判决】2019 年 4 月 3 日，大足区人民法院判决：杨斌彬犯贪污罪，判处有期徒刑 6 年，并处罚金人民币 40 万元。杨斌彬认罪认罚，未提出上诉，大足区人民检察院也未提出抗诉，判决已生效。

纪法辨析

一、杨斌彬的正式身份是幼儿园教师，为何成了监察对象？他在携公款潜逃后为何又主动投案？

尹经亮（重庆市大足区纪委监委案件审理室干部）：根据《中华人民共和国监察法》第十五条规定，监察机关对下列公职人员和有关人员进行监察：……（四）公办的教育、科研、文化、医疗卫生、体育等单位中从事管理的人员。本案中，杨斌彬的工作单位大足区双桥实验幼儿园的性质为公办教育单位，杨斌彬作为事业专技人员，且具体负责幼儿园报账等财务管理工作，属于法律规定的监察对象。

2018 年 12 月 21 日，大足区纪委监委收到杨斌彬携公款潜逃的问题线索，随即对该线索启动初核，12 月 24 日对其立案审查调查。大足区纪委监委一方面通过重庆市追逃办统筹协调，采取有效措施堵住其外逃境外的路线；另一方面通过杨斌彬的亲属不断劝导杨斌彬主动投案，争取宽大处理。

2019 年 1 月 3 日，杨斌彬在组织的积极争取和亲属的情感召唤下，放下思想包袱，主动向监察机关投案。

本案中，大足区纪委监委原本可以直接通过市追逃办在外省将杨斌彬抓获归案，但考虑到杨斌彬本人在案发时已经认识到自己的错误，出于愧对组织、领导和同事而选择出逃，具备挽救的可能性。因此，大足区纪委监委本着惩前毖后、治病救人的方针，动员杨斌彬的亲属开展劝返工作。于是，才有了杨斌彬投案后感念组织的挽救和关怀，积极主动配合监察机关查清其犯罪事实，自愿认罪认罚。

二、杨斌彬截留、窃取幼儿园公款是构成挪用公款罪还是贪污罪？贪污数额如何确定？

李文生（重庆市大足区纪委监委案件审理室主任）：在本案调查初期，我们对案件性质也存有疑问，个别同志认为杨斌彬利用报账员的职务便利，挪用幼儿园巨额资金归个人使用，超过三个月未归还，根据《刑法》第二百七十二条规定，构成挪用公款罪。随着案件调查工作的深入，调查人员发现杨斌彬于 2016 年 8 月开始挪用公款充值玩游戏，尚有归还能力和归还意愿，但因其深陷其中、挥霍无度，在 2017 年 6 月左右，杨斌彬已经意识到自己无法偿还所挪用的公款后，仍继续窃取公款用于游戏、旅游等。其间，幼儿园做账会计多次催促杨斌彬提供上缴给财政的相关票据，因杨斌彬已将相关钱款挥霍，无法上缴财政，于是欺骗幼儿园主要领导，向做账会计提供了虚假的缴费证明予以平账。2018 年 3 月，大足区教委对幼儿园进行财务检查，杨斌彬担心自己的行为被发现，于是将账本中的虚假缴费证明销毁。

综合杨斌彬截留单位收入不入账、用虚假凭证平账、携带挪用的公款潜逃等逃避打击的客观情况，按照主客观相一致的原则，杨斌彬主观上已经具备非法占有公款的目的。依据《全国法院审理经济犯罪案件工作座谈会纪要》关于挪用公款转化为贪污的认定，我们认为杨斌彬的行为已经由挪用公款转化为贪污，应当以涉嫌贪污罪定罪处罚。

黄国俊（重庆市大足区人民检察院检察二部四级高级检察官）：本案中，杨斌彬截留、窃取公款共计 261 万余元，是否全部认定为贪污数额？公诉机关认为杨斌彬将其截留的 58 万余元公款用于支付该幼儿园各类公用支出，其非法占有该笔公款的主观犯意不足，其贪污数额应确定为 203 万余元。

根据“两高”《关于办理贪污贿赂刑事案件适用法律若干问题的解释》第十六条的规定，国家工作人员出于贪污、受贿的故意，非法占有公共财物、收受他人财物之后，将赃款赃物用于单位公务支出或者社会捐赠的，不影响贪污罪、受贿罪的认定。本案中，杨斌彬截留的公款按规定本应上缴财政，再通过平台用于幼儿园公用支出，但杨斌彬截留公款之后通过上述流程支付幼儿园的公用支出已经不可能。此时，杨斌彬将截留的部分公款 58 万余元用于支付幼儿园各类公用支出，并未改变资金的用途。通过全面审核证据，我们了解到杨斌彬按照幼儿园公用支出的实际对这 58 万余元向会计进行报账，相关财务票据齐备，其主观上非法占有的故意不足。因此，我们认为杨斌彬的该行为不符合出于贪污的故意将赃款用于单位公用支出的情形，未对这 58 万余元作贪污处理。

三、为何认定杨斌彬构成自首？他还具有哪些从轻减轻情节，最终如何处理？

胡孝松（重庆市大足区人民法院刑庭副庭长、四级高级法官）：根据《最高人民法院关于处理自首和立功具体应用法律若干问题的解释》第一条第一款规定，犯罪以后自动投案，如实供述自己的罪行的，是自首。同时，该条款第一项规定，自动投案是指犯罪事实或者犯罪嫌疑人未被司法机关发觉，或者虽被发觉，但犯罪嫌疑人尚未受到讯问、未被采取强制措施时，主动、直接向公安机关、人民检察院或者人民法院投案。就本案来看，杨斌彬在被监察机关发觉犯罪事实前携公款潜逃，经组织做工作和亲属劝返，从外省回到重庆市，自愿、主动向监察机关投案，属于自动投案的情形。同时，杨斌彬投案被采取留置措施后，如实交代了自己截留、窃取单位巨额资金的主要犯罪事实。根据上述司法解释，应当认定杨斌彬具有自首情节。

根据《中华人民共和国刑事诉讼法》第十五条规定，犯罪嫌疑人、被告人自愿如实供述自己的罪行，承认指控的犯罪事实，愿意接受处罚的，可以依法从宽处理。在该案诉讼期间，杨斌彬自愿认罪，签署认罪认罚具结书，承认检察机关指控的犯罪事实并愿意接受处罚，具有认罪认罚情节。

最终，法庭依据杨斌彬自首和认罪认罚两个从轻减轻的情节，依法在杨斌彬法定刑期（3 至 10 年）内从轻处罚，判处其有期徒刑 6 年，并处罚金人民币 40 万元。

四、杨斌彬作为幼儿园负责报账工作的人员，为何能够贪污 203 万余元？对相关责任人员是如何处理的？在以案促改方面做了哪些工作？

李文生：本案中，相关公职人员玩忽职守、履职不到位是造成杨斌彬在两年多的时间里贪污 203 万余元情况发生的重要原因。主要涉及两人，一是大足区双桥实验幼儿园原党支部书记、园长郭某某，二是大足区教委财务与后勤管理中心会计蒋某某（委派至双桥实验幼儿园）。两人因为工作原因，都与杨斌彬关系密切，对其非常信任。但信任不能代替监督，正是因为这种缺乏原则的信任导致了杨斌彬在贪污犯罪的道路上越走越远。

郭某某在任大足区双桥实验幼儿园党支部书记、园长期间，对幼儿园的财务监管严重不当，一是未按要求定期对双桥实验幼儿园会计账簿进行监督审核，致使杨斌彬长期截留幼儿园资金未被发现；二是听信杨斌彬遗失幼儿园非税收入票据的托词，于 2017 年底以双桥实验幼儿园名义出具证明直接入账 104 万余元（实际上资金并未上缴财政），致使杨斌彬截留幼儿园资金的问题未能被及时发现。

蒋某某在负责双桥实验幼儿园会计工作中严重不负责任，对幼儿园非税收入票据入账核实严重不当，一是在 2017 年底，以双桥实验幼儿园出具的虚假证明，直接入财政收入账 104 万余元，致使杨斌彬得以持续截留幼儿园资金；二是保管银行支票和会计印章明显不善，致使杨斌彬趁蒋某某不在办公室时，从蒋某某未上锁的办公桌抽屉中偷拿支票，盖上放置在桌上的会计印章，从幼儿园基本账户中窃取资金。

杨斌彬被依法判处刑罚后，大足区纪委监委对郭某某、蒋某某启动追责问责，依据二人的违纪违法事实，均给予了留党察看一年、降低岗位等级处分。同时，大足区监委针对财务监管不到位的问题，分别向大足区财政局、大足区教委提出监察建议。

2019 年 5 月，大足区纪委监委以杨斌彬等典型案件为镜鉴，在全区教育系统干部职工大会上开展“以案四说”警示教育，要求从杨斌彬等典型案件中汲取深刻教训，深入剖析，举一反三，扎实推动以案促改。此后，大足区财政局、大足区教委严格按照监察建议，一方面相继出台《关于进一步加强全区行政事业单位内部控制建设的通知》《大足区教育系统财务人员交流轮岗实施方案》等规定，堵塞财务监管的制度漏洞；另一方面通过电子票据暨统一缴费平台改革、开展全区学校财务管理和经费收支情况监督检查、财务人员交流培训、完善财务监管设备设施等举措，提高财务监管的综合水平。

（重庆市大足区纪委监委案件审理室干部何密对本文亦有贡献）

（尹健，原载于《中国纪检监察报》2020 年 7 月 15 日）

单独受贿还是共同受贿

——从江苏苏州某国有控股公司一起窝案说起

本案中，被调查人江苏省苏州美锦汇风能源投资有限公司的季度、沈海存、卢忠岐等人，利用职权违规为江苏省太仓市海润国际船舶代理有限公司（以下简称海润公司）等多家企业在轮船靠泊、业务承揽、装卸费定价等方面提供帮助，收取“报酬”共计209.38万元。季度等人构成受贿罪还是非国家工作人员受贿罪？季度到案后的供述能否认定为坦白？季度、沈海存、卢忠岐等人是否构成共同犯罪？沈海存是否构成索贿？我们特邀相关单位工作人员对此进行分析讨论。

基本案情

季度，中共党员，2000年7月参加工作，2013年7月任江苏省苏州美锦汇风能源投资有限公司（以下简称美锦公司）物流经营部经理。

沈海存，2000年9月参加工作，2013年7月任美锦公司物流经营部副经理。

卢忠岐，中共党员，2013年7月至2018年1月，任美锦公司仓储业务部经理。

周海卫，2014年10月任海润公司法定代表人、执行董事、总经理。

2013年7月至2018年2月间，季度、沈海存分别利用担任美锦公司物流经营部经理、副经理，负责港口装卸作业合同签订、码头装卸费定价、装卸作业效率、船舶优先靠离港、货运质量理赔等职务上的便利，为他人谋取利益。季度非法收受周海卫、徐某、唐某等人所送财物，折合人民币共计 123.6 万余元；沈海存非法收受周海卫、夏某、张某等人所送财物，共计 67.9 万余元；卢忠岐利用负责码头货物进出库及货物堆存管理、货物装卸管理考核、员工招录、垃圾废料处置等职务上的便利为他人谋利，非法收受李某、夏某等人的财物共计 17.8 万余元。周海卫在 2016 年至 2018 年间，为获取市场竞争优势，先后多次送给季度、沈海存财物，共计 86.1 万余元。

查处过程

【立案调查】2018 年 2 月 6 日，江苏省监委将季度涉嫌职务违法犯罪问题线索指定太仓市监委管辖。2018 年 9 月 7 日，经苏州市监委批准，太仓市监委以涉嫌受贿罪对季度立案调查并采取留置措施；9 月 29 日，周海卫因涉嫌单位行贿罪被太仓市监委立案调查并采取留置措施；11 月 9 日，太仓市监委以涉嫌非国家工作人员受贿罪对沈海存立案调查并采取留置措施；11 月 8 日，苏州市监委将卢忠岐涉嫌职务犯罪问题线索指定太仓市监委管辖，11 月 14 日，卢忠岐因涉嫌非国家工作人员受贿罪被立案调查并采取留置措施。

【移送审查起诉】2018 年 11 月 9 日，季度涉嫌非国家工作人员受贿案被移送太仓市人民检察院审查起诉，并被刑事拘留，同月 16 日被太仓市公安局执行逮捕；沈海存、卢忠岐于 2018 年 12 月 19 日被移送太仓市人民检察院审查起诉，并被刑事拘留，同月 27 日卢忠岐被取保候审，同月 28 日沈海存被太仓市公安局执行逮捕。2018 年 11 月 8 日，海润公司及其法定代表人周海卫涉嫌对非国家工作人员行贿案被移送太仓市人民检察院审查起诉，同月 16 日被执行逮捕。

【提起公诉】2019 年 1 月，太仓市人民检察院先后以季度、沈海存、卢忠岐涉嫌非国家工作人员受贿罪，海润公司及其法定代表人周海卫涉嫌对非国家工作人员行贿罪向太仓市人民法院提起公诉。

【一审判决】2019 年 4 月 10 日，太仓市人民法院判决，季度犯非国家工作人员受贿罪，判处有期徒刑 5 年，并处没收财产人民币 50 万元。

2019 年 4 月 12 日，太仓市人民法院判决，海润公司犯对非国家工作人员行贿罪，判处罚金人民币 20 万元。周海卫犯对非国家工作人员行贿罪，判处有期徒刑 8 个月，并处罚金 20 万元。

2019 年 4 月 29 日，太仓市人民法院判决，沈海存犯非国家工作人员受贿罪，判处有期徒刑 2 年。

2019 年 5 月 31 日，太仓市人民法院判决，卢忠岐犯非国家工作人员受贿罪，判处有期徒刑 6 个月，缓刑 1 年。

纪法辨析

一、季度等人构成受贿罪还是非国家工作人员受贿罪？

汪传伶（江苏省太仓市纪委监委第二纪检监察室副主任）：根据材料显示，美锦公司系国有控股公司。季度是物流经营部经理，沈海存是物流经营部副经理，卢忠岐是仓储业务部经理。因此，我委刚开始以涉嫌受贿罪对季度立案调查。

随着调查的进行，对季度等人涉嫌的罪名，我委逐渐形成了两种不同意见：一种意见认为，季度等人属于代表国有企业在国有控股企业中从事管理的工作人员，利用在美锦公司的职务便利，收受他人财物，为他人谋取利益，其主体应当认定为国家工作人员，以受贿罪追究刑事责任；另一种意见认为，季度等人是国有控股公司的工作人员，认定其是否构成受贿罪，关键是对季度等人主体身份的认定，应根据“两高”2010年《关于办理国家出资企业中职务犯罪案件具体应用法律若干问题的意见》(以下简称《意见》)进行认定。

刑法意义上的国有公司仅指国家出资的国有独资公司，不包含国有资本控股公司、国有资本参股公司等其他类型的国家出资企业。本案中，季度等人所在的美锦公司原是国有公司，后因社会资本的介入，其公司的股份发生了变化，成为国有控股公司，从而决定了美锦公司属于国家出资企业，而不属于国有公司。

《意见》第六条将非国有独资的国家出资企业中的国家工作人员分为两种类型：第一种类型与刑法第九十三条第二款对应，属于“委派型”国家工作人员。而被告人季度所在公司及上级公司均为国有控股公司，故不属于国有公司委派到非国有公司任职的情形。第二种类型即“间接委派型”或者“代表型”国家工作人员。《意见》第六条第二款规定：“经国家出资企业中负有管理、监督国有资产职责的组织批准或者研究决定，代表其在国有控股、参股公司及其分支机构中从事组织、领导、监督、经营、管理工作的人员，应当认定为国家工作人员。”经我们调查，季度等人的任职是由美锦公司总经理办公会议研究决定的，并非由国家出资企业中负有管理、监督国有资产职责的组织批准或者研究决定任命。

所以，季度等人不是国家工作人员，其利用职务之便，为他人谋取利益，收受他人贿赂的行为，应当认定为非国家工作人员受贿罪。我们后期对沈海存、卢忠岐也均以非国家工作人员受贿罪立案并采取留置措施。上述三人也以非国家工作人员受贿罪移送检察机关审查起诉。

二、季度到案后的供述能否认定为坦白？

潘永峰（江苏省太仓市人民检察院第二检察部副主任、二级检察官）：根据刑法第六十七条第三款的规定，犯罪嫌疑人虽不构成自首，但是到案后如实供述自己罪行的，可以从轻处罚；因其如实供述自己罪行，避免特别严重后果发生的，可以减轻处罚。

坦白与自首都要求犯罪嫌疑人如实供述自己的主要犯罪事实，区别主要是到案方式不同，坦白的嫌疑人是被动到案的，没有自动投案。坦白的实质是主动交代并如实供述自己罪行，主要指犯罪嫌疑人在犯罪事实被发觉，受到调查、盘问或者讯问时，如实交代自己的主要犯罪事实和真实身份。

本案中，监察机关于 2018 年 9 月 7 日对季度采取留置措施，在季度到案后的第一份笔录里，他对收受他人贿赂的事实是予以否认的。经过调查人员深入细致的思想政治教育后，他在 9 月 8 日至 9 月 10 日的三份笔录中，也仅仅是供述了部分少量犯罪事实。因此，季度到案后未如实供述主要犯罪事实，依法不能认定为坦白。

张朋朋（江苏省太仓市人民法院刑事审判庭庭长助理、二级法官）：最高人民法院《关于处理自首和立功若干具体问题的意见》规定：犯罪嫌疑人多次实施同种罪行的，应当综合考虑已交代的犯罪事实与未交代的犯罪事实的危害程度，决定是否认定为如实供述主要犯罪事实。无法区分已交代的与未交代的犯罪情节的严重程度，或者已交代的犯罪数额与未交代的犯罪数额相当，一般不认定为如实供述自己的主要犯罪事实。本案中，季度到案后先是否认自己的犯罪事实，之后陆续交代的相关犯罪事实，又远远少于其未交代的犯罪事实，所以法庭不能认定其为坦白。

三、这是一起窝案，季度、沈海存、卢忠岐三人是否属于共同犯罪?

潘永峰：窝案并不简单等同于共同犯罪。根据刑法第二十五条的规定，构成共同犯罪必须要求行为人之间有共同犯罪的故意和行为。监察机关调查证据表明，季度、沈海存、卢忠岐三人的受贿行为都相对独立实施，三人之间没有共同受贿的意思联络，故不构成共同犯罪。

需要讨论的是季度和沈海存收取周海卫好处费的行为是否构成共同受贿。尽管二人之间对于行受贿的事实皆明知，并清楚分成比例，但是对于最终受贿款如何给付、彼此收到钱款的数额等均不清楚，而周海卫的行贿款也大多数是分别且明确送给季度、沈海存的，故季度和沈海存也不构成共同犯罪。

其中有一笔，沈海存在 2016 年 9 月伙同卢忠岐为某公司在发送煤炭“清场”提货指令、煤炭出库、减少堆存费等方面提供帮助，随后沈海存非法收受该公司负责人所送 6.8 万元后，并将其中的 4.6 万元与卢忠岐商议后予以分配，卢忠岐分得 1.6 万元，沈海存实际获得 5.2 万元。本案中，只有关于这一项的指控，我们是按照两人共同犯罪提起公诉的。

张朋朋：共同犯罪的成立，一般要求必须是二个以上达到刑事责任年龄、具有刑事责任能力的主体，具有共同犯罪行为，具有共同犯罪故意。在本案中，尽管季度等三人同属一个公司，业务管理上也有重叠交错，但按照共同犯罪理论，三人并没有共同的犯罪故意，大部分犯罪行为也是分别实施的，所以除了沈海存和卢忠岐的那一笔 4.6 万元的受贿，其他均不成立共同犯罪。

根据刑法规定，共同犯罪是一种犯罪的特殊形态，在定罪的时候需要把它作为一个整体，各个共同犯罪人的行为均指向体现犯罪结果的犯罪金额。共同犯罪均是故意犯罪，共同犯罪共犯的故意所指向的应是其参与的整个犯罪的犯罪金额。所以，在认定共同犯罪指控中卢忠岐受贿金额时，计算的是双方合议分配的 4.6 万元，而不是卢忠岐实际分得的 1.6 万元。

四、沈海存是否构成索贿？是否影响对周海卫行贿罪的认定？

潘永峰：在案证据证实，周海卫作为海润公司法定代表人，为获取市场竞争优势，通过非法手段，请托美锦公司的季度、沈海存在码头装卸费定价、船舶进出港调度、提高装卸效率、代理业务承揽等方面给予帮助，多次送给季度、沈海存财物。沈海存的供述证实，其曾向周海卫、夏某等人表达“新房刚装修，家里要买台钢琴”的意思表示。但周海卫没有对此意思表示作出特定行为。

我们早在案件提前介入阶段就沈海存是否构成索贿与监察机关多次沟通，不断充实有关沈海存是否构成索贿的证据材料，因行贿和受贿属于对向犯罪，沈海存“索贿”的情节无法认定，所以，检察机关在起诉时没有认定为索贿，仅认定为受贿。

张朋朋：经审理查明，周海卫在 2016 年至 2018 年期间，为谋取不正当利益，曾多次送给季度、沈海存财物，但并没有对沈海存“购买钢琴”的意思表示作出特定行为。因此，在 2019 年 4 月 12 日太仓市人民法院对周海卫对非国家工作人员行贿罪一审判决书中，没有认定周海卫存在被索贿的事实。法庭审理过程中，辩护人也未提出相关的辩护意见，周海卫本人对此也没有提出异议，该判决书现已生效。

（江苏省太仓市纪委监委宣教室对本文亦有贡献）

（尹健，原载于《中国纪检监察报》2020 年 7 月 22 日）

感情投资型受贿与违反廉洁纪律之辨

——从贵州省六盘水市公安局原副局长李晓忠受贿案说起

与典型的受贿形式“一事一贿”不同，本案中李晓忠受贿总额近一半没有对应的具体谋利事项，为何也认定其构成受贿罪？判决书中多次出现“感情投资”一词，何为“感情投资”？接受“感情投资”在什么情况下构成受贿罪，又在什么情况下构成违纪，实践中怎么区分把握二者？李晓忠受贿 241 万余元获刑 7 年，法院在量刑时考虑了哪些因素？我们邀请相关单位工作人员对这些问题进行分析。

基本案情

李晓忠，男，1963 年 9 月出生，1982 年 8 月参加工作，1985 年 4 月加入中国共产党。曾任六盘水市公安局党委委员、副局长，水城县公安局党委书记、局长，原盘县县委常委、政法委书记、公安局党委书记、局长，市委政法委副书记等职。2015 年 11 月提前退休。

2009 年 3 月至 2015 年 11 月，李晓忠在担任六盘水市公安局副局长，并兼任水城县公安局局长、原盘县公安局局长的职务期间，利用职务便利，为他人谋取利益，收受他人财物，接受管理服务对象“感情投资”，折合人民币共计 241. 36 万元，具体如下：

2013 年 5 月至 2015 年 7 月，李晓忠在担任六盘水市公安局副局长期间，利用分管六盘水市公安局科技通讯处的职务便利，为陈某某在项目承揽方面谋取利益，收受陈某某所送赃款折合人民币 127.16 万元。

李晓忠收受在其任职辖区内经营煤矿企业的余某某以“放贷收息”名义给予的贿赂 50 万元；收受某水泥厂股东王某某、原水城县公安局干警马某某“感情投资”40 万元；收受在其任职辖区内经营煤矿的黄某某“感情投资”16 万元；收受在其任职辖区内经营酒店、煤矿的何某某贿赂款及欧米茄手表一块共计价值人民币 8.2 万元。

查处过程

【立案审查调查】2019 年 3 月 1 日，经六盘水市委批准，六盘水市纪委监委决定对该市公安局原党委委员、副局长李晓忠涉嫌严重违纪违法问题立案审查调查，2019 年 3 月 12 日，李晓忠被依法留置。

【移送审查起诉】2019 年 8 月 26 日，李晓忠因严重违纪违法被六盘水市纪委监委给予开除党籍处分，按规定取消其退休待遇，并将其涉嫌职务犯罪问题移送检察机关依法审查起诉。

【提起公诉】2019 年 10 月 11 日，钟山区人民检察院以李晓忠涉嫌受贿罪，向钟山区人民法院提起公诉。

【法院判决】2020 年 5 月 15 日，钟山区人民法院以受贿罪判处李晓忠有期徒刑 7 年。

纪法辨析

一、该案是如何发现的？有哪些特点？

周谊（六盘水市纪委监委第八审查调查室主任）：2018 年 10 月，六盘水市纪委收到实名举报反映市公安局原党委委员、副局长李晓忠有关问题线索，并按程序成立核查组，以某公司老板陈某某为李晓忠之子支付房款等问题为切入点突破案件。该案特点如下：

知纪违纪、执法犯法。李晓忠在政法系统工作 20 余年，自信积累的反调查能力可以规避调查。因其子喜欢成都，他就将儿子安排进在其管辖区域经商的陈某某在成都的公司工作，再安排儿子打借条给陈某某“借钱”买房、买车位。他盘算着以“借”为名加之房子和车位均在自己任职区域之外，应该很“安全”。退休前，他又从陈某某处将借条要回。

两面人生、亦警亦商。李晓忠曾自诩为“王牌灭火队长”，一边膨胀一边失衡，认为临近退休，唯有权力变现最实在。他以放高利贷、入干股为名，收受管理服务对象、下属贿赂，直至退休后仍利用原任职务影响力违规接受六盘水市内企业聘任并领取报酬。

执迷不悟、攻守同盟。接受审查调查期间，李晓忠一错再错，与陈某某订立攻守同盟，还串通家人转移违规收受的烟酒，对抗组织审查。直至被留置，还错误地认为组织不该抓住像自己这样退休人员的问题不放。

家风不正、害己害子。李晓忠与前妻在儿子 4 岁多时离异，为弥补其子，李晓忠有求必应，宠溺至极，错误地将金钱物质等同于父爱，父子携手同酿苦酒。

二、与收受陈某某贿赂不同，李晓忠收受余某某等人贿赂并无具体谋利事项，为何也认定为受贿？认定这些事实需要注意哪些证据？

姜黎（钟山区人民检察院检委会专职委员）：根据 2016 年“两高”《关于办理贪污贿赂刑事案件适用法律若干问题的解释》（以下简称《解释》）第十三条第二款规定，“国家工作人员索取、收受具有上下级关系的下属或者具有行政管理关系的被管理人员的财物价值三万元以上，可能影响职权行使的，视为承诺为他人谋取利益”。该条即关于“感情投资”型受贿的规定。虽然该司法解释出台于 2016 年，李晓忠收受余某某等人贿赂早于 2016 年，但是司法解释是对法律条文的解读，并未创制新的刑罚规范，目的是统一规范地执行法律，因此可以适用于本案。

实践中所谓“感情投资”型贿赂，是指行贿人以人情往来为名长期向国家工作人员馈赠财物，没有具体请托事项，也不要求立即回报，而是与国家工作人员建立一定的感情基础后，以期国家工作人员在将来不确定的时间，利用职务便利为其谋利的行为。“感情投资”型贿赂作为一种常见多发的新型贿赂犯罪，往往是披着社交人情的外衣，实则进行权钱交易的违法勾当，侵犯了国家工作人员的职务廉洁性，应依法予以打击。

李晓忠收受余某某等人财物，可能影响职权行使，符合“感情投资”型受贿的构成要件。第一，从李晓忠与余某某等人的关系来看，一方是手握治安、维稳、民爆物品审批权的公安局副局长，另一方是辖区内经营煤矿、酒店等生意的商人，二者之间的行政管理关系显而易见；第二，从送钱的时间与动机来看，余某某、王某某等人送李晓忠财物始于李晓忠到盘州、水城任职，在此之前没有交集，并无人情往来的基础，而李晓忠到盘州、水城任职后，这些商人便主动与其结识，想发展成“好友”关系，为日后谋取利益进行“先期投资”。行受贿双方都清楚给予财物的行为是建立在“权钱交易”基础之上，因此能够推定出“可能影响职权行使”要素的存在；第三，余某某、王某某所送的财物价值在3万元以上，达到了数额标准。

“感情投资”型受贿与其他类型受贿在证据标准上并无不同，但是由于没有具体请托事由，因此需要在行受贿双方的情感联系、是否为行政管理服务对象等方面着重取证，以证实“可能影响职权行使”。通常情况下，送礼人与收礼人之间具有上下级关系或者行政管理关系是推定“可能影响职权行使”的重要依据，因此需要在收礼人的主体身份、送礼人经营的企业是否在收礼人职务管辖范围内、两者之间是否具有监管关系等证据上着重取证。

“感情投资”型贿赂的常见方式有：一是慰问祝贺型，常发生在传统节日、婚丧嫁娶、生日、晋升等时机；二是资助型，主要发生在国家工作人员遇到生活困难时；三是酬劳型，比如下级单位为上级领导发放“指导津贴”“辛苦费”；四是娱乐型，在带彩娱乐活动中故意输钱等。实践中，判断是正常“人情往来”还是“感情投资”可以从送礼目的与动机、送方和收方的人情往来关系、礼物礼金的价值大小等角度进行取证。

三、“感情投资”型受贿与收受礼品礼金有何区别？实践中怎么把握二者？

高永松（六盘水市纪委监委案件审理室三级主任科员）：如何准确区分“感情投资”型受贿与违纪中的收受礼品礼金，是实践中经常遇到的问题。关于收受礼品礼金的违纪行为，《中国共产党纪律处分条例》（以下简称《条例》）第八十八条规定了两种情况，一是收受可能影响公正执行公务的礼品、礼金、消费卡和有价证券、股权、其他金融产品等财物，二是收受其他明显超出正常礼尚往来的财物。

“感情投资”型受贿规定在“两高”《解释》中，根据《解释》第十三条第二款规定，构成“感情投资”型受贿，必须满足三个条件：一是索取、收受财物的对象是具有上下级关系的下属或者具有行政管理关系的被管理人；二是索取、收受的财物价值3万元以上；三是可能影响职权行使。本案中，李晓忠涉及的几桩“感情投资”，均是收受管理对象或下属所送财物，且金额或价值超过3万元，存在可能影响职权行使的情形，应认定为受贿犯罪，而不是一般的违纪。

“感情投资”型受贿与收受礼品礼金具有较高的相似性，二者具有以下共同点：一是在主体上，“感情投资”型受贿与收受礼品礼金在“国家工作人员”的主体身份上存在重合，即收受礼品礼金的主体相当一部分是“国家工作人员”，但又不限于“国家工作人员”；二是在请托事项上，“感情投资”型受贿与收受礼品礼金均没有具体的请托事项，也无具体谋利事项；三是二者都存在侵犯公职人员职务廉洁性的情形。实践中把握二者要注意：在收受的数额上，对于数额没有超过3万元，也没有请托事项，行为人没有利用职务便利为对方谋取利益的，如果收受的是管理服务对象或下属财物，在非正常人情往来情况下，应当认定为违规收受礼品礼金。对于数额超过3万元的情形，如收受财物的对象是管理服务对象或下属且同时可能影响职权行使的，则应认定为“感情投资”型受贿；如不是管理服务对象或下属，且收送的行为与行为人的职权行使无关，也不属于正常礼尚往来，则可以认定为收受礼品礼金。

四、李晓忠获刑7年，法院在量刑时主要考虑了哪些因素？

谢鸿（钟山区人民法院刑庭负责人）：根据刑法第六十一条的规定，对犯罪分子决定刑罚的时候，应当根据犯罪的事实、性质、情节及对社会的危害程度来确定。从事实来看，李晓忠属多次受贿，数额巨大，处刑幅度应在有期徒刑三年以上十年以下，其另有其他从重、从轻处罚情节的，可在此基础上相应增加或减轻。

从性质来看，此案未给国家财产造成重大损失。从情节来看，此案无法定从重情节。法定从轻情节方面，一是认罪认罚，可以减少基准刑的10%；二是退赃、追赃方面，本案中查封房产一套及车位一个，扣押欧米茄手表一块，共价值人民币131.36万元。根据量刑规范化，李晓忠应判处的刑期约等于有期徒刑七年。根据贵州省高检、高法两家沟通意见，在认罪认罚案件中，公诉机关提出的精准量刑建议，如无明显不当的，法院应予采纳。故本案中，我们采纳了公诉机关的量刑建议，对李晓忠判处有期徒刑七年。

（刘一霖，原载于《中国纪检监察报》2020年7月29日）

变更起诉原因何在

——从江苏常州金坛区一财政所长挪用公款、受贿、贪污案说起

这是一起以涉嫌挪用公款罪立案，却以挪用公款罪、贪污罪、受贿罪定罪量刑的案件。本案中，翟国庆长期担任镇财政所负责人，他截留公款不及时入公账，存在其个人银行卡上以备私用，每次使用时长控制在自以为不构罪的三个月内。翟国庆违纪违法时间跨度长、作案次数多，案情相对复杂。调查部门是如何从一起涉嫌挪用公款案件线索立案，深挖出贪污罪、受贿罪、挪用公款罪三罪的？审理中，对其收受礼品礼金问题如何界定违纪和受贿犯罪？检察机关提起公诉时认定挪用公款 277 万元，为何在诉讼中变更起诉为挪用公款 477 万元？我们特邀相关工作人员对此进行分析解读。

基本案情

翟国庆，1968 年 8 月出生，1989 年 8 月参加工作，1998 年 12 月加入中国共产党。历任常州市金坛区建昌镇财政所所长、指前镇党政人大办公室主任等职。2012 年 4 月任指前镇财政所所长；2013 年 7 月兼任指前镇人民政府调研员。

2015 年至 2019 年，翟国庆任指前镇财政所所长期间，收受指前镇

原自来水厂经理潘某、邮政储蓄银行支局长丁某、芦溪村原党总支书记周某等人送的香烟、酒、茶叶、大米等财物。

2013 年至 2019 年，翟国庆在担任指前镇财政所所长期间，利用职务上的便利，为他人谋取利益，非法收受指前镇酒店经营者周某、公墓建造商连某、某商业银行支行行长黎某等人送的现金、购物卡等，折合人民币 88566.4 元。

2013 年 1 月至 2017 年 1 月，翟国庆在担任指前镇财政所所长期间，利用职务上的便利，采用虚开发票、虚列报销事由在指前镇政府及下属国有公司进行报销的方式，骗取公款合计人民币 74944 元。

2015 年 8 月 17 日，翟国庆为谋取存款利息、便于个人资金周转等，利用职务上的便利，挪用镇政府公款 200 万元到其个人银行卡中。2015 年 10 月 29 日，翟国庆归还人民币 200 万元至该镇财政账户。(此笔 200 万元为入罪分歧部分，其另有 4 笔利用职务便利，挪用公款共 277 万元进行集资、理财、大额定存等营利活动的犯罪事实，因无争议，具体略)

查处过程

【立案审查调查】2018 年 9 月 19 日，金坛区纪委监委对翟国庆涉嫌挪用公款的职务犯罪问题线索进行初核。2019 年 8 月 2 日，翟国庆因涉嫌严重违纪违法接受审查调查，同年 8 月 5 日被采取留置措施。

【移送审查起诉】2019 年 9 月 9 日，金坛区监委将翟国庆涉嫌挪用公款罪、受贿罪、贪污罪一案移送金坛区人民检察院审查起诉。

【提起公诉】2019 年 10 月 18 日，金坛区人民检察院向金坛区人民法院提起公诉，指控翟国庆犯挪用公款罪、受贿罪、贪污罪，诉讼中将挪用公款 277 万元变更起诉为挪用公款 477 万元。

【一审判决】2020 年 1 月 2 日，金坛区人民法院作出一审判决：翟国庆犯挪用公款罪，判处有期徒刑五年；犯受贿罪，判处有期徒刑六个月，并处罚金人民币十万元；犯贪污罪，判处拘役四个月，并处罚金人民币十万元；决定执行有期徒刑五年，并处罚金人民币二十万元。判决已生效。

纪法辨析

一、本案如何从一起涉嫌挪用公款的案件线索，深挖出贪污罪、受贿罪、挪用公款罪三罪？

黄巍（常州市金坛区纪委监委第一审查调查室主任）：翟国庆涉嫌严重违纪违法案被全面揭开，主要源于我们在线索初核和风险研判过程中做了大量有效的工作。2018 年 9 月，我室在初核区委第四巡察组移交的指前镇政府部分预领款“白条入账”的问题线索过程中，认为该镇财政所所长翟国庆涉嫌相关违纪问题。初核初期，核查组依据规定让该财政所提供镇政府预领款相关财务账册，翟国庆以需要领导协调会商为由阻拦。当核查组拿到相关财务账册后，发现该镇账册中存在数十笔总金额为 90 余万元的政府预领款未办理审批手续入账，明显违反会计法的相关规定。核查组在与翟国庆谈话核实过程中，其态度蛮横、气焰嚣张，以“不记得、不关己”等理由搪塞，拒不向组织如实说明相关问题，初核工作一度陷入僵局。

区纪委常委会听取核查组情况汇报后，对该线索专题研判、集体分析，决定由审查调查室对翟国庆展开全面初核，并通过常州市监委协助调取了翟国庆的全部个人银行卡账户流水和该镇近五年的财务账册，走访了其工作单位和业务单位的一些工作人员。经过深入的外围调查，翟国庆违纪违法问题逐步浮出水面，初核证据已锁定其涉嫌挪用公款百万余元的事实，并于 2019 年 8 月 5 日对翟国庆采取留置措施，全面展开审查调查。

翟国庆到案初期，面对调查组出具的镇政府账户及其个人银行流水，以为自己挪用公款事实败露，遂欲交代挪用公款的问题。经过调查组两天的政策讲解和部分证据出示，翟国庆为争取余罪自首的情节，遂和盘托出自己贪污、受贿及挪用公款的全部违法犯罪问题。其中贪污、受贿犯罪问题均系调查组当时尚未掌握的问题。

二、翟国庆收受礼品、礼金、红包等问题，审理部门如何界定其违反廉洁纪律还是受贿犯罪？

徐国强（常州市金坛区纪委监委案件审理室主任）：纪法分开、纪在法前、纪严于法，同时让党规党纪与国家法律法规相互衔接，这是我们党管党治党的理念创新和制度创新。

违反廉洁纪律和受贿行为，二者既有联系，又有本质区别，首先行为表现上都是收受他人财物，损害了职业廉洁性。但两者在本质上还是有很大区别的：受贿是刑法规定的犯罪行为，指国家工作人员利用职务上的便利，索取他人财物，或者非法收受他人财物，为他人谋取利益的行为。谋利包括承诺、实施、实现为他人谋取利益三种情况。与此相比，收受可能影响公正执行公务的礼品、礼金是违反纪律的行为，一般送礼人没有请托事项，收受人也没有利用职务便利为他人谋取利益的行为。另外，收受财物的金额虽然不是区分二者的唯一标准，现行刑法采取了金额加情节的方式加以规定，但实践中二者在金额上通常存在区别，一般而言受贿的价值在人民币 3 万元以上，而收受礼品礼金没有金额或价值要求。

翟国庆在镇政府工作数十年，负责镇财政所工作近八年，熟人多，资金业务往来多。针对其逢年过节，收受镇农林牧渔等“七站八所”兄弟单位和村、社区送的少量烟酒、茶叶等，我们认定为违反廉洁纪律。针对有请托事项，或为他人谋利后，收受他人为感谢而送的现金红包、购物卡等财物，则认定为受贿犯罪，共计折合人民币88566.4元。

三、区检察院提起公诉时指控翟国庆挪用公款277万余元，为何诉讼中又变更为477万元？

李丽萍（常州市金坛区人民检察院第二检察部主任、一级检察官）：《人民检察院刑事诉讼规则（试行）》第四百五十八条规定：“在人民法院宣告判决前，人民检察院发现被告人的真实身份或者犯罪事实与起诉书中叙述的身份或者指控犯罪事实不符的，或者事实、证据没有变化，但罪名、适用法律与起诉书不一致的，可以变更起诉；发现遗漏的同案犯罪嫌疑人或者罪行可以一并起诉和审理的，可以追加、补充起诉。”变更起诉是公诉机关主动纠错的法定权力，也是客观公正司法的职责所在。

对翟国庆挪用公款罪犯罪数额的认定，体现了监、检、法对实践中“挪而未用”定性处理的意见由分歧到统一的过程。根据刑法第三百八十四条，挪用公款罪的客观表现有三种形式：挪用公款归个人使用，进行非法活动的（无金额和时间要求）；挪用公款数额较大、进行营利活动的（挪用公款5万元以上，无时间要求）；挪用公款数额较大，超过三个月未还的（挪用公款5万元以上，时间三个月以上）。

翟国庆挪用公款一案，其共挪出公款477万元，包括用于集资、购买理财产品、大额定存等营利活动的277万元；活期存放于个人银行卡未具体使用且不满三个月的200万元。挪用公款涉罪金额的分歧点就在200万元部分。初期在检察院提前介入过程中，监委、检察院一致认为，根据2003年11月13日最高人民法院《全国法院审理经济犯罪案件工作座谈会纪要》的规定："挪用公款后尚未投入实际使用的，只要同时具备'数额较大'和'超过三个月未还'的构成要件，应当认定为挪用公款罪，但可以酌情从轻处罚。"翟国庆暂活期存于其个人银行卡备用且不满三个月的200万元不构罪，算入违纪。后经法庭调查和对案情的深入研究，公诉机关注意到，根据1998年4月29日最高法《关于审理挪用公款案件具体应用法律若干问题的解释》第二条第（二）项"挪用公款存入银行、用于集资、购买股票、国债等，属于挪用公款进行营利活动"的规定，上述200万元虽未具体使用，但存放在其个人银行账户，属于司法解释"挪用公款存入银行"进行营利活动情形。为此，诉讼中，公诉机关主动纠错，变更起诉书指控翟国庆挪用公款金额为477万元。

四、翟国庆一人犯三罪，数罪并罚时合并执行刑期和罚金是如何考量的？

袁照华（常州市金坛区人民法院刑事审判庭庭长、一级法官）：经法庭审理认定，翟国庆挪用公款477万元，已构成挪用公款情节严重（挪用公款200万元以上），根据刑法第三百八十四条第一款的规定，应当处五年以上有期徒刑，鉴于其有坦白、认罪、退赃等情节，判处有期徒刑五年。其受贿88566.4元，已构成受贿数额较大情形（3万元以上20万元以下），根据刑法第三百八十六条、第三百八十三条的规定，应当处三年以下有期徒刑或者拘役，并处罚金。而"两高"《关于办理贪污贿赂刑事案件适用法律若干问题的解释》第十九条规定"对贪污罪、受贿罪判处三年以下有期徒刑或者拘役的，应当并处十万元以上五十万元以下的罚金"，鉴于其有自首、认罪、退赃、预交罚金的情节，判处其有期徒刑六个月，并处罚金人民币十万元。其贪污公款74944

元，已构成贪污数额较大情形（3 万元以上 20 万元以下），根据刑法第三百八十三条的规定，应当处三年以下有期徒刑或者拘役，并处罚金。鉴于其有自首、认罪、退赃、预交罚金的情节，判处拘役四个月，并处罚金人民币十万元。

翟国庆一人犯数罪，根据刑法第六十九条的规定，“一人犯数罪的，除死刑和无期徒刑的以外，应当在总和刑期以下、数刑中最高刑期以上，酌情决定执行的刑期……数罪中有判处有期徒刑和拘役的，执行有期徒刑……数罪中有判处附加刑的，附加刑仍须执行，其中附加刑种类相同的，合并执行，种类不同的，分别执行。”

因此，我们依照上述规定，判决翟国庆合并执行有期徒刑五年，并处罚金二十万元。

（刘一霖，原载于《中国纪检监察报》2020 年 8 月 5 日）

退回的100万元是否计入受贿数额

——从内蒙古自治区赤峰市自然资源局原党组书记、局长姜惠君受贿案说起

这是一起党员领导干部受贿后退回部分贿赂款的案件。本案中，赤峰市自然资源局原党组书记、局长姜惠君受贿时间跨度长、数额“特别巨大”，谋利事项涉及承揽工程、工程款拨付、土地手续变更、工作调动等多方面。此案如何被发现，查办过程又遇到哪些困难？在姜惠君被指控的多节受贿事实中，辩护人均辩称姜惠君收到的款项为“手续费”，用于协调事情，其本人没有非法占有目的，不构成受贿罪，如何看待这一意见？姜惠君收受孙某150万元，其后事没办成退回100万元，受贿数额怎样认定？对此，我们邀请相关单位工作人员进行分析。

基本案情

姜惠君，男，1962年12月7日出生，汉族，研究生学历，1989年10月加入中国共产党，1978年6月参加工作。2004年1月至2019年6月，姜惠君先后担任赤峰市克什克腾旗人民政府副旗长，赤峰市城投公司总经理，赤峰市土地储备交易中心主任，赤峰市国土资源局党组书记、局长，赤峰市自然资源局党组书记、局长。2019年10月22日，姜惠君被开除公职，2020年2月7日，其被开除党籍。姜惠君利用担任上

述职务的便利及职权，在承揽工程、工程款拨付、土地手续变更、工作调动等方面，为张某、孙某、杨某等14人谋取利益，并收受他人财物，价值共计人民币764.3432万元。

其中，2005年5月，孙某请托时任克什克腾旗分管工业副旗长的姜惠君，将某铀矿探矿权变更在孙某名下，后经姜惠君协调，孙某与相关单位签订了《转让开发协议书》。2005年9月，姜惠君以银行转账及现金方式收受孙某送予的人民币150万元。因探矿权一直未能变更在孙某名下，2014年11月，孙某要求姜惠君退回150万元，姜惠君向孙某退还100万元。

查处过程

【立案审查调查】2019年6月5日，经鄂尔多斯市纪委监委决定，并经内蒙古自治区纪委监委批准，对姜惠君立案审查调查并采取留置措施。

【移送审查起诉】2019年9月4日，姜惠君涉嫌受贿案被移送乌审旗人民检察院审查起诉。

【提起公诉】2019年10月25日，乌审旗人民检察院指控姜惠君犯受贿罪，向乌审旗人民法院提起公诉。

【一审判决】2020年5月31日，乌审旗人民法院作出判决，姜惠君犯受贿罪，判处有期徒刑7年，并处罚金人民币70万元。其犯罪所得依法予以没收，上缴国库。判决已生效。

纪法辨析

一、本案是如何发现的？在审查调查中遇到哪些困难？姜惠君受贿财物中不乏贵重物品，怎样确定数额？

呼斯乐（鄂尔多斯市纪委监委第八纪检监察室干部）：姜惠君案因他人举报而案发。2017年1月18日，河北籍女商人勾某某因与姜惠君存在房屋产权纠纷，向北京市大兴区人民法院起诉，大兴区人民法院一审判决标的房屋归勾某某所有。姜惠君不服一审判决并向北京市第二中级人民法院提起上诉。北京市第二中级人民法院撤销大兴区人民法院一审判决。勾某某不满二审判决，向内蒙古自治区纪委监委实名举报了姜惠君收受他人巨额财物，家庭财产超过其合法收入等问题。2019年1月23日，内蒙古自治区纪委监委第五纪检监察室将该问题线索转交内蒙古自治区纪委监委派驻自治区自然资源厅纪检监察组进行重点查办，经初步核实，发现姜惠君涉嫌严重违纪违法问题。其后，经内蒙古自治区纪委监委指定管辖，将姜惠君涉嫌严重违纪违法问题交由我市纪委监委办理。

姜惠君案查办过程中我们遇到以下几个难点：一是案件时间跨度长，涉案金额大，部分违纪违法行为发生时间早，调取书证难度大；二是得知组织在了解核实其问题后，姜惠君与他人订立攻守同盟，隐匿违纪违法所得，使得立案后，专案组调查取证难度增大；三是姜惠君以其弟弟姜某某的名义代持企业股份并产生收益，因其手段隐秘，且知情人少，专案组在调查该问题时难度较大。对于这些问题，专案组及时分析研判，适时调整调查措施、策略，最终使案件顺利突破。

调查中我们发现，在姜惠君收受的贿赂中，除了现金以外，还有很多贵重物品（共计价值人民币553324元），准确认定这些财物的价值对案件查办很重要。为此，专案组做了很多基础性工作。对于姜惠君收受的爱马仕女包、4件钻石首饰，专案组让行贿人指认确认后，从出售方调取购买凭证，以确定其真伪和市场价格。对于姜惠君收受的书法作品、木制艺术品、木制家具等共计8件物品，经行贿人指认确认后，专案组委托鄂尔多斯市价格认定局，经实地勘验后认定其市场价格。

二、在多起被指控的受贿事实中，辩护人均辩称，姜惠君收到的款项为“手续费”，其本人没有非法占有目的，不构成受贿罪，如何看待这一意见？

陈培瑞（鄂尔多斯市纪委监委案件审理室副主任）：我们认为这种主张不能成立，姜惠君的行为构成受贿罪。主要理由如下：

首先，本案多起受贿事实中，姜惠君的行为表现为：在收受他人款项后，利用职务上的便利实施小部分为他人谋取利益的行为；或只是承诺为他人谋取利益，并未实际实施；或以在为他人谋取利益过程中有花费为名向请托人索要款项，而经查证，所谓的花费并非由其所出，数额也非其收受或索要的数额；或在收受他人款项后利用其作为上级领导的职位支配力实施了为他人谋取利益的行为。所以辩护人所称的“姜惠君收到的款项为‘手续费’，用于协调事情”，均与事实不符。

其次，针对辩护人所称，姜惠君收到款项用于协调事情，表明其没有非法占有目的，进而不构成受贿罪的意见，我们认为，应作如下考量：受贿罪保护的法益是国家工作人员职务行为的不可收买性，根据刑法第三百八十五条、“两高”《关于办理受贿刑事案件适用法律若干问题的意见》和“两高”《关于办理贪污贿赂刑事案件适用法律若干问题的解释》的规定，国家工作人员收受或索取他人财物，承诺为他人谋取利益、已开始实施为他人谋取利益的行为和已经为他人谋取了利益或部分利益均指“为他人谋取利益”。那么在国家工作人员收受财物并许诺为他人谋取利益，或正在（已经）实施职务行为，使财物成为其职务行为（包括所许诺的职务行为）的不正当报酬，就侵犯了职务行为的不可收买性，受贿罪已成立，其基于许诺、实施、实现谋取利益的职务行为而收受的财物则为受贿数额。其在收受财物后用于协调事情的“手续费”等开支，为其在实施为他人谋取利益行为中的一部分或是其实施行为的具体表现形式之一，并不能否认行为的权钱交易本质。所以，即使如辩护人所称，收到款项拿去协调事情，也不能否认受贿罪的构成。

三、姜惠君收受孙某 150 万元，其后事没办成退回 100 万元，受贿数额怎样认定？

左晨光（乌审旗人民检察院党组书记、检察长）：我院认为这 100 万元同样是姜惠君的受贿款项，主要基于以下几点考虑：

首先，姜惠君在主观上具有收受贿赂的故意。在该起犯罪事实中，姜惠君在 2005 年 5 月受到孙某的请托，于 2005 年 9 月以银行转账及现金方式先后收受孙某 150 万元，并将其中的部分钱款用于购买房产，直到 2014 年 11 月，因孙某的请托事项未办成，在孙某的多次要求下，姜惠君通过向他人借款才将 100 万元退还给了孙某。通过上述事实的分析不难看出，姜惠君在接受孙某请托并收受孙某 150 万元时，主观上是具有受贿故意的。

其次，客观上，姜惠君有利用职务上的便利为孙某谋取利益的行为。本案中，姜惠君是在任克什克腾旗人民政府副旗长（分管工业）期间，受到孙某的请托办理铀矿探矿权的相关事宜，后姜惠君利用其分管工业副旗长的身份与相关单位进行了协调，并帮助孙某与相关单位签订了《转让开发协议书》，因此姜惠君已经利用了其职务便利实施为孙某谋取利益的行为，只是因其他原因最终未将孙某请托事项办成。

再次，姜惠君的该节受贿事实不适用“两高”《关于办理受贿刑事案件适用法律若干问题的意见》(以下简称《意见》)第九条第一款的规定。该款规定：“国家工作人员收受请托人财物后及时退还或者上交的，不是受贿。”基于上述规定，实践中有人认为收受他人财物只要在案发前退还就不能认定为受贿。我们认为此处的“及时”不是一个单纯的时间概念，而是为了表明行为人主观上没有受贿的故意。只有行为人在不具有受贿故意的情形下，退还或者上交财物，才不是受贿。而本案中，如前所述，首先姜惠君在收受孙某财物的时候，就有明确的受贿故意，其后因为事情没办成孙某向其索要贿赂款，才予以部分退回；再者，受贿与退贿时间跨度长达九年。因此，该节事实不能适用《意见》第九条第一款的规定。

综上，姜惠君于2005年5月接受孙某请托为其谋利，并于2005年9月收受孙某150万元，至此受贿行为已经既遂，至于2014年11月在孙某的要求下退回100万元，并不影响犯罪构成，只能作为犯罪情节予以考量。

四、姜惠君经办案人员打电话后，到监委接受谈话并如实供述涉嫌受贿犯罪的事实，是否构成自首？量刑时考虑了哪些因素？

任志强（乌审旗人民法院刑事审判庭庭长）：自首是影响量刑的一个重要法定情节，认定自首需要同时具备自动投案和如实供述两个法定要件。在办理姜惠君受贿一案中，认定其具有自首情节，主要理由如下：

首先，考察被告人是否具有归案的自动性。根据《最高人民法院关于处理自首和立功具体应用法律若干问题的解释》相关规定，认定自首的关键在于被告人是否属于自动投案，投案后是否如实供述主要犯罪事实。而判定行为人是否自动投案的关键是投案行为是否基于行为人的意志。行为人投案动机多种多样，但只要在其具有人身自由之时，不是出于违背其本意的原因而主动将自己置于办案机关的控制之下，就应认定其具有投案自动性。本案中，鄂尔多斯市监委办案人员打电话给姜惠君，让其到呼和浩特市接受谈话，次日姜惠君就从北京乘机到呼和浩特市。在此情况下，姜惠君接到电话通知后，既可以选择主动归案，也可以逃之夭夭，其能够及时到办案机关，体现出归案的主动性和自愿性。其次，姜惠君主动归案后，不但如实供述了监委掌握的犯罪事实，还主动交代了大量监委尚未掌握的犯罪事实。综上应该认定姜惠君具有自首情节。

审判实践中，我们综合判断行为人犯罪的事实、性质、情节和对于社会的危害程度，结合自动投案的动机、阶段、客观环境，交代犯罪事实的完整性、稳定性以及悔罪表现等具体情节，依法决定量刑幅度。具体到本案，姜惠君除了具有自首情节以外，在审判阶段表示自愿认罪认罚，并愿意用自己的财产抵顶上交涉案款项。纪检监察机关提出从宽处罚的建议，公诉机关也认定其具有自首情节，故量刑时综合上述因素对其进行了减轻处罚。

（刘一霖，原载于《中国纪检监察报》2020 年 8 月 12 日）

房没过户钱未经手能否认定受贿

——从连云港市地方金融监管局原党组成员、副局长张汝凯案说起

这是一起党员领导干部与不法商人进行官商勾结、权钱交易的案件。本案中，被告人张汝凯收受他人房产但未办理过户手续且该房产被用于抵押贷款，是否构成受贿？张汝凯未直接经手他人所送的500万元贿赂款，是否影响受贿罪的认定？张汝凯辩护人提出，张汝凯代表单位收受他人所送500万元是商业让利行为而非回扣，不构成单位受贿，对此该如何认定？我们邀请相关单位工作人员进行分析。

基本案情

张汝凯，男，中共党员，2004年至2019年先后担任连云港经济技术开发区（以下简称开发区）主任助理兼财政局局长，开发区党工委委员、管委会副主任（其间，先后兼任开发区国有资产投资经营公司法定代表人、总经理，江苏某发展集团有限公司法定代表人、总经理，江苏三源融资担保有限责任公司法定代表人、董事长、总经理），连云港市政府金融工作办公室党组成员、副主任，连云港市地方金融监督管理局党组成员、副局长等职务，2019年3月退休。

经法院审理查明，2004年至2019年，张汝凯利用职务上的便利，

为江苏兴川建设工程有限公司、连云港河海物流有限公司等单位和张某某、王某某等个人在工程承揽、工程款支付、税收返还、股权收购、提供贷款及担保、职务晋升、工作调整等事项上提供帮助，先后多次收受上述单位及个人给予的人民币 870.80 万元（以下未标注币种均为人民币）、港币 10 万元（折合 8.18 万元）、购物卡 20.3 万元、低价购房获得财产性利益 103.41 万元，以上财物折合共计 1002.70 万元。此外张汝凯还存在滥用职权的问题。

张汝凯归案后如实供述了其涉嫌受贿、滥用职权的罪行，并交代了监察机关尚未掌握的本人涉嫌单位受贿的犯罪事实，并退缴部分赃款赃物，自愿认罪认罚。

查处过程

【立案审查调查】2019 年 4 月 26 日，张汝凯因涉嫌受贿罪和滥用职权罪被连云港市纪委监委立案审查调查并采取留置措施。

【移送审查起诉】2019 年 10 月 24 日，连云港市监委将张汝凯涉嫌受贿、单位受贿和滥用职权罪一案移送连云港市人民检察院审查起诉。

【提起公诉】2019 年 12 月 13 日，连云港市人民检察院以张汝凯涉嫌受贿、单位受贿和滥用职权罪向连云港市中级人民法院提起公诉。

【法院判决】2020 年 6 月 3 日，连云港市中级人民法院宣判：张汝凯犯受贿罪，判处有期徒刑十一年六个月，并处罚金人民币七十万元；犯单位受贿罪，判处有期徒刑一年六个月；犯滥用职权罪，判处有期徒刑三年，决定执行有期徒刑十三年，并处罚金人民币七十万元。张汝凯认罪认罚，判决已生效。

纪法辨析

一、张汝凯案件线索是如何发现的？本案具有哪些特点？

孙善贵（连云港市纪委监委案件审理室三级主任科员）：张汝凯案件线索来源于群众举报、审查调查中发现和市委巡察组移交，反映的问题比较繁杂。在初核中，市纪委监委抓住张汝凯收受部分人员财物这一核心问题深入挖掘，又发现其在2016年上半年江苏某金融投资集团有限公司收购连云港泰润融资租赁有限公司的过程中，违规同意并安排他人通过以企业经营资质虚增无形资产360万元的方式增加被收购公司净资产评估值，造成国有资产损失186万余元的滥用职权事实。按程序报批后对张汝凯立案审查调查并采取留置措施。调查期间，张汝凯还如实供述了监察机关尚未掌握的本人涉嫌单位受贿的犯罪事实。

本案具有以下四个特点：一是官商勾结与用人腐败并存。张汝凯长期在开发区任职，并兼任开发区下属国有公司法定代表人、总经理或董事长等职务，不仅利用开发区大开发、大建设之机与不法商人形成利益同盟关系，大搞权钱交易，而且还在人员提拔、岗位调动等方面谋取私利，大搞用人腐败，严重破坏了当地的政治生态。二是个人犯罪与单位犯罪并存。张汝凯案件犯罪类型多样，数额巨大，既有个人受贿、滥用职权行为，也存在单位受贿行为。三是犯罪手段的显性和隐性并存。张汝凯既有直接收受他人现金、购物卡等典型意义上的受贿行为，也有不接触财物直接转为投资款或通过签订虚假协议的方式将受贿款转入第三方公司的隐性受贿形式，更具有隐蔽性和迷惑性。四是货币与财产性利益贿赂并存。张汝凯受贿财物既包括现金、购物卡等货币、物品，也包括由他人代为支付旅游费及培训咨询费、低价购房获得的财产性利益等，受贿财物多种多样。

二、对于张汝凯辩护人提出王某某出资购买的房屋未办理过户手续，且房屋已被用于抵押贷款，该笔事实不应认定张汝凯受贿，对此如何看待？怎样确定其该笔受贿数额？

张川（连云港市人民检察院第三检察部副主任）：受贿犯罪客观上表现为收取财物，判断收取财物与否应当以受贿人客观上是否实际控制贿赂物为准。房屋系不动产，不动产权属证书固然是权利人享有物权的证明，但这是民事法律的认定标准。对于以房屋为对象的受贿犯罪，应当从受贿人是否实际使用房屋，是否获取了房屋钥匙、门禁卡等出入工具或凭证以实际控制房屋来认定。

"两高"《关于办理受贿刑事案件适用法律若干问题的意见》对收受贿赂物品未办理权属变更问题作出规定，国家工作人员利用职务上的便利为请托人谋取利益，收受请托人房屋、汽车等物品，未变更权属登记或者借用他人名义办理权属登记的，不影响受贿的认定。

本案中，张汝凯低价购买的房屋虽然登记在王某某实际控制的江苏中土新能源科技发展有限公司名下，但其已经对房屋进行了设计装修，实际控制使用了房屋，其后该房屋被中土公司用于抵押贷款，系房屋名义所有人与贷款银行之间的民事法律关系，并不影响对其受贿这一刑事违法性的评价。

关于张汝凯低价购房的受贿数额问题。2013 年 3 月，张汝凯低价购买海州区明珠皇冠小区房产，其本人合法支付的款项、王某某代为支付的购房款、从开发商处低于市场价非法获利三种情况交织在一起。张汝凯低价购房中受贿数额包括王某某代为支付的款项和低于市场价获取财产性利益两个部分。对于前者，按照王某某代为支付的购房款、税款及维修基金的数额 126.50 万元计算；对于后者，受贿数额按照交易时当地市场价格与实际支付价格的差额计算。鉴于房屋买受人以开发商事先设定的不针对特定人优惠价格购买的房屋不属于受贿。本案中，调查人员详细核实了该房屋所在小区针对不特定人的最低优惠价，并在此基础上又对其市场价格进行了房屋价格认定，最终确定其获取财产性利益为 103.41 万元。

三、张汝凯未直接经手王某某所送 500 万元，该 500 万元转作投资款后又回到王某某处应如何认定？该笔事实是犯罪既遂还是未遂？

孙善贵：2011 年 5 月，张汝凯以个人需要用钱为由，要求王某某提供 500 万元并安排其转账至谢某某提供的银行账户内进行投资理财，后又安排王某某取回该 500 万元并由其保管，张汝凯虽然自始至终未接触该笔款项，但不影响对其受贿罪的评价。其一，张汝凯利用职务上的便利，为王某某及其所控制的公司在工程承揽、工程款支付、提供贷款及担保等方面谋取了利益；其二，张汝凯要求王某某提供 500 万元，并未提及是借款且未打算归还，王某某提供该笔款项时亦知道实际上是送给张汝凯的而非借款，故双方对该 500 万元系贿赂款的性质均明知；其三，王某某将 500 万元转账至谢某某提供的银行账户内是受张汝凯指示安排，其与谢某某无任何经济往来，这本质上是张汝凯对受贿款的一种处置；其四，2018 年初，王某某向谢某某要回该 500 万元，是因为张汝凯担心被查处而要求其要回的，该 500 万元放在王某某处只是代为保管而非事后及时退回。

关于张汝凯受贿上述 500 万元是否既遂的问题。认定受贿犯罪既遂与否应坚持罪刑法定原则，以受贿人是否实际控制了贿赂物作为判断标准，这里的控制包括本人或第三人控制。本案中，王某某按照张汝凯的要求将 500 万元转账至指定账户后，王某某即丧失该笔款项的控制权，张汝凯虽然未直接接收，但其指定的第三人已实际占有、控制该笔款项，其受贿行为已经完成，构成犯罪既遂，其后续安排王某某索要该500万元并放在王某某处保管，不影响对其受贿既遂的认定。

四、对于张汝凯辩护人提出江苏某发展集团有限公司收受某证券有限责任公司500万元不是回扣，而是某证券公司的让利，不应认定单位受贿，如何看待该辩护意见？

葛进（连云港市中级人民法院刑事审判第二庭副庭长）：单位受贿罪，是国家机关、国有公司、企业、事业单位、人民团体，索取、非法收受他人财物，为他人谋取利益，或者在经济往来中，在账外暗中收受各种名义的回扣、手续费的行为。张汝凯辩护人对张汝凯主体身份不持异议，但对于江苏某发展集团有限公司（以下简称江苏某公司）收受500万元的性质提出异议，认为是某证券公司的让利而非回扣。因此，张汝凯是否构成单位受贿罪，应从以下几个方面来把握。

第一，从某证券公司给予500万元的目的和行为看，某证券公司之所以给予江苏某公司500万元，其目的是为了能够在获得江苏某公司的债券承销业务中谋取竞争优势，并且也作出承诺，发债成功后给予江苏某公司500万元支持资金。

第二，从江苏某公司是否为某证券公司谋取利益看，在第二期企业债券发行过程中，张汝凯作为该公司法定代表人、总经理，决定将该债券承销业务交给某证券公司，客观上已经为某证券公司在企业债券承销业务承揽方面提供了帮助。

第三，从江苏某公司收取500万元的性质和方式看，张汝凯安排江苏某公司实际控制的创某公司通过与某证券公司签订虚假的债券销售顾问费协议方式将该500万元放在创某公司账上，江苏某公司账上未体现该笔款项，且某证券公司在发债之初亦表示该笔款项系给予江苏某公司的支持资金，因此该500万元系在账外暗中收受回扣，属于回扣中的

“暗扣”而非让利。2013年，创某公司将该笔500万元和其他收入一并作为可分配利润在股东间进行了分红，其中除交纳各种税费77.33万元之外，股东江苏某公司、上海某资产经营管理有限公司、江苏某投资集团有限公司分别分红197.21万元、112.72万元、112.72万元。

因此，张汝凯作为单位受贿中直接负责的主管人员应当被追究刑事责任。

（江苏省连云港市纪委监委案件审理室对本文亦有贡献）

（尹健，原载于《中国纪检监察报》2020年8月19日）

辞去公职11年后仍被查处

——从浙江省建设厅住宅与房地产业处原处长何从华受贿案说起

辞职下海11年后，何从华被立案审查调查，再次证明了“莫伸手，伸手必被捉”的道理。本案中何以对何从华立案调查？与其所在党组作出党纪处分又是如何衔接的？何从华辞去公职后收受100万元“安家费”并到原工作业务直接相关的企业任职的行为如何定性？何从华及其辩护人所提认罪认罚问题，为何不予支持？一审认定的自首情节，为何予以纠正后仍维持原判量刑？我们特邀相关单位工作人员对这些问题进行解答。

基本案情

何从华，男，1962年出生，从2002年7月开始，任浙江省建设厅住宅与房地产业处处长，负责全省住宅与房地产行业管理。2008年11月辞去公职。2009年1月任原辖区内某房产集团项目负责人，2012年5月任该集团执行总裁，2015年到原辖区内另一房产集团任总裁。

2004年至2008年，何从华利用担任浙江省建设厅住宅与房地产业处处长的职务便利，先后以“低价买房”“安家费”“债务免除”等形式非法收受吴某、金某所送财物，共计价值人民币296.3803万元，并为他人在企业发展、政策咨询、资质评审、矛盾化解以及奖项评审等方面谋取利益。

2019 年 6 月 14 日，何从华因涉嫌职务犯罪，经浙江省监委指定嘉兴市监委管辖，由桐乡市监委对其立案调查。何从华在监委调查和检察机关审查起诉期间，均如实交代自己的主要犯罪事实，并在审查起诉阶段签署认罪认罚具结书。在一审法院审理阶段，因法院认为公诉机关量刑建议偏轻，于开庭前致函公诉机关建议调整量刑建议，后公诉机关对量刑建议进行了调整。何从华不接受调整后的量刑建议，一审法院不适用认罪认罚作出判决。一审判决后，何从华对受贿事实认定、认罪认罚程序适用等均存在异议，提起上诉。2020 年 5 月 18 日，嘉兴市中级人民法院裁定驳回上诉，维持原判。

查处过程

【立案审查调查】2019 年 6 月 14 日，桐乡市监委对何从华立案调查，并于 6 月 16 日对其采取留置措施。同年 7 月 8 日，浙江省纪委监委驻省建设厅纪检监察组对其立案审查。

【移送审查起诉】2019 年 8 月 24 日，何从华被浙江省建设厅党组开除党籍。8 月 29 日，桐乡市监委将何从华涉嫌受贿一案移送桐乡市人民检察院审查起诉。

【提起公诉】2019 年 10 月 29 日，针对何从华涉嫌受贿一案，桐乡市人民检察院向桐乡市人民法院提起公诉。

【一审判决】2020 年 1 月 22 日，桐乡市人民法院作出一审判决，被告人何从华犯受贿罪，判处有期徒刑七年六个月，并处罚金六十万元。退缴在案的违法所得 296.3803 万元，予以没收，上缴国库。

何从华不服一审判决，提起上诉。

【二审判决】2020 年 5 月 18 日，嘉兴市中级人民法院裁定驳回上诉，维持原判。

纪法辨析

一、辞去公职 11 年后，监察机关为何对何从华立案调查？与其所在党组作出党纪处分是如何衔接的？

曹寅（桐乡市监委委员）：2019 年 4 月，浙江省监委在查办其他案件过程中，从相关房地产公司发现了何从华 2008 年 4 月在担任浙江省建设厅住宅与房地产业处处长期间低价买房的情况，从而展开核查，并于 6 月指定嘉兴市监委管辖，经嘉兴市监委指定，桐乡市监委对何从华立案调查。而此时，距离何从华 2008 年 11 月辞去公职“下海”，已经过去了 11 年。根据相关规定，有违法行为应当受到政务处分的公职人员，在监察机关作出处分决定前已经辞去公职或者死亡的，不再给予处分，但是监察机关可以立案调查。监察法第十一条第三项规定，对违法的公职人员依法作出政务处分决定，对涉嫌职务犯罪的，将调查结果移送人民检察院依法审查、提起公诉。据此，卸任不代表“安全着陆”，干部可以离职，但反腐没有暂停键，更没有休止符。何从华受贿金额共计 296 万余元，数额巨大，依法应当判处三年以上十年以下有期徒刑，根据刑法规定，追诉期限为十五年，而何从华收受贿赂的最后时间节点为 2010 年 1 月，因此 2019 年 6 月对何从华监察立案时，仍处于追诉期间，应追究其涉嫌职务犯罪的刑事责任。

何从华 1992 年 7 月加入中国共产党，2008 年 11 月辞去公职后在明知公务员辞职存在从业禁止性规定的情况下，仍违规在原工作业务直接相关的企业任职，其行为已违反廉洁纪律。另外，何从华利用职务便利收受他人财物，为他人谋利，其行为违反国家法律法规，涉嫌受贿犯罪。何从华的上述行为已严重违反党的纪律，应受到党纪处分。桐乡市监委将调查结论同步反馈何从华所在党组织，由浙江省建设厅党组讨论和决定对何从华的党纪处分事项，并于2019年8月24日决定给予其开除党籍处分。桐乡市监委于同年8月29日将何从华涉嫌犯罪问题移送检察机关审查起诉，有效实现纪法贯通、法法衔接，做到“先处后移”，将纪律挺在前面。

二、何从华辞去公职后收受100万元“安家费”并到原工作业务直接相关的企业任职，如何看待上述行为的性质？

沈丹（桐乡市纪委常委、市监委委员）：何从华收受“安家费”和辞职后到原工作业务直接相关的企业任职系两个独立的行为，应分别进行评价。关于“安家费”性质的认定。2008年下半年，吴某邀请何从华辞职到其所在的房产集团任职，双方谈妥薪资、提成、配车等福利待遇后，还额外承诺给何从华100万元“安家费”，何从华于2010年1月5日收到全款。安家费是一项福利政策，系企业为留住特定人才而提供的一定金额的家庭生活补贴费。但本案中何从华一次性收受100万元“安家费”，金额巨大，远超其任公职期间12万元左右的年工资水平，甚至高于其在企业任职后80万元左右的年薪。何从华的专业能力以及资源所能给企业带来的利益，已通过约定1%业务提成的方式予以反馈，因此所谓的“安家费”并非正常的引进人才福利补贴，而是吴某为何从华在职期间为其谋利而支付的好处费，与何从华在职时约定，离职后给付。而事实上，何从华在担任浙江省建设厅住宅与房地产业处处长职务期间，利用职务便利，为吴某所在房产集团在企业发展、政策咨询、资质评审等方面谋取利益。根据“两高”《关于办理受贿刑事案件适用法律若干问题的意见》第十条的规定，国家工作人员利用职务上的便利为请托人谋取利益之前或者之后，约定在其离职后收受请托人财物，并在离职后收受的，以受贿论处。因此何从华收受100万元“安家费”应认定为受贿犯罪。

关于何从华辞去公职后到原辖区内房地产企业任职取酬行为的认定。2004年4月8日中共中央《关于党政领导干部辞职从事经营活动有关问题的意见》第三条规定，“党政领导干部辞去公职后三年内，不得到原任职务管辖的地区和业务范围内的企业、经营性事业单位和社会中介组织任职，不得从事或者代理与原工作业务直接相关的经商、办企业活动”。何从华为规避禁业限制，2009年1月到某房产集团负责房产项目时特别申明不担任职务，直到2012年5月自认为已过三年禁业限制期后才出任该集团执行总裁，2015年又到原辖区内另一房产集团任总裁，直至案发。即使何从华未担任集团职务，其实际已在原辖区房产企业从事经营性活动，并领取薪资和提成。根据2003年《中国共产党纪律处分条例》第七十七条第一款第（五）项之规定，其行为属于违规从事营利活动，违反党的廉洁纪律。

三、何从华及其辩护人提出不能简单以房产评估的市场价格与实际支付价格的差价认定“低价买房”的受贿金额，“债务免除”与职务没有关联，不属于受贿，如何看待这些观点？

陈斌（桐乡市人民检察院常务副检察长）：“两高”《关于办理受贿刑事案件适用法律若干问题的意见》第一条规定：“国家工作人员利用职务上的便利为请托人谋取利益，以明显低于市场的价格向请托人购买房屋、汽车等物品的，以受贿论处。受贿数额按照交易时当地市场价格与实际支付价格的差额计算。”本案中，何从华及其辩护人对所涉房产“交易时当地市场价格”的认定与公诉机关产生分歧。公诉机关以浙江省价格认证中心出具的价格认定结论书作为依据，认定2008年4月何从华购房时的市场价格为3318740元，而何从华实际购房价格为2054937元，低于市场价格126万余元。何从华之所以能以明显低于市场价格购得房产，是因为该房产系吴某所在的房产集团开发，而何从华在担任浙江省建设厅住宅与房地产业处处长职务期间，利用职务便利为吴某所在房产集团谋取利益。何从华的辩护人以同一住宅区同一时期出售的另外四套房产价格与何从华购买价格相近抗辩"低价买房"行为。但这样的说法是不成立的，吴某证实该住宅小区没有针对不特定人的最低售房价格，房屋销售均是"一房一价"，每一套房的位置、楼层、面积等差异均可能影响房屋的销售价格，不同房产的价格不具有可比性。价格认定结论书程序合法，结论客观，且与相关证人关于该房产当时的市场价格相印证，应当据此认定该房产"交易时当地市场价格"，从而认定何从华在该起"低价买房"行为中的受贿数额。

2004年何从华在担任浙江省建设厅住宅与房地产业处处长职务期间，向金某借款70万元用于投资购买房产，后金某为感谢何从华为其所在企业提供的帮助，免除了何从华70万元的债务。"两高"《关于办理贪污贿赂刑事案件适用法律若干问题的解释》第十二条规定，贿赂犯罪中的"财物"，包括货币、物品和财产性利益。财产性利益包括可以折算为货币的物质利益如房屋装修、债务免除等，以及需要支付货币的其他利益如会员服务、旅游等。后者的犯罪数额，以实际支付或者应当支付的数额计算。本案中，何从华虽然与金某关系不错，但免除70万元巨额借款绝不是因为"人情"，而是基于何从华利用职务便利，为金某及其丈夫开办的房产公司在企业发展、政策咨询、资质评审等方面谋取利益而作出的利益输送，与职务行为密不可分，其本质仍然是权钱交易，因此应当认定何从华以“债务免除”的形式非法收受金某贿赂70万元。

四、何从华及其辩护人所提认罪认罚问题，为何不予支持？一审认定的自首情节，为何予以纠正后仍维持原判量刑？

徐惠明（嘉兴市中级人民法院审判委员会委员）：首先，罪责刑相适应是办理认罪认罚案件坚持的原则，司法机关既要考虑体现认罪认罚从宽，又要考虑其所犯罪行的轻重、应负刑事责任的大小，依照法律规定提出量刑建议，准确裁量刑罚，确保罚当其罪。本案原公诉机关提出对何从华适用认罪认罚的量刑建议为有期徒刑四年至六年，原审法院经审查认为原公诉机关的量刑建议偏轻，于开庭前致函原公诉机关建议调整量刑建议，符合刑事诉讼法的规定。原公诉机关接函后亦认为原量刑建议并不适当，故进行了调整。鉴于上诉人不接受调整后的量刑建议，原公诉机关不再将原认罪认罚具结书作为证据使用，原审对上诉人不适用认罪认罚作出判决，程序并无不当。

其次，认罪是指被告人自愿如实供述自己的罪行，对指控的犯罪事实没有异议。上诉人何从华就免除债务的70万元是否存在以及“低价购房”、收取“安家费”是否构成犯罪均存在异议，故本案二审时何从华不符合适用认罪认罚的条件，辩护人提出二审对上诉人适用认罪认罚从宽判处其刑罚的理由不能成立，不予支持。

再次，关于自首问题，一审法院认定何从华有自首情节，经二审查明，何从华因涉嫌受贿犯罪被监察机关立案调查，并被采取留置措施，归案后如实供述自己的罪行，并主动供述监察机关未掌握的其他两起受贿事实，不属于主动投案，不构成自首，可认定为坦白。何从华受贿数额296万余元，接近“数额巨大”上限，应在三年以上十年以下有期徒刑幅度的上限判处刑罚，何从华已退清赃款，可依法酌情从轻处罚。原判认定上诉人何从华具有自首情节与事实不符，予以纠正，基于上诉不加刑原则，且原判量刑无明显不当，故对原判量刑予以维持。

（程威，原载于《中国纪检监察报》2020 年 8 月 26 日）

揭开虚假诉讼的面具

——从河南省郑州市查处的一起工程建设领域贪污贿赂案件说起

这是一起发生在工程建设领域国有企业领导干部和不法承包商内外勾结，贪污公款、收受贿赂并利用虚假诉讼企图掩盖犯罪本质的腐败案件。本案中，郑州市纪委监委从春景公司法定代表人黄某涉嫌行贿犯罪问题入手，抽丝剥茧、层层深入，揭开了原郑州铁路局房地产经营开发中心副主任程中华通过虚列工程款的方式贪污公款，收受黄某贿赂并为其谋取利益的违法犯罪事实。在案件查办过程中，审查调查人员还发现了程中华与黄某内外勾结，通过虚假诉讼的方式掩盖其非法所得的问题。本案中，审查调查人员是如何察觉存在虚假诉讼疑点的？疑点是如何在审查调查中逐步明晰的？虚假诉讼掩盖贪污贿赂行为，有什么值得注意的特点、会有什么法律后果？我们邀请相关部门工作人员对此进行分析。

基本案情

程中华，男，中共党员，原郑州铁路局房地产经营开发中心（以下简称郑铁房产中心）副主任，2008 年 5 月任郑铁房产中心副主任、党委委员，其间兼任紫楠小区项目部指挥长，2009 年 10 月任郑铁房产中心调研员。黄某，女，河南春景置业有限公司（以下简称春景公司）法定代表人。

2009年11月，程中华以向紫楠小区的施工单位歌山建设集团河南分公司（以下简称歌山公司）预付工程款的虚假名义，从紫楠小区项目部套取资金500万元，经过多次转付，最终将该款作为其成立河南新蒲天圆混凝土有限公司（以下简称新蒲天圆公司）入股资金使用。2015年，程中华通过虚假诉讼即“打假官司”的方式企图隐瞒其贪污500万元的犯罪事实。

2009年11月，程中华利用其实际控制紫楠小区项目部的职务便利，安排紫楠小区项目部出纳任某某单独保管部分资金，任某某将其收取的部分紫楠小区购房保证金存入其个人银行账户。2010年1月，程中华让任某某到新蒲天圆公司任出纳，并让任某某将其个人账户保管的紫楠小区项目部资金222.5万元作为新蒲天圆公司费用陆续支出。

2009年12月，黄某在郑州市经济开发区青青美庐小区以糜某某（程中华之妻）的名义，为程中华购买房产一套，为其支付购房首付款及税费123.5856万元，房屋装修费用49.6851万元，共计173.2707万元。

2009年11月至2010年6月，程中华以经营新蒲天圆公司需要资金为由，多次向黄某以借为名索要钱款共计155万元。2010年6月，黄某取得紫楠小区实际控制权。

查处过程

【立案审查调查】2019年2月22日，黄某因涉嫌行贿犯罪被立案调查，2019年2月25日被采取留置措施。2019年3月21日，郑州市纪委监委对程中华涉嫌违纪违法问题立案审查调查，2019 年 3 月 25 日对程中华采取留置措施。

【移送审查起诉】2019 年 6 月 21 日，郑州市纪委监委将程中华涉嫌贪污、受贿罪一案移送郑州市人民检察院，郑州市人民检察院指定巩义市人民检察院审查起诉。

【提起公诉】2019 年 8 月 1 日，巩义市人民检察院以程中华涉嫌贪污、受贿罪向巩义市人民法院提起公诉。

【一审判决】2019 年 12 月 12 日，巩义市人民法院作出一审判决，程中华犯贪污罪判处有期徒刑十三年，并处罚金人民币五十万元；犯受贿罪判处有期徒刑十年，并处罚金人民币五十万元，决定执行有期徒刑十五年，并处罚金人民币一百万元。目前，判决已生效。

纪法辨析

一、本案中，审查调查人员是如何察觉存在虚假诉讼疑点的？疑点又是如何在审查调查中逐步明晰的？

宋伟民（郑州市纪委监委第九审查调查室副主任）：在黄某被立案调查后，审查调查人员从其被查封、扣押的物品中，发现了春景公司的一份 500 万元的借款合同和一份起诉书，起诉书要求新蒲天圆公司偿还春景公司 500 万元借款，随后在检查春景公司会计资料时发现其中有 500 万元标注“已入账，收不回”的字样。这引起了审查调查人员的注意，为了查清其中的关联，审查调查人员仔细查阅了这 500 万元资金的来源和去向。

审查调查人员询问了歌山公司相关人员和春景公司财会及法务人员。歌山公司负责人表示，收到这 500 万元时公司并未开始施工，这

500 万元只是从他们公司账上过了一下就转走了。审查调查人员继续追查，发现该 500 万元资金是从紫楠小区项目部先后转付至歌山公司、春景公司，之后春景公司又将其先后转付至济源博兴五交化商店、黄某个人账户，最后黄某又将其转至程中华个人账户，程中华将该款作为其成立新蒲天圆公司入股资金使用。

审查调查人员分析发现，这 500 万元从紫楠小区项目部转出，最终转入新蒲天圆公司，而无论是紫楠小区项目部还是新蒲天圆公司，其实际控制人都是程中华，资金最终还是到了程中华手中，基本证实了程中华的贪污犯罪行为。那么在春景公司发现的 500 万元借款合同很有可能是虚构的，其目的正是通过虚假诉讼掩盖程中华的贪污犯罪事实。此外，该笔借款在诉讼过程中，程中华为法定代表人的新蒲天圆公司未答辩、未举证质证和说明情况，放弃了一切诉讼权利。判决作出后，新蒲天圆公司未上诉，但相关款项一直未支付，春景公司亦未申请法院执行。种种疑点让程中华和黄某通过虚假诉讼方式掩盖违法犯罪所得的事实逐步明晰。

基于程中华和黄某很可能通过虚假诉讼方式掩盖违法犯罪所得的考虑，审查调查人员顺藤摸瓜，首先从黄某入手，逐步将问题查实。

黄某起初抗拒调查，在审查调查人员耐心细致的思想政治工作之后，黄某承认自己为了拿到紫楠小区项目多次向程中华行贿房产、钱款的犯罪事实，并交代了自己担心受到刑事追究，伙同程中华虚构借款合同，在二七区人民法院自编自导自演虚假诉讼的闹剧。

在突破了黄某之后，审查调查人员对程中华进行讯问。在讯问过程中，程中华咬定 500 万元系借款，只是一直没有偿还能力，审查调查人员向其讲事实，摆道理，并将这 500 万元资金的流向详细地告知了他。最终，在证据面前，程中华交代了其利用职务之便将 500 万元据为己有的事实，在其具有偿还能力时从未想过归还，案发前担心贪污行为败露才伙同黄某进行虚假诉讼。审查调查组将发现的程中华以虚假诉讼方式掩饰违法犯罪行为的情况及时反馈给二七区人民检察院，二七区人民检察院遂向二七区人民法院提出抗诉，二七区人民法院收到抗诉申请后，启动审判监督程序，将该民事判决书予以撤销。

二、在审理环节，如何认定本案中虚假诉讼的性质？利用虚假诉讼掩盖利益输送的案件有哪些特点？

孙沛（郑州市纪委监委案件审理室干部）：虚假诉讼是一个法律词汇，通俗来说就是“打假官司”，一般是指行为人以谋取非法利益为目的，伪造证据、虚构事实或者隐瞒真相提起民事诉讼，企图骗取人民法院生效民事裁判的行为。虚假诉讼在一般情况下都具有双方当事人恶意串通，虚构事实伪造证据，借用合法的民事程序，损害国家利益、社会公共利益或者案外人的合法权益等特点，一般多发于民间借贷、离婚析产、以物抵债、劳动争议、公司分立（合并）、企业破产等领域，目的多为转移财产、逃避债务、规避政策限制、取得优先权等。本案中，程中华为了掩盖贪污公款500万元的事实，与黄某串通商议后，签订了虚假的借款500万元的合同，并向二七区人民法院提起民事诉讼，骗取了二七区人民法院的民事判决，属于典型的虚假诉讼行为。正是因为有了审判机关的生效法律文书，佐证了程中华与黄某将该500万元贪污款辩解为借款的说法，他们曾经一时逃脱了法律制裁。

通过本案及其他类似案件的办理，我们可以总结出利用虚假诉讼行为掩盖利益输送问题的几个特点。一是手段“升级”。相较于在实践中多发的串供、销毁记账凭证、签订虚假借款协议等传统的掩盖利益输送行为，本案中“打假官司”的虚假诉讼行为是掩盖利益输送问题的一个新形式。在纪法威慑越来越强大、法律和制度体系越来越严密的大环境下，一些违纪违法的监察对象处心积虑在手段上“创新”，意图逃避纪法追究、对抗组织调查。二是隐蔽性更强。与串供等传统对抗方式相比，虚假诉讼经过司法机关生效法律文书的确认，被调查人及相关人员之间的利益输送行为即得到了有权机关的“背书”，使得该对抗调查行为具有更强的迷惑性和欺骗性。三是危害性更大。虚假诉讼行为侵占了有限的司法资源，扰乱了司法秩序，侵害了国家利益和社会公共利益。与此同时，虚假诉讼行为一旦被发现，涉案财物同样要被司法机关收缴，这样就会出现“一案二判”的情况，严重损害司法机关的权威和司法公信力，社会危害性也更大。

三、本案中，如何厘清虚假诉讼和贪污犯罪的界限？

周剑威（巩义市人民检察院第二检察部一级检察官）：从原告方看，债权人黄某为追讨债务，以自己春景公司的名义向二七区人民法院起诉，并缴纳数万元诉讼费，很快就获得胜诉，判决确认该笔债权合法。但判决生效后，被告方新蒲天圆公司并未支付相关款项，而黄某几年来一直未追索执行，明显违背其诉讼初衷，令人费解。

从被告方看，程中华作为新蒲天圆公司的法定代表人，在面临自身重大财产利益被他人起诉的情况下，自愿放弃应诉、答辩权利，导致法院作出缺席判决，败诉后又不上诉主张权利，有悖常理，令人生疑。

从涉案资金来源看，程中华通过黄某套取的500万元款项，全部来自其实际控制的紫楠小区项目部，黄某为取得程中华的信任，尽快拿到该项目的控制权，很有可能帮助、配合程中华套取资金，且该推断得到了程、黄二人供述印证，完整、闭合的证据链条已经形成。

从这起民事诉讼的来龙去脉看，程、黄二人为对抗当年郑州铁路运输检察分院对程中华涉嫌职务犯罪侦查，经过预谋虚构了借款合同和借据，并由黄某向二七区人民法院起诉。

四、法院在审理本案时，如何排除虚假诉讼的影响？量刑的依据是什么？

王延平（巩义市人民法院刑庭副庭长）：法院在审理中没有采信程中华的虚假诉讼判决，基于三个方面考虑：一是作为刑事判决来讲，法院认定程中华贪污500万元，主要依据的证据是涉及这500万元银行转账流水的书证，被告人程中华的供述与辩解，本案关键证人黄某的证言以及其他相关证据的综合认定，这些证据已经能形成完整的证据链条，足以认定程中华利用职务之便贪污500万元的事实。二是二七区人民法院该起民事判决所具有的效力问题。本案中二七区人民法院对这起民事案件所作出的判决，仅具有证据效力，本法院在处理案件的时候，还要审查生效判决认定的事实是不是事实清楚，证据确实充分，如果现有的证据能证明生效判决有误的话，对正在审理的案件不会产生实质性影响，也就是说当事人意图通过虚假诉讼来实现非法目的这种行为是徒劳的。三是程中华和黄某二人以捏造的事实证据提起民事诉讼，意图掩盖程中华贪污事实，已经构成虚假诉讼。《中华人民共和国刑法修正案（九）》增加了一个虚假诉讼的罪名，就是要专门打击捏造事实向法院提起民事诉讼这种妨碍司法的行为，它不仅损害了当事人合法权益，也损害了司法权威。这种犯罪行为一经查实，当事人要承担相应的法律后果，构成犯罪的，应当承担相应刑事责任。

本案中被告人程中华到案后，经过调查组的帮助教育，承认其虚假诉讼的犯罪事实。程中华能够认识到自身存在的问题，如实供述其问题，是坦白，承认其所犯的错误，写出悔过书，有悔罪悔过的表现，且系初犯，同时考虑到程中华的年龄、身体健康状况，决定对程中华从轻判决。

（程威，原载于《中国纪检监察报》2020年9月16日）

1人犯7罪怎么查如何罚

——从云南省曲靖市查处一涉恶势力犯罪案看监察机关与公安机关如何协作办案

这是一起村党总支书记、村委会主任利用职务便利贪污工程款、挪用侵占集体资金、强揽工程的案件。胡文东案涉及7项罪名，既有监察机关管辖的，又有公安机关管辖的，如何协作办案？胡文东将集体资金200万元出借他人的行为，如何定性？其占有40万元利息的行为，触犯职务侵占罪还是贪污罪？胡文东等人非法占有烟田管网改造工程款，触犯职务侵占罪还是贪污罪？犯罪数额如何认定？我们邀请相关单位工作人员予以分析。

基本案情

胡文东，男，1998年7月加入中国共产党，2000年7月至2018年11月历任菱角乡黎山村党总支书记、村委会主任。

胡文东自2012年以来纠集丁仕荣、徐山洪等人，在黎山村委会辖区内多次利用自身“影响力”“声望”等实施多项违法犯罪活动。2015年，胡文东等人在组织实施烟田管网改造工程时，非法占有烟田管网工程款100万余元；2015年6月，胡文东安排人员将集体资金中的200万元转借给桂宝庆；2016年7月，胡文东将桂宝庆支付的借款利息40万元占为己有。另外，胡文东还涉嫌非法经营罪、强迫交易罪、非法采矿罪和非法占用农用地罪。

查处过程

【立案审查调查】2018 年 11 月 23 日，沾益区纪委监委对胡文东严重违纪违法问题予以立案审查和监察调查，并于同日对其采取留置措施。12 月 8 日，曲靖市公安局沾益分局对胡文东、丁仕荣、徐山洪等人涉恶案进行立案。12 月 26 日，沾益区纪委监委对丁仕荣、徐山洪严重违纪违法问题予以立案审查和监察调查。2019 年 1 月 30 日，沾益区监委对胡文东解除留置措施，同时转曲靖市公安局沾益分局刑事拘留。3 月 8 日，沾益区人民检察院对胡文东、丁仕荣、徐山洪批准逮捕。

2019 年 5 月 7 日，沾益区纪委给予胡文东、丁仕荣、徐山洪开除党籍处分。

【移送审查起诉】2019 年 5 月 8 日，沾益区监委将胡文东、丁仕荣、徐山洪一案移送沾益区人民检察院审查起诉。

【提起公诉】2019 年 10 月 28 日，沾益区人民检察院将胡文东、丁仕荣、徐山洪一案向沾益区人民法院提起公诉。

【一审判决】2020 年 2 月 10 日，沾益区人民法院作出一审判决，胡文东犯非法经营罪、强迫交易罪、非法采矿罪、职务侵占罪、挪用资金罪、贪污罪、非法占用农用地罪，数罪并罚，判处有期徒刑二十年，并处罚金人民币二百八十万元；丁仕荣犯非法经营罪、强迫交易罪、非法采矿罪、贪污罪，数罪并罚，判处有期徒刑十年，并处罚金人民币一百三十五万元；徐山洪犯非法采矿罪、贪污罪、强迫交易罪、挪用资金罪，数罪并罚，判处有期徒刑八年八个月，并处罚金一百四十万元。胡文东等人提起上诉。

【二审裁定】2020 年 4 月 26 日，曲靖市中级人民法院二审裁定维持原判。

纪法辨析

一、胡文东案涉及 7 项罪名，其中贪污罪、职务侵占罪和挪用资金罪属于监察机关管辖，非法采矿罪、强迫交易罪等属于公安机关管辖，在案件查办过程中，监察机关和公安机关如何协作配合？

朱志宇（曲靖市沾益区监委委员）：2018 年 7 月至 8 月，曲靖市委对菱角乡党委开展扫黑除恶专项巡察时发现了胡文东的问题线索。同一时期，曲靖市公安局在扫黑除恶专项斗争中收到了关于胡文东的相关举报。经过专题研究，市纪委监委和市公安局将问题线索分别指定沾益区纪委监委和沾益公安分局管辖，以市监委为主全程进行业务指导。

收到问题线索后，区纪委监委和沾益公安分局对胡文东的相关问题分别立案。在案件查办过程中，建立了联合办案工作机制，成立了联合专案组，互通案件线索，定期会商案情。在对胡文东采取留置措施后，沾益公安分局调查组在留置点进行提审，在谈话中如果发现涉及对方管辖的内容，及时进行沟通会商。

在对胡文东相关问题进行监察调查中，调查组发现了胡文东安排丁仕荣、徐山洪非法采矿的事实，随即将该问题线索移交公安机关，根据公安机关的进一步调查取证，对丁仕荣、徐山洪进行了刑事拘留；在调查宣曲高速公路建设中，胡文东使用软暴力方式迫使中交三航局交建分公司将板壁坡村取土场至海德隧道运输道路扩宽修复工程，以 130 万元的承包价交由胡文东组织施工的问题时，发现该工程造价在 30 万元左右，对于该笔款项的性质界定上存在难题。考虑到胡文东以征地困难及交通运输经过村庄发生纠纷为由，多次拖延该公司的工程进度，其中存在软暴力的手段，随即与公安机关召开案情会商会，将该线索交公安机关调查组一并核实，并在之后的调查过程中，遇到该问题相关的谈话或者外围取证，多次召开会议互通信息，最后以强迫交易进行定性处理。

二、对胡文东个人决定出借村集体资金 200 万元的行为，如何定性？其非法占有 40 万元利息的行为，触犯职务侵占罪还是贪污罪？

张全昆（曲靖市沾益区人民检察院副检察长）：胡文东出借集体资金的行为构成挪用资金罪。《刑法》第二百七十二条第一款规定，挪用资金罪是指公司、企业或者其他单位的工作人员，利用职务上的便利，挪用本单位资金归个人使用或者借贷给他人，数额较大、超过三个月未还的，或者虽未超过三个月，但数额较大、进行营利活动的，或者进行非法活动的行为。本案中，胡文东是黎山村委会主任，符合挪用资金罪的犯罪主体，客观上又将集体资金挪用借给他人，目的是非法取得资金的使用权，其主观上没有占有这笔钱的想法，在桂宝庆不能如期归还的时候，胡文东安排人员筹措资金归还集体账户，所以胡文东这一行为属于挪用资金。

职务侵占罪是指公司、企业或者其他单位的工作人员，利用职务上的便利，将本单位财物非法占为己有，数额较大的行为。贪污罪是指国家工作人员和受国家机关、国有公司、企业、事业单位、人民团体委托管理经营国有财产的人员，利用职务上的便利，侵吞、窃取、骗取或者以其他手段非法占有公共财物的行为。职务侵占罪与贪污罪在犯罪构成方面存在着交叉。职务侵占罪的主体是公司、企业或者其他单位的人员，而贪污罪的主体是国家工作人员，具有公共职务性这一本质属性，都是特殊主体。胡文东出借给桂宝庆的 200 万元属于集体资金，后桂宝庆未能如期归还资金，而是先归还了 40 万元的利息，这 40 万元系 200 万元出借款产生的利息，当然也属于集体资金。胡文东作为村党总支书记、村委会主任，此时并不是在协助政府从事相关工作的情况下，所以此时的身份不以国家工作人员论，不构成贪污的犯罪主体。所以，胡文东将该笔利息占为己有，利用的是非国家工作人员的职务便利，应认定为职务侵占罪。

三、胡文东等人非法占有烟田管网改造工程款，触犯职务侵占罪还是贪污罪？犯罪数额如何认定？

邓跃东（曲靖市沾益区纪委监委第一纪检监察室主任）：在调查本案之初，我们对于黎山村委会在烟田管网改造工程建设中是否存在违法犯罪行为产生了分歧，一部分人认为定罪有难度。村委会作为管网工程的施工单位，属于正常的工程行为，所得利益属于工程获益；该工程属于地下工程，工程造价难以认定，从而犯罪数额难以认定。一部分人则认为可以定罪。从付款方式来看，中标方中标后出具了施工委托书给村委会，本是建设单位的村委会此时又成了施工单位，既做甲方又做乙方，有疑点；从施工方式来看，烟田管网改造工程是个一体化的工程，没有拆分标段的基础，为何要分为三个标段，其中可能存在非法谋利而人为拆分标段以规避招投标的嫌疑。

本案中，烟田管网改造工程是宣曲高速公路建设指挥部委托黎山村委会组织实施的工程。在组织实施过程中，黎山村委会为了规避公开招投标程序，将工程分为三个标段，通过议标的形式，承包给云南某建筑有限公司、丽江某水利水电工程有限公司和云南某建设集团有限公司进行建设，但施工方的实际负责人是胡文东、丁仕荣、徐山洪。开工前，黎山村委会请人设计了施工图纸，工程量概算投资为 140 余万元。工程建设中，他们并未按照预算审定书要求施工。工程验收后，胡文东让以上三家公司分别与胡文东、丁仕荣、徐山洪签订了工程款收付委托书，最后胡文东、丁仕荣、徐山洪共收到工程款1426889.68元。

从犯罪主体上讲，胡文东、丁仕荣、徐山洪在宣曲高速公路建设项目征地拆迁工作中属于受委托从事公务的国家工作人员；从资金性质上讲，烟田管网改造的工程款是从宣曲高速公路建设款中列支，高速公路建设款属于国有资金，虽然拨付给村委会，但只是代为保管，并未改变资金性质。因此，应该认定为贪污罪。

关于犯罪数额的认定需要鉴定工程造价。鉴定中，我们邀请有资质的鉴定单位，让施工人员到现场指认，通过定点开挖的方式进行分段鉴定，鉴定工程总造价为328394.82元，其中改造工程为244042.16元、拆除管道部分为84352.66元，原工程竣工结算总造价为1426889.68元，核减额为1098494.86元，即其三人犯罪数额应该认定为1098494.86元。

四、一审法院对胡文东犯7项罪名如何判罚？胡文东的上诉理由是什么？二审法院怎样看待其上诉理由？

陈朝辉（曲靖市沾益区人民法院刑事审判庭庭长）：2020年2月10日，沾益区人民法院对胡文东违法犯罪事实作出一审判决，胡文东犯非法经营罪，判处有期徒刑五年六个月，并处罚金人民币五十万元；犯强迫交易罪，判处有期徒刑三年，并处罚金人民币五十万元；犯非法采矿罪，判处有期徒刑三年，并处罚金人民币四十万元；犯职务侵占罪，判处有期徒刑三年；犯挪用资金罪，判处有期徒刑一年六个月；犯贪污罪，判处有期徒刑四年，并处罚金人民币九十万元；犯非法占用农用地罪，判处有期徒刑二年，并处罚金人民币五十万元；总和刑期二十二年，数罪并罚，决定执行有期徒刑二十年，并处罚金人民币二百八十万元。

一审宣判后，胡文东上诉称其不构成一审判决所认定的所有犯罪，上诉理由主要包括：不构成职务侵占罪和挪用资金罪，自称从 2012 年到 2018 年其为村委会垫资 248 万元，拿回自己的钱不是挪用更不是侵占，应对其垫资情况进行查证核实；不构成贪污罪的第一桩，烟田管网改造工程是一个建筑合同关系，无论工程款项是公款还是私款，都不影响合同关系，更不能得出“协助人民政府从事管理工作”的结论，所以在本桩中主体不适格，建筑工程合同不存在贪污的说法，属于合同法调整范畴。

云南省曲靖市中级人民法院经过审理查明，一审判决认定事实清楚，证据确实充分：原审被告人胡文东利用担任黎山村党总支书记、村委会主任的职务便利，先后多次将属于村集体所有的资金占为己有，数额较大，已构成职务侵占罪；胡文东等人在受委托从事公务时，利用职务便利，单独或伙同他人采取侵占、骗取手段，非法占有公共财物数额较大，其中胡文东涉案金额 114 万余元，已构成贪污罪。因此，胡文东上诉请求和理由均不能成立，不予支持。

2020 年 4 月 26 日，云南省曲靖市中级人民法院作出裁定，驳回上诉，维持原判。

（尹健，原载于《中国纪检监察报》2020 年 9 月 23 日）

“零口供”如何定罪

——从深圳市一起司法工作人员为恶势力犯罪集团充当“保护伞”案件说起

这是一起司法工作人员知法犯法、为恶势力犯罪集团充当“保护伞”的典型案例，也是一起以“零口供”定罪的渎职犯罪案件。“零口供”如何定罪？如何在“零口供”情况下全面客观取证形成完整证据链，从而与刑事审判关于证据的要求和标准相一致？刘巍作为从事110接处警工作的民警，是否具备徇私枉法罪“司法工作人员”的主体身份？刘巍充当“保护伞”对其量刑有何影响？我们特邀相关工作人员进行分析。

基本案情

刘巍，男，1982年2月出生，2006年11月参加工作。2016年6月至2016年9月任深圳市公安局公明派出所三级警员；2016年9月至2016年10月任深圳市公安局东周派出所三级警员；2016年10月至2019年8月任深圳市公安局马田派出所三级警员，主要负责接收群众报警警情，根据指令赶赴现场处理警情等工作，先后负责合水口北片、马茨根、合水口等片区警情处置工作。

自2016年起，张顺利等人经营的深圳真爱妇科门诊、深圳华光大门诊，通过低价诊疗广告吸引患者就诊，再使用强迫、诈骗的方式逼迫或骗取患者支付高额诊疗费用，长期为非作恶，欺压就诊患者。深圳真爱妇科门诊位于刘巍负责的巡段内，张顺利与刘巍结识后希望刘巍在处理门诊警情时提供帮助，遂邀请刘巍入股门诊。刘巍先后以其妻子名义共投资人民币 80 万元入股深圳华光大门诊以及张顺利经营的另一家门诊。

2016 年至 2018 年 3 月，马田派出所共收到 96 宗患者针对深圳真爱妇科门诊的报警，反映门诊有强迫交易、限制人身自由、诈骗等行为。其中有 22 宗由刘巍具体负责处警，但是刘巍擅自改变警情性质，将行为定性为普通医疗民事纠纷，实际只出警 3 次，到现场后也是调解处置，或者建议患者向卫生、工商部门投诉，以此来包庇张顺利团伙的犯罪行为。同时，刘巍还多次向同样负责接处警的同事说情打招呼，要求给予门诊关照。

刘巍为张顺利恶势力团伙充当“保护伞”的行为，致使张顺利等人得以长期利用真爱门诊等从事强迫交易、诈骗等犯罪活动，患者的人身、财产权益遭受重大损失，严重破坏了当地群众安全感和医疗秩序。2018 年 4 月，在张顺利恶势力团伙涉案线索被移送公安机关侦查后，刘巍还积极出谋划策让核心成员撤离，并且向办案民警打听案情，帮助张顺利等人逃避侦查。

2019 年 5 月 9 日，经深圳市监委指定管辖，光明区监委对刘巍立案调查。2019 年 8 月 19 日，深圳市监委派出市直机关工委监察组对刘巍作出开除处分决定。

查处过程

【立案调查】2019 年 5 月 9 日，刘巍因涉嫌严重违法接受光明区监委调查，2019 年 5 月 22 日被采取留置措施。

【移送审查起诉】2019 年 8 月 20 日，光明区监委将刘巍涉嫌徇私枉法罪一案移送宝安区人民检察院审查起诉。当日刘巍被深圳市公安局光明分局刑事拘留，8 月 30 日被逮捕。

【提起公诉】2019 年 10 月 15 日，针对刘巍涉嫌徇私枉法罪一案，宝安区人民检察院向宝安区人民法院提起公诉。

【一审判决】2019 年 12 月 25 日，宝安区人民法院作出一审判决，刘巍犯徇私枉法罪，判处有期徒刑十年。

【提起上诉】2019 年 12 月 27 日，刘巍不服一审判决，提出上诉。

【二审判决】2020 年 5 月 14 日，深圳市中级人民法院裁定驳回上诉，维持原判。目前，判决已生效。

纪法辨析

一、刘巍违法问题线索是如何发现的？本案有哪些特点？

吴超军（深圳市光明区纪委监委第三纪检监察室负责人）：2018 年 6 月，深圳市公安局光明分局在办理张顺利恶势力团伙案件过程中，发现了刘巍涉嫌违法犯罪的问题线索，并于 2018 年 8 月将线索移交光明区监委。本案有以下特点：

恶势力作案手法隐蔽，案情较为复杂。张顺利恶势力团伙在行政执法部门的执法交叉区域生存。不少患者投诉到卫监、工商、公安等部门后，卫监认为属于价格纠纷，工商认为属于医疗纠纷，公安则称无专业鉴别能力，或被刘巍改刑事警情为民事警情，形成了“三不管”区域。这也是我们打击“保护伞”的难点，“保护伞”辩称自己无包庇动机，纯属因为疏忽大意或业务能力不足才导致严重后果，认定犯罪主观故意的难度很大。

被调查对象的对抗意识和对抗能力较强。刘巍自2006年起就一直在公安系统工作，先后在刑警大队和派出所从事刑侦、技侦等工作，熟悉办案流程和侦查方法。他在公安机关抓获张顺利恶势力团伙前就开始准备对抗调查，并学习了相关法律知识。刘巍被留置后，就立即写下控告信，诬称监委非法留置，还辱骂调查人员，暴力对抗陪护人员。没有得逞后，则一直沉默不语。光明区监委在初核阶段已经对刘巍进行了深入了解，对可能出现的困难准备了相应预案。我们一边谈话攻心一边收集证据，先后发现了刘巍给其他民警打电话说情的记录、与门诊老板合作入股的资金往来记录、22次处警不作为的报警记录等。

法律适用上遇到一些新情况新问题。一是出现了监委与检察机关同时具备管辖权的情况。办理此案时，司法工作人员渎职犯罪尚未被列入监察机关管辖罪名。针对这一问题，我们广泛收集资料，开展研究，进行了充分的论述与推理。后期，我们亦与检察机关进行了充分的沟通，确定了管辖权的归属。二是出现了调查与审理不在同一机关的情况。刘巍任马田派出所三级警员，其干部管理权限在深圳市公安局，属于工作地点在地方、管理权限在主管部门的公职人员。光明区监委在接收刘巍问题线索后即报请深圳市监委。依据监察法、《关于职务犯罪案件指定管辖的若干规定（试行)》等相关规定，市监委将本案指定光明区监委管辖。调查结束后，按照“先处后移”的要求，本案上提一级由深圳市监委派出市直机关工委监察组审理，并对刘巍作出开除的政务处分决定，同时，区监委案件审理室对本案涉刑部分进行审理，将刘巍涉嫌徇私枉法一案移送检察机关审查起诉。

二、审查运用证据时着重把握了哪些问题？在“零口供”的情况下如何把握证明标准？

陈英良（深圳市光明区监委委员）：第一，关于对证据的审查把握。首先，刘巍共投资张顺利所经营门诊80万元，后因不愿承担亏损，和张顺利约定将投资转为张顺利向其的借款并加利息归还，以及多次收受张顺利所送财物，具有徇私动机。其次，徇私枉法罪要求行为人主观上明知是有罪的人而故意包庇使其不受追诉，而刘巍在调查阶段对枉法的情节均予以否认。因此，本案须在被调查人“零口供”情况下，从已有证据推定行为人的主观心理，这也是刑事案件证明的难点。根据相关司法解释，“明知”包括知道和应当知道两种情形。根据在案证据，可以认定刘巍对涉案门诊的经营模式知情，对张顺利团伙使用强迫交易、诈骗等犯罪手段经营门诊的行为明知。再次，刘巍实施了具体的包庇行为。从在案电子数据和相关证人证言来看，刘巍曾将他区查办类似医疗机构恶势力团伙的工作简报发给张顺利，让其转变经营模式、减少警情量，还在得知张顺利团伙涉案犯罪线索被移送公安机关后，为张顺利出谋划策，向办案民警打听案情，帮助逃避侦查。综上，我们认为本案证据已形成互相印证、完整稳定的证据链，达到了刑事证据标准。

第二，关于本案的定性。一是与玩忽职守罪的区分。从主观方面看，刘巍具有徇私的动机，且对涉案民营医疗机构的经营模式知情，具有犯罪主观故意，这就与玩忽职守罪区分开来。而根据接处警相关工作规定，刘巍负有查处辖区内违法犯罪活动的职责，属于《刑法》第九十四条规定的司法工作人员，且其实施了包庇恶势力犯罪集团使其不受刑事追诉的具体行为，本案宜定性为徇私枉法罪。二是与滥用职权罪的区分。刘巍的行为同时触犯了滥用职权罪，出现法条竞合情况，依据《刑法》第三百九十七条、第三百九十九条的规定，特殊条款优先于一般条款适用，故而本案以刘巍涉嫌徇私枉法罪移送审查起诉。三是是否与受贿罪数罪并罚。刘巍有收受财物行为，根据《刑法》第三百九十九条的规定，徇私枉法罪与受贿罪择一重罪处罚，本案宜定性为徇私枉法罪，收受财物行为是其徇私的表现，我们将该部分事实在起诉意见书中作为“徇私”情节予以表述。

三、徇私枉法罪的犯罪主体是司法工作人员，刘巍是否属于司法工作人员？其辩护人称刘巍不属于侦查人员，不具有侦查权，并非徇私枉法罪的犯罪主体。如何看待该观点？

郭劲航（深圳市光明区人民检察院第二检察部负责人）：根据《刑法》第九十四条之规定，司法工作人员是指有侦查、检察、审判、监管职责的工作人员。刘巍是否属于“司法工作人员”范畴，关系到此罪与彼罪的认定。有人曾对构罪主体身份提出异议，刘巍是派出所负责110 接处警工作的民警，非严格意义上的侦查人员，不具有侦查权（侦查权自刑事诉讼阶段开启），因此，刘巍并不具备徇私枉法罪的犯罪主体身份。我们经审核在案证据以及刘巍法定工作职责认为，刘巍作为马田派出所出警队民警，其工作职责为负责接收群众报警和求助，根据指令赶赴现场处理警情，开展辖区治安巡逻、盘查可疑人员及车辆等工作。根据广东省公安厅《广东省公安机关 110 接处警工作实施细则（试行）》第四十一条的规定，处警民警到达现场后，应当根据本警种职能及具体案情，及时采取相应的询问、盘问、追捕、走访群众、协助救护、维持秩序、疏散群众、警戒、封锁保护现场、现场勘查等规范措施。可见刘巍不仅负责辖区的处警工作，同样负有查处辖区违法犯罪活动的职能。本案所涉深圳真爱妇科门诊、深圳华光大门诊涉嫌强迫交易、诈骗行为，构成了犯罪，属于刘巍查处的范围，这也是刘巍职责所在。故刘巍属于有侦查职责的司法工作人员。

四、刘巍在调查阶段始终持对抗态度，在审查起诉阶段认罪认罚，而在审判阶段又当庭翻供。对此种情况是否还适用认罪认罚从宽制度？对其量刑时有何考虑？

涂丹（深圳市宝安区人民法院刑事审判庭审判员）：认罪认罚从宽制度贯穿刑事诉讼全过程，适用于侦查、起诉、审判各个阶段。本案被告人在审查起诉阶段面对监察机关已调取到的充分证据，曾表示愿意认罪认罚并签署了《认罪认罚具结书》，但其在一审开庭时又当庭翻供。根据“两高三部”《关于适用认罪认罚从宽制度的指导意见》，案件审理过程中，被告人反悔不再认罪认罚的，人民法院应当根据审理查明的事实，依法作出裁判。

国家监委、最高人民法院、最高人民检察院、公安部、司法部联合发布的《关于在扫黑除恶专项斗争中分工负责、互相配合、互相制约严惩公职人员涉黑涉恶违法犯罪问题的通知》明确规定，公职人员利用职权或职务便利实施包庇、纵容黑恶势力犯罪行为的，应酌情从重处罚。本案中，张顺利等人恶势力犯罪集团在刘巍的包庇、保护下日益发展壮大，长期实施强迫交易、诈骗等违法犯罪活动，严重破坏当地群众安全感和医疗秩序，致使人民利益遭受重大损失，影响恶劣。该恶势力犯罪集团共有四十二人被法院判处刑罚，首要分子张顺利、晏升启分别判处有期徒刑十七年、十四年六个月。刘巍明知张顺利恶势力犯罪集团的犯罪行为、手段之恶劣，但为了谋求个人私利仍为之提供非法保护，主观恶性较大，应从严惩处。因此，法院综合本案犯罪事实、犯罪性质、情节以及社会危害性，认定刘巍徇私枉法的行为属于情节特别严重，在量刑时坚持罪责刑相适应的原则，综合考量了被告人的各种量刑情节适用相应量刑档次，判处刘巍有期徒刑十年，当严则严，确保罚当其罪。

（程威，原载于《中国纪检监察报》2020年9月30日）

按“惯例”套取公款如何区分主从犯

——从湖北省恩施土家族苗族自治州建始县公安局原党委委员、副政委田大淦案说起

这是一起连续多年按所谓的惯例套取公款的典型案件。建始县公安局原党委委员、副政委田大淦与先后两任公安局长等人合谋，以春节活动经费名义套取公款110万元，并将其中10万元送给时任建始县委常委、政法委书记郑某某。田大淦在共同犯罪中级别最低、也无决定权，是否为主犯？检察院提起公诉后，为何又对田大淦追加起诉？田大淦送给郑某某的10万元应否算入其贪污数额？我们特邀相关部门工作人员予以解析。

基本案情

田大淦，男，中共党员，2010年10月至2012年6月，任建始县公安局党委委员，分管财务工作；2012年6月至2017年12月，任建始县公安局党委委员、副政委，分管财务工作；2017年12月至案发，任建始县公安局警务保障室正科级民警。

2011年农历腊月，田大淦问时任建始县公安局局长范某和政委刘某，是否需要准备一点钱用于年底开支。范某、刘某均同意，三人商议

后决定从单位公款中安排给范某 15 万元、刘某 10 万元、田大淦 5 万元。之后，田大淦找到警务保障室副主任陈某，安排其从单位财务为范某、刘某及其本人分别准备 15 万元、10 万元、5 万元。2012 年农历年底，田大淦请示范某“今年的春节活动经费怎么搞”，范某指示还是按照“惯例”执行，并称局里不是很宽裕，要节约一点，给他安排 10 万元就可以了。之后，田大淦安排相关人员分别为范某、刘某及其本人分别准备 10 万元、5 万元、5 万元。2013 年农历年底，田大淦请示范某年底事宜时，范某表示还是按照“惯例”执行。后田大淦安排为范某、刘某及其本人分别准备 10 万元、5 万元、5 万元。2014 年 3 月，范某调任恩施州公安局党委委员、副局长。2014 年农历年底，田大淦向时任建始县公安局局长师某某汇报工作后，提出是否需要按照“惯例”准备春节活动经费。师某某遂询问之前是如何操作的，田大淦将“惯例”告知后，师某某表示还是按照以前的标准给自己安排 10 万元，给刘某安排 5 万元，给田大淦安排 5 万元。

据统计，2011 年至 2015 年底，范某、师某某、刘某（分别另案处理）与田大淦以春节活动经费名义，采用在警务保障室虚列支出等方式，套取公款 110 万元，其中 10 万元由田大淦送给郑某某（另案处理）。此外，田大淦还存在受贿、行贿等其他犯罪事实。被提起公诉前，田大淦认罪认罚，并签署了《认罪认罚具结书》。

查处过程

【立案审查调查】2018 年 11 月 29 日，经恩施州纪委监委指定管辖，利川市纪委监委对田大淦立案审查调查，并于次日对其采取留置措施。

【移送审查起诉】2019 年 5 月 22 日，田大淦被开除党籍、开除公职。2019 年 5 月 29 日，利川市纪委监委将田大淦涉嫌贪污、受贿、行贿一案移送利川市人民检察院审查起诉。

【提起公诉】2019 年 10 月 30 日，利川市人民检察院以田大淦涉嫌贪污罪、受贿罪、行贿罪向利川市人民法院提起公诉。2020 年 3 月 23 日，利川市人民检察院对田大淦涉嫌行贿罪追加起诉。

【一审判决】2020 年 6 月 30 日，利川市人民法院作出一审判决，田大淦犯贪污罪判处有期徒刑三年五个月，并处罚金人民币二十万元；犯受贿罪判处有期徒刑九个月，并处罚金人民币十万元；犯行贿罪判处拘役五个月，并处罚金人民币十万元。决定执行有期徒刑三年六个月，并处罚金人民币四十万元。目前，判决已生效。

纪法辨析

一、该案有何特点？本案涉及两任公安局长、一任政委，如何突破案件？

谭宁学（湖北省恩施州利川市纪委监委第四纪检监察室主任）：本案有以下几个突出特点：第一，时间跨度长。作案从 2011 年持续到 2015 年，且田大淦收送礼金次数多，数额从几千元到几万元不等，相关人员回忆难度大。第二，作案手段隐蔽。田大淦伙同范某、师某某、刘某以借支的名义套取公款，由单位会计采取虚列公务接待、政府采购等支出，以及收入不入账等手段来平账目。会计平账时，采取化整为零、分散入账的方式，将支出做到数百本账目中，很难被发现。第三，案件突破难度大。田大淦案涉及两任县公安局长、一任政委、三名警务保障室负责人，以及多名帮助虚开发票的企业、个人，相关人员属于上下级关系或有长期业务往来，案件突破难度较大。

本案查办虽面临诸多困难，但在恩施州纪委监委统筹调度下，利川市、建始县纪委监委协调配合，最终成功突破并查实案件。

首先，合力攻坚找到突破口。田大淦案源于建始县政法委原书记郑某某案牵出的问题线索，当时仅有郑某某关于县公安局为其安排“春节活动经费”的供述，没有其他证据。针对该问题，恩施州纪委监委将田大淦案作为郑某某系列案并案调查，统一调度。利川市纪委监委派出专班蹲点建始县，摸排情况。同时，建始县纪委监委全力配合，协助提供资料，在建始县公安局召开警示教育大会，督促涉案人员主动讲清问题、争取宽大处理。通过办案人员长时间做工作，部分涉案人员提供了相关证据，收集了一系列问题线索，对案件突破起到重要作用。

其次，通过思想政治工作打消其侥幸心理。田大淦自认为手段隐蔽，加之范某、师某某、刘某还未到案等原因，同时担心自己被重判，审查调查初期非常抵触，经调查组反复宣讲政策，特别是有关从轻从宽的政策，田大淦态度开始有所转变，但思想仍有顾虑，讲一半藏一半。针对该问题，调查组坚持将思想政治工作贯穿审查调查全过程，与田大淦一起过组织生活、一起回顾其成长历程，唤醒其对纪法的敬畏。此后，田大淦如实坦白、主动交代问题。

再次，巧借外力挖出书证。因时间跨度长、资金笔数多、作案手段隐蔽等原因，查账难度大，影响案件突破进度。对此，调查组抽调一名专业财务人员一起查账，在对几百册记账凭证进行筛查后，初步锁定套取资金的证据。调查组迅速对建始县公安局原财务人员进行谈话，一开始，其拒不交代，调查组耐心宣讲政策，讲述身边典型案例，让其知错认错。最终，该财务人员如实交代了问题，并向调查组提供了虚假账目复印件。调查组顺藤摸瓜，结合口供对应查账，成功破解查找书证难度大的问题。

二、田大淦在共同犯罪中起什么作用？如何看待辩护人提出的其职级最低、无决定权，应系从犯的意见？

龚程（湖北省恩施州利川市纪委监委案件审理室主任）：这就要区分在共同犯罪中各行为人在实施犯罪行为时的作用。本案犯意是田大淦提出的。第一，田大淦于 2011 年农历年底向范某、刘某提出安排春节活动经费，于 2012 年、2013 年农历年底向范某提出是否继续按“惯例”安排春节活动经费，于 2014 年、2015 年农历年底向师某某提出是否按“惯例”安排春节活动经费；第二，田大淦关于安排春节活动经费的提议，经时任局长、政委同意后，田大淦具体实施，包括怎样套取资金以及由谁套取，从而使犯罪得以顺利实施、实现。本案中，作为分管财务的副政委，田大淦明知该行为违法犯罪，还主动提出犯意，积极参与组织，让犯罪行为得以顺利实施，是主要的实行犯。

因此，我们审理认为，田大淦在本案中虽然职级最低，却是犯意的提出者，同时，他拥有签字报销发票的决策权，他的职责属于至关重要一环，无可替代，且是主要的实行犯，而范某、刘某作为领导，拥有决定权，因此三人在共同犯罪中的作用大致相当，均是主犯。

三、提起公诉后，为何对田大淦追加起诉？如何看待其辩护人提出的该追加起诉无法律依据的意见？

徐练（湖北省恩施州利川市人民检察院第二检察部员额检察官）：2019 年 10 月 30 日，利川市人民检察院对田大淦以涉嫌贪污罪、受贿罪、行贿罪向利川市人民法院提起公诉。利川市人民法院在审理恩施州公安局原副局长范某案时发现田大淦还向范某行贿 3 万元的犯罪事实，遂向利川市人民检察院提出追加起诉意见。利川市人民检察院经过审查认为，田大淦为谋取不正当利益，给予国家工作人员范某财物，触犯了《刑法》第三百八十九条规定，犯罪事实清楚，证据确实、充分，应当以行贿罪追究其刑事责任。由于对田大淦一案利川市人民法院尚未判决，经与利川市监委沟通，利川市人民检察院依据《刑事诉讼法》第一百七十六条第一款及《人民检察院刑事诉讼规则（试行）》第四百五十八条（现已更改为《人民检察院刑事诉讼规则》第四百二十三条）的规定，人民法院宣告判决前，人民检察院发现遗漏同案犯罪嫌疑人或者罪行的，应当要求公安机关补充移送起诉或者补充侦查；对于犯罪事实清楚，证据确实、充分的，可以直接追加、补充起诉，遂于2020年3月23日对田大淦追加起诉。

四、田大淦等人套取公款送给郑某某的10万元为何没计入贪污数额？本案在量刑时有何考虑？

杨辉（湖北省恩施州利川市人民法院刑庭副庭长）：经审理查明，2011年农历年底，田大淦安排警务保障室副主任陈某从单位借支5万元，后田大淦在郑某某办公室将5万元送给了他，并表明这是领导安排的春节活动经费。时隔几天后，田大淦又到郑某某家中，以拜年名义送给其现金5000元。2012年底的一天，田大淦以公务开支为由，从单位借支5万元，之后，田大淦与刘某一起到郑某某办公室将这5万元送给他。

从细节分析，应排除三人当中某个人或者三个人（范某、刘某、田大淦）共同给郑某某送钱。第一，若田大淦以个人名义给郑某某送钱，不会在给郑某某送5万元后，事隔几天再次给其送数额相差较大的5000元。田大淦、郑某某的供述均反映，是公安局领导给郑某某安排的春节活动经费。第二，应当排除是由三人共同的名义给郑某某送钱，范某未参与送钱，刘某未参与2011年底送钱，且2011年、2012年给郑某某送钱时，送钱的田大淦、刘某都已表明，是公安局领导安排给郑某某的钱。

从行为方式来看，送给郑某某 10 万元的行为，与田大淦、刘某、范某三人商量将单位资金套取据为己有的行为均是相互独立的行为。2011 年，在套取公款 5 万元送给郑某某后，田大淦认为范某可能也想从单位拿钱，便向范某提出局长、政委、分管财务的副政委也可以从单位拿一笔钱，因此，此后三人也实施了贪污行为。2012 年送给郑某某的 5 万元，是三人已经从单位套取公款私分后，再商量送给郑某某的。由此可见，三人对这 10 万元并无据为己有的意图。

综上，范某系局长、刘某系政委，田大淦系分管财务的副职，三人商量将公款以单位名义送给郑某某，并无据为己有的意图，应认定为单位行为，而非个人行为，故不能认定送给郑某某的 10 万元为三人共同贪污的数额。

田大淦犯数罪，应对其每个罪名分别量刑。本案在量刑中综合考虑了如下因素：在贪污罪中，田大淦具有坦白情节，但其是贪污犯意的发起者，且是由其安排实施套取行为，因此其为主犯，应对共同贪污数额承担刑事责任；其家属代田大淦主动退赃，可以酌情从轻处罚。在受贿罪中，田大淦具有坦白情节，其家属代田大淦主动退赃，可以酌情从轻处罚。结合其自愿认罪认罚，并签署了《认罪认罚具结书》，其家属代为预缴罚金人民币 10 万元，可以对其从宽处罚。

（恩施州纪委监委宣传部对本文亦有贡献）

（刘一霖，原载于《中国纪检监察报》2020 年 10 月 14 日）

一年损失七亿元案背后的纪法考量

——从山东威海一起国有公司人员

失职、滥用职权案说起

这是一起发生在国有企业，又属于金融领域的职务犯罪案件。王华在担任泰和公司负责人仅一年多时间内，与公司副总经理周国麟共同违法，造成国有资产损失7亿余元，其个人受贿800万元。本案中，周国麟自称是合同工，如何认定其国有公司工作人员的身份？王华、周国麟在同一案件中为何罪名不同？王华、周国麟同时触犯受贿罪和渎职犯罪，是否应该数罪并罚？导致二人刑期不同的因素有哪些？我们邀请相关单位工作人员予以分析。

基本案情

王华，男，1998年5月加入中国共产党，2017年2月至2018年3月，任泰和融资租赁有限公司（以下简称泰和公司）负责人；2018年3月至2019年1月，任泰和公司党支部书记、董事长兼总经理。周国麟，男，2017年3月至2019年1月，任泰和公司副总经理。

2017年3月，泰和公司为邹平长城集团有限公司（以下简称长城集团）融资人民币3亿元。项目立项后，周国麟担任主办客户经理，其明知长城集团提供虚假的租赁物发票，未将相关账目发票与租赁物实际核对，并向王华隐瞒该情况，出具虚假报告使该项目通过尽职调查环节。相关工作人员在评审报告中提出该项目风险较高，应当慎重审批，王华认为可以先通过项目审批，放款前再核实风险点，此后项目顺利通过审批。周国麟在核保过程中，故意不核实租赁物实际情况，直接与长城集团签订相关合同。2017 年 5 月 12 日，泰和公司向长城集团放款 3 亿元。此后，王华提出将个人游艇出售给长城集团，被长城集团法定代表人刘某甲拒绝。同时，刘某甲考虑到在泰和公司融资 3 亿元，日后可能还需要开展相关业务，送给王华 300 万元，王华予以收受。同月，周国麟向长城集团副总经理刘某乙索要好处费 100 万元，用于购买个人理财产品及日常消费。

2017 年 7 月，刘某甲向王华提出希望泰和公司为长城集团融资 5 亿元从事炒铝业务。王华同意后，安排周国麟担任主办客户经理。项目立项后，周国麟故技重施，利用职务便利使该项目通过尽职调查环节。2017 年 8 月 23 日，泰和公司将 5 亿元融资款打入共管账户。王华再次提出将个人游艇出售给长城集团，被刘某甲拒绝。9 月，刘某甲安排送给王华好处费 500 万元。

2017 年 12 月，周国麟为青岛某投资公司向泰和公司申请融资 5 亿元时提供帮助，收受项目中介人赵某某所送现金 20 万元，用于个人日常消费。

2018 年，长城集团进入破产程序。泰和公司对长城集团融资租赁项目共造成国有资产损失 7 亿余元。

查处过程

【指定管辖】2019 年 3 月 10 日，威海市纪委监委将王华有关问题线索指定乳山市纪委监委办理。3 月 13 日，威海市监委将周国麟有关问题线索指定乳山市监委办理。

【立案审查调查】2019 年 3 月 18 日，乳山市纪委监委对王华涉嫌严重违纪违法问题立案审查调查，并于同日对王华采取留置措施。3 月 19 日，周国麟主动到监察机关投案，乳山市监委对周国麟涉嫌严重违法问题立案调查，并于同日对其采取留置措施。

【移送审查起诉】2019 年 8 月 4 日，乳山市纪委监委给予王华开除党籍处分，并将其涉嫌国有公司人员失职罪、受贿罪以及周国麟涉嫌国有公司人员滥用职权罪、受贿罪一案移送乳山市人民检察院审查起诉。同日，王华、周国麟被依法刑事拘留。2019 年 8 月 13 日，王华、周国麟被依法逮捕。

【提起公诉】2019 年 9 月 27 日，乳山市人民检察院以王华涉嫌国有公司人员失职罪、受贿罪以及周国麟涉嫌国有公司人员滥用职权罪、受贿罪向乳山市人民法院提起公诉。

【一审判决】2020 年 6 月 11 日，乳山市人民法院作出一审判决，王华犯国有公司人员失职罪、受贿罪，数罪并罚，决定执行有期徒刑十五年，并处罚金人民币一百万元。周国麟犯国有公司人员滥用职权罪、受贿罪，数罪并罚，决定执行有期徒刑八年，并处罚金人民币五十万元。

【提起上诉】一审判决后，王华和周国麟分别提出上诉。

【二审裁定】2020 年 9 月 14 日，威海市中级人民法院裁定，驳回上诉，维持原判。

纪法辨析

一、本案有哪些显著特点，暴露出国企监管中存在哪些问题？

高伟（山东省乳山市纪委常委、案件审理室主任）：王华、周国麟违纪违法问题案情重大、复杂，主要有以下特点：

一是该案属于重点领域的腐败案件，专业性较强。十九届中央纪委四次全会要求，深化金融领域反腐败工作，加大国有企业反腐力度。王华和周国麟案发生在国有企业，又属于金融领域，是各级纪委监委关注的重点领域典型案件，专业性较强且较为复杂。我们从审计、财政等部门抽调业务骨干，对涉及的融资租赁业务、企业往来账目进行审计、核对、取证，用专业知识破解案件查处难题。

二是调查对象的反调查意识较强。长城集团在公开发债市场出现违约后，王华预感长城集团在泰和公司的所有融资业务将会出现逾期，甚至无法收回，担心自己收受贿赂的事情暴露，先后找多名律师咨询，并与相关人员多次串供，企图通过编造虚假交易的微信记录、制作虚假的买卖协议等方式，掩盖收受贿赂的事实，这也大大增加了此案查办难度。

三是贿赂数额巨大、造成损失重大。王华在担任泰和公司负责人期间，利用职务之便，先后两次收受贿赂 800 万元。同时，王华和周国麟作为国有公司管理人员，徇私舞弊，不认真履行职责，致使国家利益遭受特别重大损失，高达 7 亿余元，影响恶劣。

该案暴露出国有企业在公司治理和责任监管等方面存在的漏洞和不足。看似制度健全、层层把关、重重审核，却层层失责失守，造成国家利益遭受重大损失。对于本案中发现的问题，威海市纪委监委督促主管部门、包括泰和公司在内的市属国有企业深化以案促改，完善国资监管体系建设，推动建立有效制衡的决策、执行、监督机制；督促主管部门召开国企警示教育大会，加强党纪国法教育，深入推进“廉洁国企”建设；推进市管企业纪检监察机构改革，向市属国企派驻纪委书记，紧盯重点项目、重大工程中项目审批、资金使用等环节，加大监督检查力度。

二、周国麟是否具有国有公司工作人员的主体身份？其滥用职权行为与泰和公司的损失是否存在因果关系？

姜府佐（山东省乳山市监委委员）：监察法规定的六类监察对象，其中一类就是国有企业的管理人员，包括国有独资、控股、参股企业及其分支机构等国家出资企业中，由党组织或者国家机关、国有公司、企业、事业单位提名、推荐、任命、批准等，从事领导、组织、管理、监督等活动的人员。周国麟在上诉时称自己只是合同工，在泰和公司亦未从事公务工作，不具有国有公司工作人员的主体身份。对此，我们认为，首先，要确定泰和公司是否属于监察法规定的国家出资企业。泰和公司是由三家国有独资企业共同注资成立，根据最高人民法院、最高人民检察院《关于办理国家出资企业中职务犯罪案件具体应用法律若干问题的意见》第七条关于国家出资企业的界定，可以认定泰和公司属国有公司。其次，判断周国麟是否属于国有公司工作人员，关键看其是否行使公权力，其行为是否损害了公权力的廉洁性。根据最高人民法院《全国法院审理经济犯罪案件工作座谈会纪要》规定，国有公司的董事、经理、监事、会计、出纳人员等管理、监督国有财产等活动，属于从事公务。周国麟作为泰和公司副总经理，分管市场一部、二部，实际也履行客户经理职责，即行使国有资产管理职责，有别于一般性的劳务、技术服务工作。因此，周国麟属于国有公司、企业人员滥用职权罪的适格主体。

认定滥用职权行为与重大损失的客观危害后果之间是否存在刑法因果关系，关键是审查滥用职权行为对客观危害后果的发生是否实际发生了作用。尽职调查属于周国麟的工作职责，也是评审委员会作出决议的重要依据。周国麟在尽职调查过程中，明知长城集团提供虚假的租赁物发票仍帮助其隐瞒，在未对租赁物盘点核实的情况下出具尽职调查报告，在重组业务中与王华放弃质押方式增信等，导致泰和公司融资款无法收回。其行为属于滥用职权行为，与泰和公司的损失之间存在因果关系。周国麟向评审委员会阐述项目无风险，授信部门、评审委员会介入因素没有中断因果关系，在“一果多因”的情形下，不能因介入因素的存在而否认其因果关系的事实。

三、本案中，为何王华涉嫌国有公司人员失职罪，而周国麟涉嫌国有公司人员滥用职权罪？

姜苗苗（山东省乳山市人民检察院第二检察部员额检察官）：国有公司人员失职罪是指国有公司的工作人员，由于严重不负责任，造成国有公司企业破产或者严重损失，致使国家利益遭受重大损失的行为。国有公司人员滥用职权罪是指国有公司的工作人员，由于滥用职权，造成国有公司破产或者严重损失的行为。两罪的犯罪主体都是国有公司的工作人员，且都属于结果犯，主要区别在于主观方面不同，失职罪是行为人意识到自己是履行职责，由于各种原因而不履行职责或者不认真履行职责；而滥用职权罪是行为人意识到自己在行使权力，不该用而用，超越职权滥用职权的行为。区别失职还是滥用职权的关键还是要看行为人的主观过错，失职罪的主观方面一般是过失或者间接故意，而滥用职权罪的主观方面一般是直接故意。同时，两罪的追诉标准也有所不同。

本案中，周国麟作为公司副总经理及主办客户经理，在负责尽职调查工作过程中，违反公司规定，徇私舞弊，明知长城集团提供虚假的租赁物发票，未将相关账目发票与租赁物核对，向王华和评审委员会隐瞒该情况，出具尽职调查报告使该项目通过尽职调查环节，这种明知不可为而为之的行为是滥用职权。王华因为轻信周国麟出具的尽职调查报告，未履行公司董事长、总经理及评审会主任委员的职责，对调查报告认真监督检查，未慎重审批放款，在相关业务部门未对租赁物进行定期检查等情况下，并未要求相关部门按规定执行，也未调度质押物监管情况，怠于履行工作职责，放任危害后果发生，同时，王华对周国麟徇私舞弊的行为并不知情，应当以国有公司人员失职罪追究其刑事责任。

四、王华、周国麟均同时触犯受贿罪和渎职犯罪，是否应数罪并罚？王华被判有期徒刑十五年，周国麟被判有期徒刑八年，刑期不同的因素有哪些？

王华胜（山东省威海市中级人民法院刑二庭副庭长）：最高人民法院、最高人民检察院《关于办理贪污贿赂刑事案件适用法律若干问题的解释》第十七条规定："国家工作人员利用职务上的便利，收受他人财物，为他人谋取利益，同时构成受贿罪和刑法分则第三章第三节、第九章规定的渎职犯罪的，除刑法另有规定外，以受贿罪和渎职犯罪数罪并罚。"同时，根据刑法第九十三条规定，国有公司中从事公务的人员，以国家工作人员论。周国麟同时构成受贿罪和国有公司人员滥用职权罪，依法应数罪并罚。基于同样的原因，王华同时构成受贿罪和国有公司人员失职罪，依法应数罪并罚。

关于量刑问题，根据刑法第六十一条之规定，对犯罪分子决定刑罚时，应当根据犯罪的事实、性质、情节及对社会的危害程度来确定。王华和周国麟刑期不同的因素，从犯罪事实上，二人受贿的数额有差异，根据最高人民法院、最高人民检察院《关于办理贪污贿赂刑事案件适用法律若干问题的解释》规定，王华受贿数额800万元，应在十年以上有期徒刑幅度内予以量刑；周国麟受贿120万元，应在三年以上十年以下有期徒刑幅度内予以量刑。从性质上，二人的职务及职责不同，周国麟作为副总经理未履行尽职调查环节职责；王华作为董事长兼总经理，未履行公司董事长、总经理及评审会主任委员的职责，导致本案相关项目获得审批放款，致使国家利益遭受特别重大损失，所以王华的责任更重。从量刑情节上，王华具有坦白、部分退赃等从轻情节；周国麟具有索贿法定从重情节，具有受贿部分自首、全部退赃等法定从轻情节。综合上述情况，王华、周国麟刑期不同。

（程威，原载于《中国纪检监察报》2020年10月21日）

索取商业机会获利的罪与非罪

——从浙江省嘉兴市秀洲高新区党工委原书记金德贵案说起

这是一起公职人员利用职权索取商业机会并经营获利的案件。本案中，公职人员金德贵与退休干部张志能合伙开公司，前者幕后控制，后者台前运作，金德贵向辖区企业索取商业机会后交给公司经营获利，是违规从事营利活动的违纪行为，还是受贿犯罪行为？持有干股期间未获得实际利益能否认定为受贿既遂？主动到纪检监察机关解释问题是否应该从轻处罚？对此，我们邀请相关单位工作人员进行分析。

基本案情

金德贵，男，中共党员，1964 年 4 月出生，浙江省嘉兴市秀洲区原区委常委、秀洲高新技术产业园区党工委书记。张志能，男，中共党员，1954 年 4 月出生，退休前系嘉兴市秀洲区政协副主席、秀洲区副县级干部。

自 1998 年 6 月开始，金德贵利用其担任嘉兴市秀洲区环保局、交通局、建设局负责人等职务上的便利，为沈某某实际控制的塑胶公司在土地规划变更、企业技改、企业环评等方面谋取利益。2003 年初，金德贵与沈某某商议成立天元公司经营房地产，金德贵拟辞去公职负责公司管理运作。同年 9 月 16 日，天元公司注册成立，注册资本 1000 万元，其中沈某某持股 51%，金德贵以其妻子章某某名义持股 49%，注册资本全部由沈某某缴付。后金德贵确定不辞职，沈某某与金德贵决定将章某某在天元公司的股份由 49%调整为 30%，并于 2005 年 3 月 1 日完成工商变更登记。2009 年 12 月，金德贵担任嘉兴市秀洲区规划与建设局局长、党委副书记，因害怕持股的事情败露，金德贵与沈某某商议后，将章某某在天元公司 30%的股份转移给沈某某的妻女，并于 2010 年 12 月将天元公司注销。公司注销时资产为 1068 万余元。金德贵以干股形式收受沈某某所送好处 300 万元。

2014 年上半年，金德贵以他人名义投资 15 万元注册成立嘉兴鼎恒科技有限公司（以下简称鼎恒公司），意图经营危化品生意，但未开展具体业务。其间，金德贵向其辖区内企业福达公司董事长陆某某提出欲与福达公司开展钢材交易，陆某某当即表示同意。金德贵找到张志能，两人商定张志能出资 6.3 万元以他人名义入股鼎恒公司，金、张两人占股比例分别为 70%和 30%，张志能负责钢材交易的具体运作。随后，两人变更鼎恒公司工商登记的经营范围、股东、股权等，使得鼎恒公司具有了钢材交易的资质。后张志能与福达公司项目经理陆某根进行了对接，陆某根为获得金德贵关照，承诺在同等条件下，以高于其他钢材供应商 20 元/吨的价格向鼎恒公司采购普通钢材。2014 年 8 月至 2019 年 3 月间，金德贵、张志能通过鼎恒公司向陆某根承接的多个工程供应钢材，销售金额 1.21 亿元，获取净利润 304 万余元。上述利润中包括较其他钢材供应商多获取的额外收益 61 万余元。

经查明，金德贵实控的鼎恒公司除了主要与福达公司项目经理陆某根进行钢贸业务外，还少量经营其他业务。此外，金德贵还收受沈某某以给其兄长代缴社保方式所送的好处共计 7 万余元。

2019 年 4 月，金德贵主动到嘉兴市纪委监委解释了相关情况，未如实交代非法收受财物的犯罪事实。

查处过程

【立案审查调查】2019 年 4 月 28 日、6 月 4 日，金德贵、张志能因涉嫌严重违纪违法分别被嘉兴市纪委监委立案审查调查并采取留置措施。

【党纪政务处分】2019 年 9 月 29 日，金德贵被开除党籍、开除公职；同日，张志能被开除党籍、取消退休待遇。

【移送审查起诉】2019 年 9 月 29 日，金德贵、张志能被移送嘉兴市人民检察院审查起诉并被刑事拘留，10 月 9 日，被嘉兴市公安局执行逮捕；10 月 21 日，经依法指定，该案移交桐乡市人民检察院审查起诉。

【提起公诉】2019 年 12 月 6 日，桐乡市人民检察院以金德贵、张志能涉嫌受贿罪向桐乡市人民法院提起公诉。

【一审判决】2020 年 8 月 14 日，桐乡市人民法院判决金德贵犯受贿罪，判处有期徒刑十年二个月，并处罚金六十万元；判决张志能犯受贿罪，判处有期徒刑二年四个月，缓刑三年，并处罚金二十万元。

【提出上诉】一审判决生效后，金德贵不服，提出上诉。

【二审裁定】2020 年 10 月 13 日，嘉兴市中级人民法院裁定驳回上诉，维持原判。

纪法辨析

一、鼎恒公司由金德贵幕后实际控制，张志能仅台前运作，金德贵索取商业机会交由鼎恒公司经营获利后按股份分成，是违纪行为，还是受贿犯罪行为？如果是犯罪，受贿数额如何确定？

许雪军（嘉兴市纪委监委第五审查调查室主任）：根据2007年“两高”《关于办理受贿刑事案件适用法律若干问题的意见》规定，交易型受贿的受贿数额应按照交易时当地市场价格与实际支付价格的差额计算。本案中，福达公司作为大型建筑公司，在采购钢材方面通常都会找一家二级钢材供应商来供应钢材，为工程建设提供钢材定购、送货等服务。金德贵实际控制的鼎恒公司与福达公司间的钢材贸易交易，并不是双方为利益输送而特意增加的一道交易手续。因此，本案中的钢材贸易行为，应当认定是福达公司向鼎恒公司提供的一种交易机会而不是直接的利益输送。最终获利与否，利润多少因市场行情、资金储备等不确定因素的存在而现实地存在经营风险。鼎恒公司向福达公司供应钢材确实付出了经营成本和相应的劳务，并承担了经营风险，鼎恒公司由此获得的304万元的净利润，显然与司法解释关于通过交易方式实施受贿犯罪的行为存在本质不同。

但是，在看似正常的市场交易背后，定价环节却隐藏着猫腻。福达公司的项目经理陆某根，为保证金德贵“做生意稳赚钱”，提出以高于原供应商20元/吨的价格从鼎恒公司购买钢材，而金德贵一方也欣然接受陆某根的“慷慨”，持续以高价向陆某根供应钢材四年有余。事实表明，通过钢材定价，金德贵利用职权为陆某根谋取好处并收受对方明显高于市场价格的交易差价。鼎恒公司在与福达公司进行钢材贸易过程中，交易差价共计 61 万余元，应认定为金德贵收受福达公司陆某根所送的贿赂款。

除金德贵、张志能共同受贿 61 万余元的犯罪事实外，两人通过运作鼎恒公司经营获利 243 万余元，违反了领导干部不得经商办企业的有关规定，构成了违规从事营利活动违反廉洁纪律的违纪行为。243 万余元应当作为违纪所得予以没收。

二、本案中，如何认定主动投案？金德贵在得知涉案人员被采取留置措施后主动到嘉兴市纪委监委说明问题的行为是否构成自首？

孔晓曼（嘉兴市纪委监委案件审理室副主任）：违纪违法党员干部自动投案，主动交代问题，不仅有利于及时查处问题、节约办案成本，更重要的意义在于能够使纪检监察机关充分运用“四种形态”，有针对性地对违纪违法党员干部予以从轻、减轻或者免予处分。对涉嫌犯罪主动投案符合自首情节的，经监察机关领导人员集体研究，并报上一级监察机关批准，可以在移送人民检察院时提出从宽处罚的建议，由司法机关按照相关法律规定处理。

适用主动投案宽大处理政策必须具备时间性。一般应在被采取初核谈话、审查调查谈话措施前，即行为人的违纪违法问题尚未被纪检监察机关掌握，或虽被掌握，但尚未受到审查调查谈话、讯问或尚未被采取留置措施。在谈话函询过程中主动交代纪检监察机关未掌握的违纪违法问题也视为主动投案。同时，投案后必须主动交代其涉嫌违纪或者职务违法、职务犯罪问题，这是主动投案的本质要求。

2017 年 9 月，嘉兴市纪委就金德贵有关问题对其进行函询，金德贵否认了自己的全部问题。2019 年 4 月，金德贵得知涉案人员沈某某被采取留置措施，主动到嘉兴市反腐败教育基地作出说明，但对干股受贿问题解释为曾有借款但已归还，对所参与的钢贸交易受贿问题解释为其子入股公司但未开展经营活动就退出。金德贵还联系过市委、区委领导，但主要是作思想交流，否认自己的违纪违法问题。可见，金德贵的投案行为虽然符合主动投案的时间要件，但不符合到案后主动交代主要违纪违法事实的实质要件，表面看似主动投案，实则并非真心悔过，而是抱有侥幸心理，不能认定为主动投案、如实供述，不能认定为自首。

三、金德贵在持有天元公司干股期间，未获得实际性财产利益，是否应当认定为受贿未遂？

姚晓红（桐乡市人民检察院第二检察部主任）：这个问题也是本案的控辩争议焦点所在。“两高”《关于办理受贿刑事案件适用法律若干问题的意见》明确规定，国家工作人员利用职务上的便利为请托人谋取利益，收受请托人提供的干股的，以受贿论处。进行了股权转让登记，或者相关证据证明股份发生实际转让的，受贿数额按转让行为时股份价值计算，所分红利按受贿孳息处理。本案中，金德贵妻子章某某持有的天元公司30%的股份已登记确权，天元公司注册资本1000万元，按登记时股份价值即为300万元。与此同时，金德贵充分享受了股东权利：经营决策权方面，金德贵参与项目定位、外部事务协调等，之后公司是否注销也是由金德贵决定；股权行使方面，对于注册登记时金德贵一方持有的30%的股份，双方未有任何限制股权的约定，该股权属于全权利股权，在注销登记前，金德贵将自己30%的股权通过协议转让给沈某某妻女即是证明。虽然在公司经营过程中，公司从未分红过，但并不代表其不享受分红权，这从沈某某的证言“你的那一份不会忘记的，那一份就是30%的股份价值及对应的分红”可以证实。可见，金德贵在收受30%的股权并予以登记确权后，受贿即已既遂，受贿数额为300万元。

事实上，金德贵在持股长达 7 年多的时间里从未作出退出股份的意思表示，即使后来金德贵将章某某持有的 30%股份转移给沈某某的妻女并将天元公司注销，目的也是为了规避调查，并未真正放弃该部分财产。故其收受干股的犯罪行为已然既遂，其后转移股份并将天元公司注销的行为并不影响既遂的犯罪形态。

四、法院在定罪量刑时对主从犯是如何区别处理的？对张志能为何适用缓刑？

范悦（嘉兴市中级人民法院刑事审判第二庭副庭长）：金德贵、张志能作为国家工作人员，单独或者结伙收受他人贿赂，其中金德贵受贿 368 万余元，数额特别巨大；张志能受贿 64 万余元，数额巨大。在金德贵与张志能通过钢贸交易共同受贿的 61 万余元过程中，金德贵利用职务之便与请托人进行权钱交易，为福达公司在经营地址搬迁、资质申请、资金支持、项目工程承接等方面谋取利益，主动提出与福达公司进行钢贸交易，是犯意的主要策划实施者，起主要作用，是主犯；张志能没有利用自身职务便利为福达公司谋利的情节，且在金德贵的授意指使下具体运作，相较于金德贵在共同受贿犯罪中起次要作用，是从犯，依法应当从轻、减轻处罚。金德贵、张志能分别持有鼎恒公司暗股份额 70%和 30%的比例也充分说明金德贵的主导作用。此外，张志能在提起公诉前积极退赃，归案后如实供述自己所犯罪行，可予从轻处罚；张志能自愿认罪认罚，可予从宽处理。综合考虑张志能的犯罪情节、悔罪表现，法院最终对张志能判处有期徒刑二年四个月，缓刑三年，并处罚金二十万元。

（程威，原载于《中国纪检监察报》2020 年 10 月 28 日）

审判中检举揭发能否认定立功

——从江苏省常州市公安局经开区分局原干警张陶俊案说起

这是一起由普通盗窃案牵出的职务犯罪“案中案”。常州市公安局经开区分局发现该局街道派出所三级警长张陶俊违规进入看守所审讯室，会见由其他民警承办的盗窃案犯罪嫌疑人，其后张陶俊又被该案犯罪嫌疑人举报受贿。本案中，张陶俊在审判中检举揭发，并申请法院认定其构成立功，二审法院是否支持？本案如何从普通盗窃案延伸至受贿案再至帮助犯罪分子逃避处罚案？一审法院如何区分帮助犯罪分子逃避处罚罪和徇私枉法罪，受贿后帮助犯罪分子逃避处罚是择一重罪还是数罪并罚？我们特邀相关单位工作人员予以解析。

基本案情

张陶俊，男，中共党员，1965年8月出生，2016年4月至2017年11月，任常州市公安局江苏常州经济开发区分局街道派出所三级警长。

2017年8月中旬，张陶俊收受盗窃案犯罪嫌疑人丁某、王某贿送的现金人民币1.8万元，试图包庇两人逃避刑事处罚。其后，张陶俊与丁某、王某一起分析案情，帮其制定了只投案不自首的“策略”。在丁某、王某投案后，张陶俊多次向承办民警打听案件办理进度，甚至违规进入看守所审讯室，干扰办案民警讯问，暗示二人对抗审讯。2017 年 8 月至 9 月，张陶俊还先后多次收受丁某、王某家属所送的贿款 8 万元，试图再次“活动”，帮助二人免予刑事处罚。

此外，张陶俊还利用其担任警察职务形成的便利条件，通过其他国家工作人员职务上的行为，为他人谋取不正当利益，非法收受他人贿送的财物，共计价值人民币 4.6 万余元。

查处过程

【立案审查调查】2019 年 5 月 23 日，常州经开区纪工委监察工委对张陶俊涉嫌受贿犯罪问题立案调查。

【党纪政务处分】2019 年 10 月 21 日，张陶俊被开除党籍、开除公职。

【移送审查起诉】2019 年 10 月 21 日，常州经开区纪工委监察工委将张陶俊涉嫌受贿、帮助犯罪分子逃避处罚一案移送检察机关审查起诉。次日，张陶俊被武进区人民检察院依法采取取保候审强制措施。

【提起公诉】2019 年 12 月 4 日，武进区人民检察院以张陶俊涉嫌受贿罪、帮助犯罪分子逃避处罚罪向武进区人民法院提起公诉。

【一审判决】2020 年 6 月 11 日，武进区人民法院判决张陶俊犯帮助犯罪分子逃避处罚罪和受贿罪，数罪并罚，决定执行有期徒刑二年六个月，并处罚金人民币 10 万元。张陶俊不服，提起上诉。

【二审裁定】2020 年 9 月 29 日，常州市中级人民法院裁定驳回上诉，维持原判。

纪法辨析

一、张陶俊的问题线索是如何发现的？办案人员在固定证据时重点做了哪些工作？

吴天云（常州经开区纪工委监察工委第二纪检监察室副主任）：本案的线索来源于公安机关移送，本案的特点是案中有案、前案牵后案，而且涉及贿赂和渎职两类职务犯罪。本案起因是公安机关发现张陶俊违规会见盗窃案犯罪嫌疑人，其后又被该犯罪嫌疑人丁某举报受贿，但蹊跷的是，这起盗窃案并非由张陶俊承办。公安机关将问题线索移送至我委后，我们对该线索进行了初核。张陶俊是怎么认识丁某的？是否存在受贿行为？这是我们首先要查清的问题。经过缜密的核查，我们掌握了张陶俊通过中间人介绍结识丁某、王某，并收受两人贿送财物的部分犯罪事实。随后，我委对张陶俊立案审查调查。

“张陶俊并非该案承办民警，丁某、王某行贿的请托事项是什么？张陶俊是通过什么方式帮助丁某、王某的？”立案后，我们双管齐下，一方面加强对丁某、王某的心理疏导，打消他们既想通过举报要回贿款，又担心受到打击报复的思想顾虑；另一方面，针对张陶俊的抵触情绪，我们一起与他过党日活动，帮助他回顾入党初心，通过耐心细致的思想政治工作，促其主动交代问题、认识错误。最终，张陶俊如实供述了他帮助丁某、王某打探案情、通风报信等犯罪事实。尤其恶劣的是，张陶俊在丁某、王某接受讯问时，违规进入看守所审讯室，干扰办案民警讯问，暗示两人对抗审讯，导致两人长时间拒不交代犯罪事实。至此，从盗窃到受贿再到渎职犯罪，整个案情脉络清晰地展现出来，“案中案”的疑点全部解开。

在固定证据过程中，我们牢牢把握四个关键环节。一是查清张陶俊在本案中的主体身份。本案涉嫌贿赂和渎职两类职务犯罪，特别是渎职部分，主体身份对于整个案件的定性有着直接影响。经查，张陶俊并非该起盗窃案的承办民警，不具有该案的刑事追诉职权，但根据任职通知书，张陶俊是三级警长，属于具有查禁犯罪活动职责的国家机关工作人员。二是厘清张陶俊的客观行为，准确区分此罪与彼罪。经查，具有该起盗窃案刑事追诉权的承办民警并未与张陶俊合谋利用职权帮助丁某、王某逃避处罚；同时，张陶俊亦未与丁某、王某通谋盗窃，而是在两人案发后介入，收受财物并接受请托，帮助两人打听案情、出谋划策。三是注重将主观性证据客观化。针对言词证据反映出的时间、地点、人物、情节、原因、结果等要素，通过收集调取微信交易记录、银行交易记录、监控视频资料等客观性证据予以补强、证实或证否。四是闭合证据链条。在严格依法收集、鉴别各类证据同时，注重将丁某、王某盗窃案与张陶俊受贿渎职案的证据相互支撑、相互印证，做到全面、客观，形成完整、稳定的证据链。最终起诉意见书、起诉书和法院判决书认定的罪名和受贿数额均一致。

二、移送审查起诉后，检察机关为何没有对张陶俊批准逮捕？在提出量刑建议时为何又建议判处实刑？

秦中新（常州市武进区人民检察院第二检察部主任、四级高级检察官）：张陶俊所涉罪行并非严重危害社会治安案件，同时认罪悔罪态度较好。因此，我们根据刑事诉讼法第六十七条第二款规定，决定采取取保候审强制措施，由其居住地的公安机关执行。新冠疫情期间，为配合疫情防控措施，没有将强制措施变更为逮捕，继续取保候审。这既保障了刑事诉讼程序依法有序进行，也符合比例原则充分尊重保障当事人权利，同时符合疫情防控要求。

在提出量刑建议时，考虑到张陶俊涉嫌受贿、帮助犯罪分子逃避处罚两个犯罪行为，其中审查起诉认定的受贿数额达 14 万余元，根据“两高”《关于办理贪污贿赂刑事案件适用法律若干问题的解释》第一条第一款的规定，应当认定为刑法第三百八十三条第一款规定的“数额较大”，依法判处三年以下有期徒刑或者拘役，并处罚金。关于其渎职罪行，根据刑法第四百一十七条规定，有查禁犯罪活动职责的国家机关工作人员，向犯罪分子通风报信、提供便利，帮助犯罪分子逃避处罚的，处三年以下有期徒刑或者拘役。我们认为，张陶俊属于多行为触犯数罪，根据刑法第六十九条规定应数罪并罚。

根据刑法规定，对于被判处拘役、三年以下有期徒刑的犯罪分子，同时符合犯罪情节较轻、有悔罪表现、没有再犯罪的危险、宣告缓刑对所居住社区没有重大不良影响的才可以适用缓刑。张陶俊虽然满足上述条件，但刑法规定仅为可以适用缓刑，对不满十八周岁、怀孕的妇女和年满七十五周岁的老人才为应当适用缓刑，考虑到张陶俊依法应数罪并罚，且未退清赃款，仅有坦白情节，无其他量刑情节，综合判定，建议对其以帮助犯罪分子逃避处罚罪判处有期徒刑九个月至一年，以受贿罪判处有期徒刑一年九个月至两年，且不适用缓刑。

三、张陶俊通风报信、出谋划策等行为是帮助犯罪分子逃避处罚还是徇私枉法？其受贿后渎职，是择一重罪处罚，还是数罪并罚？

吴文亮（常州市武进区人民法院审判委员会专职委员、四级高级法官）：关于张陶俊通风报信、违规会见的行为，我们认为依法构成帮助犯罪分子逃避处罚罪，而不是徇私枉法罪。两罪均为职务犯罪，区别的关键在于主体身份。本案中，张陶俊并非盗窃案的承办民警，在盗窃案中其身份不是具有刑事追诉权的司法工作人员，不符合徇私枉法罪的主体要件。此外，该起盗窃案的承办民警主观上不具有与张陶俊共同包庇犯罪嫌疑人的故意，客观上也未有共同犯罪的行为，因此张陶俊也不构成徇私枉法罪共犯。本案中，张陶俊的身份是具有查禁犯罪活动职责的国家机关工作人员，符合帮助犯罪分子逃避处罚罪的主体要件。

关于张陶俊受贿后帮助犯罪分子逃避处罚的罪数判断，我们认为依法应当数罪并罚，主要是三个方面原因：第一、张陶俊实际上实施了两个犯罪行为。一个是受贿行为，另一个是通过打探案情、通风报信、出谋划策、干扰讯问等方式帮助犯罪分子逃避处罚的行为，两个犯罪行为符合各自的犯罪构成要件，应当分别评价。第二、不符合择一重罚的情形。实践中，一般想象竞合犯、法条竞合犯、牵连犯等可以择一重罚。想象竞合是指一个行为触犯多个罪名，但张陶俊实际实施了受贿和帮助犯罪分子逃避处罚两个行为，侵犯了两个法益。法条竞合是指法条之间有包容或交叉关系，但张陶俊触犯的是受贿罪与帮助犯罪分子逃避处罚罪，在一般情况下，这两个法条之间不存在包容、交叉关系。牵连犯是指犯罪的手段行为或者结果行为，与目的行为或原因行为分别触犯不同罪名的情形，只有具有类型化的手段与目的、原因与结果关系时才存在牵连关系，比如伪造国家机关公文招摇撞骗等，但本案中受贿与帮助犯罪分子逃避处罚不符合类型化、通常化的特征，不属于牵连犯。第三、根据司法解释应当数罪并罚。根据“两高”《关于办理渎职刑事案件适用法律若干问题的解释（一）》第三条的规定，国家机关工作人员实施渎职犯罪并收受贿赂，同时构成受贿罪的，除刑法另有规定外，以渎职犯罪和受贿罪数罪并罚。刑法的除外规定只有第三百九十九条规定的徇私枉法、民事行政枉法裁判、执行判决裁定失职等，才可与受贿罪择一重罪处罚。因此，张陶俊的受贿与帮助犯罪分子逃避处罚行为应当数罪并罚。

四、张陶俊在审判中提出自己具有检举揭发和自首情节，请求法院认定构成立功，对此，法院为何不予采纳？

林青（常州市中级人民法院审判员、一级法官）：张陶俊在审判时检举揭发的线索，我们已按程序移送纪检监察机关。由于在本案审理期间，纪检监察机关仍在对线索进行核查，其检举揭发未能得到查证属实，根据“两高”《关于办理职务犯罪案件认定自首、立功等量刑情节若干问题的意见》相关规定，“犯罪分子揭发他人犯罪行为，提供侦破其他案件重要线索的，必须经查证属实，才能认定为立功”。因此，对于该部分上诉理由及辩护意见，我们不予采纳。同时，依据监狱法第二十九条和第三十条之规定，如后续其检举揭发被查实，构成立功，则由其服刑的监狱向人民法院提出，可以对其减刑。

根据刑法第六十七条第一款之规定，成立自首需同时具备自动投案和如实供述两个要件。犯罪事实或者犯罪分子未被办案机关掌握，或者虽被掌握，但犯罪分子尚未受到调查谈话、讯问，或者未被宣布采取调查措施或者强制措施时，向办案机关投案的，是自动投案。在张陶俊接受调查之前，监察机关已掌握其主要犯罪事实，其是在接受审查调查期间如实交代犯罪事实的，因此不构成自动投案。根据“两高”《关于办理职务犯罪案件认定自首、立功等量刑情节若干问题的意见》规定，“没有自动投案，在办案机关调查谈话、讯问、采取调查措施或者强制措施期间，犯罪分子如实交代办案机关掌握的线索所针对的事实的，不能认定为自首”，因此，张陶俊不符合自首的构成要件，该部分上诉理由及辩护意见不予采纳。

（程威，原载于《中国纪检监察报》2020 年 11 月 4 日）

“影子合伙人”收取分红如何认定

——从广东省中山市交通运输局原党组书记、局长余锡盆案说起

这是一起公职人员象征性出资，与商人老板合伙炒卖土地获取巨额分红的案件。余锡盆案涉案金额高达四千余万元，其受贿行为集中发生在其担任“一把手”期间，且“全家总动员”，多名亲属牵涉其中。余锡盆案对纪委监委开展监督工作有何启示？检察院认为，其实际收取的巨额分红均应认定为受贿数额；而余锡盆辩护人认为，应扣除其实际出资应得的收益额，对此，法院如何判决？辩护人提出，余锡盆工作业绩突出，请求轻判，法院是否支持？我们特邀相关单位工作人员予以解析。

基本案情

余锡盆，男，中共党员，1968 年 7 月出生，2006 年 12 月至 2009 年 11 月，任中山市委副秘书长（正处级）；2009 年 11 月至 2013 年 10 月，任中山市古镇镇党委书记、人大主席；2013 年 10 月至 2019 年 9 月，任中山市交通运输局党组（党委）书记、局长。

2010 至 2013 年，余锡盆利用职务便利，为陈某等人承接古镇镇道路绿化工程提供帮助，于 2013 年至 2015 年通过陈某的姐姐陈某颖收受陈某

贿送的人民币 378 万元（以下币种均为人民币）。2011 至 2013 年，余锡盆利用职务便利，为陈某颖经营的中山市某医疗器械公司承接古镇镇人民医院 CT、MRI 等设备采购项目提供帮助，收受陈某颖贿送的 160 万元。

2012 至 2013 年，余锡盆利用职务便利，为颜某某、杨某某承接古镇会议展览中心工程提供帮助。颜某某通过余锡盆的连襟张某伟，支付好处费 230 万元。

2013 至 2016 年，余锡盆伙同张某伟与中山市某灯饰集团有限公司总经理区某聪合伙“炒卖”古镇某地块。为规避法律风险，余锡盆以张某伟名义与区某聪签订炒卖地块“合伙”协议及“借款”协议，约定双方共同出资人民币 7430 万元，每人各占股 50%；余锡盆以张某伟名义出资 100 万元，需按份出资的剩余资金（3565. 5 万元）以借款名义由区某聪代付。区某聪负责土地倒卖的具体事宜，余锡盆不参与经营管理。其间，余锡盆利用职务便利和利用职权或地位形成的便利条件，为区某聪炒卖该地块提供帮助。此后，该项目获利 5997. 7 万元，按照“合伙”协议，区某聪应分给余锡盆项目分红 2998. 85 万元，扣除借款利息 144. 862 万元和员工费用 5 万元后，除退回本金 100 万元外，区某聪还分给余锡盆项目分红共计 2848. 988 万元（法院认定贿款为 2768. 265 万元）。

另查明，余锡盆被留置后，主动交代了中山市纪委监委未掌握的本案全部受贿犯罪事实。

查处过程

【立案审查调查】2019 年 8 月 22 日，中山市纪委监委对余锡盆涉嫌严重违纪违法问题立案审查调查，并采取留置措施。

【移送审查起诉】2019 年 11 月 22 日，中山市纪委监委将余锡盆涉嫌受贿犯罪一案移送检察机关审查起诉。2019 年 12 月 5 日，余锡盆被中山市人民检察院依法批准采取逮捕强制措施。

【党纪政务处分】2020 年 2 月 27 日，余锡盆被开除公职；4 月 9 日，余锡盆被开除党籍。

【提起公诉】2020 年 3 月 5 日，佛山市人民检察院以余锡盆涉嫌受贿犯罪向佛山市中级人民法院提起公诉。

【一审判决】2020 年 6 月 12 日，佛山市中级人民法院判决余锡盆犯受贿罪，决定执行有期徒刑十二年，并处罚金人民币 400 万元。目前判决已生效。

纪法辨析

一、本案中，余锡盆违纪违法涉案金额高达四千余万元，且其多名家人涉案，突显了本案哪些特点？对纪委监委开展监督工作有何启示？

何辉强（中山市纪委监委第七审查调查室副主任）：经查实，余锡盆违纪违法涉案总金额共计人民币 4079.734 万元、美元 0.8 万元。本案有以下显著特点：

一是余锡盆利用“白手套”从事违法犯罪活动。调查人员通过对余锡盆本人、亲友及平时与其有密切交往的老板的银行账户、证券账户进行全面梳理分析，累计梳理账户近百个。通过精准研判，锁定余锡盆的“白手套”为其连襟张某伟。我们在对余锡盆留置当日，有关部门对张某伟也采取了强制措施。余锡盆到案后，见调查机关对其“白手套”及相关资金流向了如指掌，只好主动交代自己的全部违纪违法事实。

二是余锡盆通过多种手段意图掩盖其违法犯罪行为。比如，余锡盆处心积虑模糊违规经商办企业与受贿的界限。在收受区某聪的行贿款时，与对方签订了合同和借款协议，意图通过“合伙投资”方式来掩盖其权钱交易的本质。又如，不直接出面。余锡盆从不直接参与受贿事项相关事务，而是由代言人张某伟和陈某颖出面，以达到掩人耳目的目的。

三是受贿犯罪均发生在其担任“一把手”期间。余锡盆曾先后担任过中山市劳动和社会保障局副局长，中山市阜沙镇党委副书记、镇长，中山市委副秘书长等多个职务，然而，其贪腐行为集中发生在其担任“一把手”期间，即担任古镇镇党委书记，中山市交通运输局党组（党委）书记、局长期间。

四是家风不正，“全家总动员”。余锡盆的多名亲属对余锡盆违纪违法行为知情甚至参与其中。余锡盆也坦言，其贪腐充分暴露了他的家风不正，众多亲友共同参与违纪违法行为，最终使他走上了不归路。

余锡盆案件暴露出“一把手”监督机制还不够完善：一是民主决策不够规范，如规定“三重一大”必须由集体决策，但什么是“三重一大”，尤其是资金额，没有统一的标准，往往由“一把手”说了算；二是领导班子内部互相批评不能正常开展，大家一团和气；三是党务和政务公开不到位，群众监督渠道有限。

这起案件启示我们，应进一步完善相关制度，加强对“一把手”的监督。一要加强党组织对各级“一把手”的监督检查，完善任职回避、定期轮岗、离任审计等制度；二要进一步明确“一把手”的权力内容、权力边界、行使的方式和程序等；三要用好批评和与自我批评武器，强化班子内部监督；四要加强民主监督，涉及“三重一大”事项，除保密规定外应适时公开决策结果，接受公开监督，实现权力在阳光下运行。

二、余锡盆象征性出资，与区某聪合伙炒卖土地收受巨额分红的行为是否构成受贿?

黄盛桂（中山市纪委监委案件审理室主任）："两高"《关于办理受贿刑事案件适用法律若干问题的意见》规定了没有实际出资的干股型受贿问题。本案中，判断余锡盆是否真实出资，不能仅看是否有合作协议、借款合同等书面约定，这种借款出资不过是一种更为隐蔽的受贿手段。因为，从借款的事由和原因来看，出借方区某聪是出于要求余锡盆利用职务上的便利为其谋取利益的目的；双方平时并无经济往来，余锡盆作为公职人员，对该笔巨额借款也没有归还能力；区某聪在不缺资金的情况下让余锡盆进行少量投资，且未让余锡盆在经营过程中承担风险。可见，余锡盆除了实际投入的100万元资金外，并没有其他实际出资，借款协议不过是幌子，而其以少量的象征性出资，获取超出出资比例的巨额收益，并且利用职务上的便利为区某聪谋取了利益，其行为已构成受贿犯罪。针对近年来受贿案件出现的一些新情况、新问题，我们要透过合作投资的表象，抓住受贿罪权钱交易的本质，依法有效查处新类型受贿犯罪案件。

冼春萌（佛山市人民检察院第三检察部二级检察官）：余锡盆以张某伟的名义出资100万元，与请托人区某聪"合作投资"炒卖土地，并向区某聪借资3565万余元，在炒卖土地成功后分得巨额"利润"。从表面上看是以借款方式合作投资，但实际上是以合作投资的名义，行受贿之实。余锡盆在任古镇镇党委书记时，利用职务便利，为区某聪调整土地、分割地块提供帮助；余锡盆在任中山市交通运输局局长时，利用本人职权或地位形成的便利条件，为区某聪有关请托事项谋取了不正当利益。因此，余锡盆利用职务便利为区某聪谋取利益，以张某伟名义与区某聪合伙投资的行为，体现了受贿罪权钱交易的本质，属于以合作投资为名的变相受贿，应以受贿论处。

三、公诉意见认为，余锡盆收受区某聪的贿赂数额为其全部实际分红数额。然而，余锡盆辩护人提出，应当在实际分红数额中扣除其象征性出资应得的收益额。如何看待两种不同意见？

冼春萌：收受区某聪的受贿金额应以余锡盆实际收取的金额来认定。余锡盆出资的100万元，与其按“合伙协议”占股50%所应出资相差巨大。该象征性出资的100万元的实质是为了规避法律风险，用合法形式掩盖非法目的的一种隐蔽的受贿手段，而该100万元区某聪也在卖地后返还给了余锡盆。该项目总获利为5997.7万元，按照50%的比例，余锡盆应分得收益为2998.85万元。扣除“借款利息”144.862万元和员工管理费5万元后，除退回的本金100万元，余锡盆实际收取的金额应为2848.988万元。因此，该宗事实的受贿数额应以余锡盆实际收取区某聪的2848.988万元来认定，不应扣除实际出资应得收益额。

彭世宇（佛山市中级人民法院刑二庭二级法官）：辩护人提出，余锡盆收受区某聪的受贿数额应以收益额与实际出资应得收益额的差额计算。经查，余锡盆利用职务上的便利和本人职权或者地位形成的便利条件为区某聪谋取利益，并伙同张某伟采取事先象征性出资100万元的方式，掩盖非法收受区某聪给予的巨额收益，属以合作投资的名义，行受贿之实，应将收取的超出出资比例的部分认定为受贿数额。

余锡盆与张某伟实际出资100万元，其实际出资应得收入为80.722746万元［5997.7万元×（100万元÷7430万元×100%）］，应从收受总额2848.988万元中予以扣除，即受贿数额为2768.265254万元。辩护人的该辩护意见于法有据，予以采纳。此外，余锡盆、张某伟投资的100万元中，有80万元系余锡盆前期受贿所得，该部分所对应的分红款64.578197万元［80.722746万元×（80万元÷100万元×100%）］，系违法所得的孳息，应当予以没收。

四、余锡盆为何构成特殊自首？辩护人提供了余锡盆的工作业绩，请求对其从轻处罚，工作业绩对量刑有无影响？

彭世宇：中山市纪委监委出具的《关于余锡盆案件立案前已掌握有关线索的情况说明》《关于余锡盆交代问题情况的补充说明》证实，中山市纪委监委对余锡盆进行立案审查调查时，掌握的线索是余锡盆涉嫌接受谭某、袁某、李某的财物，但经过调查，这些线索尚未查实。本案《起诉书》指控的 4 宗犯罪事实，分别涉及陈某、陈某颖、颜某某、杨某某、张某伟、区某聪，均是余锡盆被采取留置措施后，主动交代的监察机关尚未掌握的犯罪事实。根据“两高”《关于办理职务犯罪案件认定自首、立功等量刑情节若干问题的意见》规定，“没有自动投案，但具有以下情形之一的，以自首论：……（2）办案机关所掌握线索针对的犯罪事实不成立，在此范围外犯罪分子交代同种罪行的”。因此，余锡盆虽然没有自动投案，但也以自首论。

辩护人提出，余锡盆在中山市社保局任职期间，努力实现中山社保卡推广工作；在担任中山市交通运输局党组书记、局长期间，主持推动了中山交通规划的修编完善和多个重大交通专项工作，为深中通道在中山登陆、集中打通 19 条镇际断头路、打造首条快速公交示范线、两年完成群众出行“最后一公里”畅通工程等工作加班加点，作出了很大贡献。深中通道项目能够顺利于 2016 年 12 月正式动工建设，与余锡盆努力密不可分，余锡盆在交通局任职期间，对推动中山市交通发展作出了卓有成效的贡献。本院认为，工作成绩不属法律规定的量刑情节，辩护人以此为由请求轻判，本院不予支持。

（程威，原载于《中国纪检监察报》2020 年 11 月 11 日）

民刑交织中识别受贿本质

——从湖南省宁乡市政协原党组书记、主席邓杰平案说起

这是一起公职人员台前当官、妻子幕后成立公司获取“利润”的案件。本案中，职务犯罪与经营、借贷等民事活动交织，邓杰平利用职权，为商人老板谋利，其妻子既代为收受商人老板送来的股份，又成立公司向特定公司定向销售谋取利润。如何区分正常民事活动、违规经商办企业与受贿犯罪？怎样正确把握邓杰平受贿的罪与非罪？一审法院在认定事实有较大改变的情况下仍根据公诉机关的确定刑量刑建议量刑，是否符合《刑法》中罪责刑相适应原则？邓杰平认罪认罚，对其量刑有何影响？我们特邀相关单位工作人员予以解析。

基本案情

邓杰平，男，中共党员，1962 年 3 月 6 日生，湖南省宁乡市政协原党组书记、主席。

2004 至 2015 年，邓杰平利用其担任宁乡县玉潭镇镇长，宁乡县委常委、玉潭镇党委书记，宁乡县委办主任、县委副书记的职务便利，接受长沙金典公司董事长杨某、总经理蔡某的请托，为二人在收购宁乡县城建二公司等事项上谋取利益。2004 至 2017 年，邓杰平收取蔡某或蔡

某、杨某二人共同给予的财物共计人民币270万元（以下币种均为人民币），另有400万元约定退休后收取，共计670万元。

2006年，宁乡县委决定组建长沙万佛灵山文化旅游投资有限公司（以下简称万佛灵山公司）开发某旅游项目，并明确由邓杰平具体负责。邓杰平与蔡某、杨某商定，由邓杰平关照金典公司承揽万佛灵山公司的工程项目，用工程利润投资万佛灵山公司，三人各占投资款1/3的股份，邓杰平无须投资。此后，邓杰平利用职务便利，帮助蔡某、杨某承揽了万佛灵山公司的工程项目。2007至2010年，蔡某、杨某以金典公司名义向万佛灵山公司投资共计1200万元。2013年，蔡某、杨某决定不再共同经营金典公司，为继续履行之前关于邓杰平占金典公司向万佛灵山公司投资款1/3的承诺，共同向邓杰平妻子成某出具了一份书面凭证，明确1200万元中杨某、蔡某、成某各占400万元，成某收受凭证后告知了邓杰平。

2015年下半年，邓杰平认为万佛灵山公司的投资款会因政策原因无法收回，便安排成某将上述凭证退给了杨某，杨某收回凭证后仍口头承诺只要投资款收回还是会分给邓杰平1/3。2017年下半年，宁乡市城市建设投资公司以1200万元的价格收购金典公司持有的万佛灵山公司股份。金典公司收到收购款后，杨某、蔡某向邓杰平表示要送给他400万元。邓杰平与杨某约定，400万元暂放在杨某处，等其退休后再拿。

此外，2007年9月，邓杰平与妻子成某出资创办长沙成铭公司，租用某公司厂房生产冰箱背板，向华良公司定向销售。2008年9月，邓杰平、成某遂与华良公司法定代表人赵某商定，成铭公司停止生产冰箱背板，由华良公司自行购买设备、原材料在华良公司厂房内生产冰箱背板并自行管理，邓杰平、成某无须投资和参与管理经营，但华良公司仍向邓杰平、成某支付“利润”。2010年7月13日，赵某以支付成铭公司利润名义向成某控制的账户转账 120 万元。

据查实，2003 至 2019 年，邓杰平利用职务便利，为多个单位或个人在国有土地使用权转让、建设工程项目承揽、建设工程项目建设、工程款拨付、征地拆迁、银行贷款等事项上谋取利益，单独或伙同其妻子非法收受上述单位或个人给予的财物，共计折合人民币 1700.7624 万元。

查处过程

【立案审查调查】2019 年 2 月 21 日，长沙市纪委监委对邓杰平严重违纪违法并涉嫌犯罪问题立案审查调查，2 月 23 日，对其采取留置措施。

【党纪政务处分】2019 年 8 月 20 日，经长沙市纪委常委会会议研究并报长沙市委批准，决定给予邓杰平开除党籍、开除公职处分；按程序撤销其政协宁乡市委员会主席职务，政协长沙市委员会委员、政协宁乡市委员会委员资格。

【移送审查起诉】2019 年 8 月 21 日，邓杰平涉嫌受贿犯罪案被移送长沙市人民检察院，长沙市人民检察院交长沙县人民检察院办理。同年 8 月 23 日，经长沙市人民检察院决定，由长沙市公安局直属分局对邓杰平执行逮捕。

【提起公诉】2019 年 12 月 3 日，长沙县人民检察院以邓杰平涉嫌受贿犯罪向长沙县人民法院提起公诉。

【一审判决】2020 年 2 月 26 日，长沙县人民法院判决，邓杰平犯受贿罪，判处有期徒刑 11 年，并处罚金人民币 120 万元。对其违法所得人民币 1300.7624 万元，予以追缴，上缴国库。邓杰平不服，提起上诉。

【二审裁定】2020 年 4 月 23 日，长沙市中级人民法院裁定：驳回上诉，维持原判。

纪法辨析

一、邓杰平案的一大特点是“台前当官、背后经商”，如何把握邓杰平及家人开公司营利与受贿的界限？

许昊娟（长沙市纪委监委案件审理室副主任）：邓杰平是既要当官又想发财的典型，台前是“正襟危坐”的领导干部，背地里却与商人“勾肩搭背”、私相授受，成了疯狂逐利的“老板型领导”。2004至2018年间，邓杰平及其妻子通过入股、集资、委托投资等方式，违规在多家企业、个人处投资1519万元，共获利1170余万元。同时，邓杰平还通过“合作”投资、事后兑现、以借为名等方式受贿1700.7624万元。上述行为中职务犯罪与经营、借贷等民事活动交织混合，具有隐蔽性、复杂性特点，加大了准确界定其行为性质的难度。

2003至2007年间，邓杰平多次接受赵某的请托，利用其职务上的便利，为赵某谋取利益。成铭公司停止生产后，华良公司仍以支付成铭公司“利润”名义向邓杰平夫妻给付财物。根据相关党纪条规以及“两高”《关于办理受贿刑事案件适用法律若干问题的意见》规定，对邓杰平夫妻以成铭公司名义获利行为如何定性，应以邓杰平夫妻对成铭公司是否实际出资、有无参与管理经营为标准，以2008年9月为时间节点分别认定。

2008年9月之前，邓杰平夫妻对成铭公司实际出资并管理经营，成铭公司为华良公司定向生产配件并获取经营利益的行为，符合2015年《中国共产党纪律处分条例》第八十八条所规定的违纪构成要件，应认定为违规从事营利活动，不构成受贿。2008年9月之后，成铭公司虽名义上存续，但其实际出资及经营管理者已为华良公司，邓杰平夫妻在没有实际出资且未参与经营管理情况下所获“利润”，本质是邓杰平与赵某之间权钱交易的对价，应以受贿认定。

二、收受蔡某、杨某400万元，为何系犯罪未遂？如何看待邓杰平及其辩护人认为这不构成受贿的意见？

许昊娟：根据相关法律及理论解释，应以是否已经得到贿赂作为区分受贿罪既遂与未遂的标准。本案中，邓杰平与蔡某、杨某约定对万佛灵山公司投资1200万元，三人各占投资款的1/3，邓杰平无须投资。而后，蔡某、杨某向邓杰平妻子出具书面凭证，明确邓妻占400万元。2015年，邓杰平安排妻子将上述凭证退给杨某，杨某口头承诺：投资款收回后，送给邓杰平投资款的约定不变。2017年，杨某、蔡某欲送给邓杰平400万元。邓杰平表示钱暂放在杨某处，待其退休后再拿。从证据情况看，杨某、蔡某的证言，邓杰平的供述，公司登记情况以及相关财务凭证均证明：三人约定让邓杰平在不出资的情况下占1200万元投资款的1/3，该笔投资款始终未转化为股份，且未有过投资收益和分红，故该行为实质是杨某、蔡某二人向邓杰平行贿400万元，并非送给邓杰平带有“干股”性质的财产性利益。认定既遂与否，应以邓杰平是否实际得到该400万元为标准。

辩护人提出，因邓杰平尚未收受400万元，故该笔事实不构成受贿。我们认为，邓杰平在杨某、蔡某二人送给其400万元时，明确表示先放在杨某处，待其退休后再拿，实质是双方约定在邓杰平离职后收受财物的行受贿，该400万元系邓杰平根据行受贿双方合意而期望获取的利益。邓杰平在退休前被查，尚未达到预定的时间条件，现有证据足以排除邓杰平自愿放弃400万元的可能性，该预期利益因其意志外原因而未获取，符合犯罪未遂的构成条件。故长沙市纪委监委将该400万元依法计入邓杰平的受贿数额且认定为犯罪未遂，有充分的事实及法律依据。本案移送司法后，公诉机关、一审及二审法院均对该笔事实作出了相同的认定。

三、邓杰平及其辩护人提出，一审在认定事实有较大改变的情况下仍根据公诉机关的量刑建议量刑，与罪责刑相适应原则不符，如何看待该意见？

熊玲（长沙市人民检察院第三检察部副主任）：从判决情况看，一审判决认定的事实与公诉机关指控事实基本一致，就邓杰平受贿犯罪数额，收受蔡某、杨某400万元系犯罪未遂、认罪态度等核心事实、情节方面均无出入。就公诉机关对邓杰平索取欧某、朱某财物的指控，一审对该两笔受贿的主要事实予以认定，仅未认定该两笔受贿具有索贿情节。故邓杰平及其辩护人提出一审在认定事实上对公诉机关指控事实有较大改变的意见与事实不符。

我国《刑法》第五条规定，刑罚的轻重，应当与犯罪分子所犯罪行和承担的刑事责任相适应。该条文系我国《刑法》罪责刑相适应原则的体现，是判决量刑需要遵守的原则。本案中，邓杰平具有以下法定量刑情节：共同犯罪中系主犯，收受1300.7624万元既遂，收受400万元未遂，具有坦白情节，认罪认罚。一审中，检察机关提出确定刑量刑建议11年有期徒刑，已经充分考虑了案件的犯罪性质、犯罪情节、犯罪行为的社会危害性及危害后果，建议对邓杰平科处的刑罚与其所犯罪行的轻重、刑事责任的大小相适应，符合罪责刑相适应原则。

四、邓杰平部分犯罪未遂以及在接受审查调查期间举报他人重大犯罪线索对量刑有何影响？在量刑时主要考虑了哪些因素？

张新文（长沙市中级人民法院刑二庭员额法官）：本案经一审、二审，认定邓杰平受贿既遂数额为1300.7624万元，未遂数额为400万元。根据“两高”《关于办理受贿刑事案件适用法律若干问题的意见》第三条规定：贪污或者受贿数额在三百万元以上的，应当认定为“数额特别巨大”，依法判处十年以上有期徒刑、无期徒刑或者死刑，并处罚金或者没收财产。本案既遂数额是数额特别巨大认定标准的 4 倍以上，依法应判处十年以上有期徒刑；未遂数额为 400 万元，可以比照同等数额的既遂从轻或者减轻处罚，即可在三年以上十年以下有期徒刑幅度内量刑。根据邓杰平受贿既遂及未遂数额，其基准刑应在有期徒刑十三年以上。原审综合考虑邓杰平自愿认罪认罚、退赃等悔罪表现，决定对其从轻处罚，最终判处其有期徒刑十一年，给予了邓杰平充分的量刑激励。

最高人民法院《关于处理自首和立功若干具体问题的意见》第七条规定：人民法院审查立功证据材料，一般应当包括被告人检举揭发材料及证明其来源的材料，司法机关的调查核实材料，被检举揭发人的供述等。被检举揭发案件已经立案、侦破，被检举揭发人被采取强制措施、公诉或审判的，还应审查相关法律文书。本案中，邓杰平在接受审查调查期间虽有检举揭发行为，但缺乏前述证据证明犯罪事实已经查证属实或使案件得以侦破，因此暂不能认定为有立功表现。邓杰平的检举揭发行为在量刑时原则上应酌情考量，其在一审签署具结书认罪认罚，后虽上诉，但二审提讯时亦认罪认罚，可以依法从宽处理。一审根据其受贿数额、认罪态度、退赃等悔罪表现，判处其有期徒刑十一年，二审认定一审判决量刑适当，充分体现了“认罪越早，从宽越多”理念。类案判决层面，长沙市中级人民法院同时期审结的周某受贿案，其既遂数额与邓杰平相当，因其拒不认罪，且无前述可供考量的量刑因素，周某被判处有期徒刑十四年。可以说，邓杰平案是职务犯罪案件中给予认罪认罚的被告人量刑激励的典型案件。

（程威，原载于《中国纪检监察报》2020 年 11 月 18 日）

揭开“影子公司”面纱

——从江苏省扬州市化工设备安全检验中心原主任张洪建案说起

这是一起公职人员成立“影子公司”套取侵占公款的案件。扬州市化工设备安全检验中心原主任张洪建以其母亲名义成立公司，并利用职务便利，指使有关业务企业与该公司签订协议、支付劳务费用。如果仅看合同，这只是正常民事行为，然而，办案人员如何由表及里，揭开了“影子公司”的面纱？如何识别张洪建“正常”民事行为背后的贪污犯罪事实？张洪建套取公款发放津补贴，为何认定为私分国有资产罪？在张洪建等人私分国有资产共同犯罪中，该单位党支部副书记为何“独善其身”、不构成共同犯罪？我们特邀相关单位工作人员予以解析。

基本案情

张洪建，男，中共党员，1969年10月生，江苏省扬州市化工设备安全检验中心（以下简称化检中心）主任、江苏省特种设备安全监督检验研究院扬州分院化工站站长，兼扬州科瑞工程技术有限公司（以下简称科瑞公司，系化检中心下属国有企业）法定代表人。祝有余，化检中心副主任。

1. 2014 年 3 月至 2018 年 11 月间，张洪建利用职务便利，采取虚开发票，虚列工资、社会保险、公积金支出，将单位检验检测费打入其他公司等手段，非法占有公共财物和人民币 1660480. 14 元。

2014 年 3 月，张洪建从化检中心挪用 40 万元，用于购买理财产品。2015 年以后，张洪建又多次挪用公款归自己或他人使用，均没有被发现。在归还了部分公款后，张洪建不愿继续归还，产生了占有这 40 万元公款的想法，随后，张洪建通过购买假发票、虚列他人工资及差旅费、报支个人及家庭消费发票等方式实际侵吞 39 万余元。

2014 年张洪建决定成立扬州瑞泰设备技术有限公司（以下简称瑞泰公司），他让其姐夫陆某某作为该公司的法定代表人，陆某某实际并没有在瑞泰公司工作。2015 年至 2018 年间，张洪建用公款为陆某某缴纳了社会保险和公积金，共计 7. 8 万余元。

2015 年 10 月，张洪建以其母亲芦某某名义设立空壳企业扬州市辉邦设备科技有限公司（以下简称辉邦公司）。2015 年 12 月至 2017 年 12 月，张洪建以化检中心、科瑞公司的名义承接了 7 家化工企业的特种设备检验检测业务。在与上述公司签订合同时，张洪建通过对检验检测款进行拆分、签订附加协议等方式，将其中 118 万余元转入辉邦公司账户，该款项最终被张洪建侵吞。

2. 2015 年至 2018 年间，张洪建利用职务便利，先后多次挪用公款归自己或他人使用，进行营利活动或超过 3 个月未归还，合计人民币 170 万元。

3. 2015 年至 2018 年间，张洪建提议并与祝有余商议后，采取虚假列支委托检测费、劳务费、耗材费等方式从化检中心、科瑞公司账上共套取公款 270 余万元，由祝有余保管。其间，二人商定将其中 140 余万元以业务开拓奖、工作考核奖、综合平衡奖、节假日福利等名义发放给单位职工。据查，套取资金中包含违规截留的职工差旅费 60 余万元作违纪处理，共实际私分国有资产 80 余万元。以上套取资金的具体分发时间、对象、金额、事由等由张洪建提出，与祝有余议定。在此期间，张洪建任化检中心党支部书记，薛某某于 2017 年任党支部副书记，因张洪建不将相关事宜提交党支部会议，薛某某对此不知情。

查处过程

【立案审查调查】2019 年 4 月 12 日，张洪建因涉嫌严重违法被邗江区监委立案调查并采取留置措施。4 月 18 日，张洪建被扬州市纪委监委第十派驻纪检监察组立案审查。5 月 21 日，祝有余因涉嫌严重违法被邗江区监委立案调查。

【党纪政务处分】2019 年 6 月 24 日，张洪建被开除党籍、开除公职；7 月 14 日，祝有余被开除公职。

【移送审查起诉】2019 年 6 月 25 日，张洪建涉嫌职务犯罪被移送邗江区人民检察院审查起诉，同日被邗江区公安局刑事拘留。

【提起公诉】2019 年 8 月 9 日，邗江区人民检察院以张洪建涉嫌贪污罪、挪用公款罪、私分国有资产罪向邗江区人民法院提起公诉。

【一审判决】2020 年 7 月 10 日，邗江区人民法院一审判决，张洪建犯贪污罪、私分国有资产罪、挪用公款罪，数罪并罚决定执行有期徒刑六年六个月，并处罚金人民币五十万元。祝有余犯私分国有资产罪，判处有期徒刑一年，缓刑二年，并处罚金人民币十万元。

纪法辨析

一、张洪建以成立“影子公司”方式行贪污之实的手段较为隐蔽，其问题线索是如何发现的？本案有何显著特点？

吴宏兵（扬州市邗江区纪委监委第六纪检监察室主任）：2018 年 10 月，扬州市委第五巡察组在开展巡察过程中，发现化检中心在 2014 年至 2018 年间存在违规发放津补贴、购买购物卡等情况。2019 年 4 月，相关问题线索移交给了邗江区纪委监委初核。调查人员调取了化检中心、科瑞公司、瑞泰公司的所有账目记账凭证 300 余册，核查认定张洪建存在涉嫌贪污、挪用公款等违纪违法问题。本案有以下特点：

张洪建成立“影子公司”进行违法犯罪活动。调查人员查询到，张洪建母亲芦某某与他人合作注册了辉邦公司，主要从事化工行业设备检测业务，注册公司时芦某某已 70 岁，辉邦公司另外一个主要管理人员刘某某为外来务工人员，二人均不具备该行业从业和管理能力。调查人员根据已经掌握的张洪建涉嫌挪用公款、贪污、私分国有资产犯罪行为，初步判断该公司涉嫌重大的经济问题。随后，调查人员向税务部门调取该公司增值税发票开具情况，掌握该公司开票对象均为化检中心业务对象，金额涉及 120 余万元。经对张洪建进行讯问，同时对有关业务企业进行走访调查发现，化检中心在检测工作完成后，分别以化检中心和辉邦公司名义开具检测费用发票收取费用，然而该公司未实际开展任何业务，据此，确认该公司为张洪建套取单位公款的“影子公司”，对方业务单位汇入该公司的所有费用均被张洪建实际控制和占有。

张洪建将单位党支部当成摆设，独断专行，严重违反“三重一大”制度。2012 年以后，随着单位效益越来越好，张洪建的内心发生了变化，他表示，单位业务快速增多、事务越来越繁杂，但却得不到上级“关照”，产生了“自己关心自己”的想法，贪念由小变大、任意用权。2015 年张洪建任化检中心党支部书记，三名党支部委员中另外两人为薛某某、刘某某，2017 年薛某某任党支部副书记。在很多工作上，张洪建发现薛某某不“听话”，所以在涉及私分国有资产这件事上，他违反“三重一大”制度，没有将相关事宜提交党支部会议研究讨论，只是私底下与祝有余商量，张洪建做最终决定。

二、张洪建等人决定以劳务费等名义套取公款，后以奖金、福利名义发给单位职工，为何认定为私分国有资产罪？如何把握违规发放津补贴违纪行为与私分国有资产罪的界限？

曹松青（扬州市邗江区纪委监委案件审理室副主任）：私分国有资产罪属于单位犯罪，但仅处罚自然人。主要是因为这种犯罪并不是为单位谋取利益，而是将单位的财产分给员工，所以刑法没有规定对单位处以罚金。这里的单位限定为国家机关、国有公司、国有企业、事业单位、人民团体。张洪建任职的扬州市化检中心是事业单位法人，属于刑法规定的本罪犯罪主体。私分国有资产行为实质上属于集体贪污行为，通常是在单位内部全体职工或者绝大多数职工中进行集体私分。与贪污不同的是，私分行为通常采取公开的手段，由集体研究决定将国有资产以各种名义私分给个人。自然人主观上有没有意识到私分行为的非法性并不影响罪名的成立。

可以看出，以发放津补贴名义将国有资产私分给个人，可以成立刑法上的私分国有资产犯罪。发放津补贴必须符合国家规定，在规定框架内发放津补贴是合法行为，超出了框架范围就构成违规，对单位中负有领导责任、直接责任的相关人员可以追究党纪政务责任。违规达到一定程度，就成立犯罪，这里的程度主要是指违规发放的数额。1999 年 8

月最高人民检察院《关于人民检察院直接受理立案侦查案件立案标准的规定》明确：涉嫌私分国有资产，累计数额在10万元以上的，应予立案。当然，除了违规发放津补贴，私分国有资产犯罪行为还有其他表现形式，两者属于交叉关系而非包含关系。

本案中，张洪建是化检中心主任、单位法定代表人，也是党支部书记，他的身份决定了他就是刑法上的单位直接负责的主管人员。以劳务费等名义套取公款是手段，以奖金、福利形式发给单位职工是结果，经集体研究决定或由负责人决定后实施犯罪行为是构成本罪的根本特征，至于决策是由其个人拍板，抑或与他人共同决定，并不影响追究其刑事责任。

三、辩护人认为，张洪建以其母亲名义成立公司承接业务属于民事行为不是贪污，如何看待这一意见？

朱晓芹（扬州市邗江区人民检察院第一检察部副主任）：辩护人认为，辉邦公司118万余元的化检费用不属于7家受检企业应付化检中心或科瑞公司的检验检测费。张洪建在业余时间用自己的技能及实践经验以辉邦公司名义为客户提供有价值的技术咨询等服务，帮助辉邦公司创收，是民事行为，不具有贪污公款的性质。

我们认为，辉邦公司无业务人员、无实际业务行为、无实际业务支出，是典型的“影子公司”。如果仅看合同，辉邦公司只是合法收取了从企业支付的合同款，仅是民事行为。但实际上，辉邦公司并没有从事相关的检验业务，本就不应收取检验检测费用。受检企业的检验均是由化检中心安排检验人员去检验的，并且受检企业最后收到的是由江苏省特种设备安全监督检验研究院出具的检验报告。张洪建利用辉邦公司，侵吞了本应归属于化检中心的检验费。受检企业之所以付款给辉邦公司，是因为张洪建主动要求，其先与受检企业商定总的检验费用，后要求受检企业从总费用中以辅助检验检测等名义，划拨部分费用付给辉邦公司，实质是截留了本应归属于化检中心的国有资产，非法占有了化检中心应得的检验检测费，其行为属于贪污。张洪建成立辉邦公司的目的就是让受检企业以辅助检验检测等名义将劳务费用转给辉邦公司，受检企业打到辉邦公司账上的钱，均被张洪建通过他人账户周转，最终转到其个人账户，被其侵吞。

四、辩护人提出，张洪建有立功情节，对此意见为何不予支持？对于私分国有资产罪，为何仅认定张洪建和祝有余构成共同犯罪，而薛某某不构成？

朱爱军（扬州市邗江区人民法院刑庭副庭长）：我国刑法第六十八条规定，犯罪分子有揭发他人犯罪行为，查证属实的，或者提供重要线索，从而得以侦破其他案件等立功表现的，可以从轻或者减轻处罚。最高人民法院《关于处理自首和立功具体应用法律若干问题的解释》第五条对立功的认定作了明确解释，主要分为三种：一是揭发他人犯罪行为，查证属实的；二是提供重要线索，从而得以侦破其他案件的；三是其他立功表现的，如阻止他人犯罪活动等。

张洪建辩护人提出，其在留置期间，主动交代其向有关党员领导干部赠送礼金礼品问题。后经核查，张洪建反映问题属实，纪检监察机关对相关人员进行立案。张洪建确有揭发他人收受礼金礼品问题，但这属于揭发违纪行为，不符合关于揭发他人犯罪行为、经查证属实的立功构成要件。

刑法第二十五条规定，共同犯罪是指二人以上共同故意犯罪。本案中，2015 年至 2018 年间，张洪建安排人以虚开发票套取工程款、虚假列支业务单位奖励、重复报支、报销差旅费、收入不入账等方式到单位账上把钱套取出来交给祝有余保管，主要用于发放单位干部职工的奖金、福利，其余用于向有关协作单位和个人送礼及其他费用。从证据情况看，薛某某等人的证言，张洪建、祝有余的供述，祝有余保管的小金库资金使用明细笔记本均证明：给单位职工发放奖金、福利时，张洪建只与祝有余商量，以什么名目发钱、发放人员范围、发放的资金总额或每人的发放金额，只有张洪建和祝有余二人知道，每笔钱发放之后都有张洪建在祝有余保管的笔记本上签字。在私分国有资产时，张洪建没有拿到党支部会议上讨论，更没有和薛某某商量，因此薛某某不构成私分国有资产罪共同犯罪。

（程威，原载于《中国纪检监察报》2020 年 11 月 25 日）

检察机关缘何抗诉

——从甘肃省古浪县人大常委会原党组成员、副主任王兴案说起

这是一起一审判决后被告人服判，检察机关却提起抗诉的案件。检察机关认为，原判对两起受贿事实认定不当，对王兴所犯受贿罪、滥用职权罪量刑畸轻。对这些抗诉理由，二审法院如何裁决？哪项抗诉意见得到支持，支持的理由是什么？没有支持的部分又是基于什么原因？二审在量刑时综合考虑了哪些因素？我们特邀相关单位工作人员进行解析。

基本案情

王兴，男，1962 年 7 月生，中共党员，甘肃省武威市古浪县人大常委会原党组成员、副主任。

2011 年至 2018 年，王兴在担任古浪县林业局局长和古浪县人大常委会党组成员、副主任期间，为他人在承揽项目、苗木采购等方面谋取利益，收受刘某、唐某等 13 人贿赂共计 204. 930137 万元（一审认定为 204. 921731 万元）。其中，2014 年底，王兴帮助刘某承揽古浪县林业局道路维修、宣传牌制作、甘蒙省界治沙道路建设等项目，收受刘某金额为 89301. 37 元的银行卡一张，用于个人消费。2018 年 7 月，王兴将银

行卡退给刘某，刘某取出卡内余款 84.06 元后销户。

2012 年 6 月，古浪县调整国家重点生态功能区转移支付项目建设领导小组，领导小组在古浪县林业局设办公室，时任县林业局局长的王兴兼任领导小组办公室主任。在 2016 年古浪县特色林果业建设苗木采购中，王兴未按规定牵头成立采购组，擅自决定或处理自己无权决定的事项，因采购和种植红枸杞假种子给国家和群众造成经济损失 1708.514592 万元（一审认定的经济损失为 1599.912974 万元）。案发后，提供枸杞种苗的三家涉案公司向古浪县林业局各支付赔偿金 150 万元。

另查实，王兴的家庭财产、支出明显超过合法收入，且差额巨大，除去其家庭合法收入和犯罪、违纪所得，尚有 200 万余元的财产不能说明来源。

查处过程

【立案审查调查】2018 年 11 月 5 日，武威市纪委监委对王兴严重违纪和涉嫌职务犯罪问题立案审查调查，并于 11 月 11 日对其采取留置措施。

【党纪政务处分】2019 年 1 月 17 日，王兴被开除党籍、开除公职。

【移送审查起诉】2019 年 1 月 17 日，王兴涉嫌受贿罪、滥用职权罪、巨额财产来源不明罪一案被移送审查起诉。2019 年 1 月 22 日，王兴被刑事拘留，2 月 1 日被依法逮捕。

【提起公诉】2019 年 5 月 21 日，凉州区人民检察院以王兴涉嫌受贿罪、滥用职权罪、巨额财产来源不明罪向凉州区人民法院提起公诉。

【一审判决】2020 年 6 月 3 日，凉州区人民法院判决，王兴犯受贿罪，判处有期徒刑三年六个月，与所犯滥用职权罪、巨额财产来源不明罪，数罪并罚，决定执行有期徒刑六年，并处罚金 30 万元。王兴受贿所得赃款及来源不明的财产，依法没收，上缴国库。

一审判决后，凉州区人民检察院提出抗诉，理由为：2014 年王兴收受刘某银行卡并消费，后将银行卡退回刘某，刘某在将银行卡销户时取出的卡内余款 84.06 元原审未认定为受贿数额不当；2013 年，王兴收受唐某 10 万元，后虽还款，但应认定为受贿；王兴受贿数额已达到数额巨大的量刑幅度，原判量刑畸轻；在滥用职权犯罪中，王兴给国家和群众造成经济损失 1700 余万元，原判量刑畸轻。

【二审判决】2020 年 11 月 6 日，武威市中级人民法院判决王兴犯受贿罪，处有期徒刑四年六个月，并处罚金 30 万元；与所犯滥用职权罪、巨额财产来源不明罪，数罪并罚，决定执行有期徒刑七年，并处罚金 30 万元。

纪法辨析

一、为何认定王兴案是事关全市脱贫攻坚大局的典型案件？反映出王兴存在哪些工作作风和违纪违法问题？

张平（武威市纪委监委第六审查调查室主任）：2018 年 4 月，武威市纪委监委收到古浪县纪委监委移交的关于县林业局采购假种苗造成国家和群众重大经济损失的问题线索，通过分析研判，我们认为这是一起典型的侵害群众利益的案件，事关全市脱贫攻坚大局，其中可能存在权钱交易问题，遂按程序报批后展开外围核查。

王兴有几大特点，一是逾规越矩、任性用权。王兴从政 30 余年，曾担任乡镇、县局“一把手”十几年，习惯于搞“一言堂”。在实施

2016年国家重点生态功能区转移支付项目时，县上虽然成立了领导小组，出台了项目和专项资金管理办法，但在前期考察时县林业局未按规定邀请监督单位参与苗源地考察；完成招投标后苗源地无苗可调，王兴未向领导小组汇报便自作主张，改变苗源地采购种苗，降低验收标准验收，最终分发给6个乡镇农户种植的590多万株假枸杞种苗2年不挂果，给群众造成重大经济损失，严重影响了群众种植经济林增产增收的积极性，严重损害了政府的公信力。

二是以权谋利、目无纪法。“魄力大、能干事”是王兴精心伪装的假象，他在吹捧和虚名中忘乎所以。从担任乡镇“一把手”开始，即把逢年过节收受管理服务对象礼品、礼金，视为正常人情往来。在任县林业局长后，因掌握的项目多、资金密集，围在身边的不法商人更多。家里、车上、办公室，王兴走到哪里钱就收到哪里。

三是处心积虑、自作聪明。王兴自己名下除工资收入外没有任何钱款，受贿的钱款全部存放在其父亲和侄子名下，购买的房产通过他人名义交款，不做登记。自认为这样处理安全可靠，加之案发前其父亲已经去世，死无对证。审查调查期间，在解释巨额财产来源时，其还编造父亲生前倒卖银圆等各种荒唐的理由企图蒙混过关。

除了职务犯罪，王兴还违反廉洁纪律，多次收受可能影响公正执行公务的礼金45万元；违反工作纪律，违规向项目实施单位拨付省级防沙治沙资金577.5万元，因对项目监管不力，造成该项目至今无法验收。

二、一审对王兴受贿事实认定是否有误？为何认为一审对受贿罪量刑畸轻？二审如何改判？

谢建民（凉州区人民检察院二级检察官）：关于王兴收受刘某银行卡部分事实。2012年至2015年，王兴帮助刘某承揽古浪县林业局道路维修、宣传牌制作等项目，2014 年底，在办公室收受刘某金额为 89301.37 元的银行卡一张；2018 年 7 月，王兴将银行卡退给刘某，刘某取出卡内余款 84.06 元后销户。凉州区人民法院刑事判决书中对卡内的 84.06 元未认定为王兴的受贿款。此笔金额虽小，但属于事实认定错误。王兴收受刘某银行卡的时候对于卡内金额有明确认识，其出于受贿的故意收下银行卡的时候，犯罪行为已经既遂，不管其此后是否用于个人消费，也不论消费金额多少，均应以收受银行卡时的卡内金额为受贿数额。

根据王兴的受贿犯罪事实，其利用职务之便，为他人谋取利益，收受 13 人的钱物，受贿两百多万元，已达到受贿罪中的“数额巨大”的量刑幅度，且多次收受他人钱物，原判对其受贿罪量刑畸轻。

张瑗中（武威市中级人民法院刑二庭审判员）：抗诉机关提出对王兴收受刘某金额为 89301.37 元的银行卡事实中，原审未将退卡时剩余的 84.06 元认定为受贿款不当的问题。根据本案证据，行贿人刘某为感谢王兴在一些工程项目上提供帮助送其银行卡，王兴收受银行卡后用于个人开销，其受贿行为已经既遂，根据法律规定，受贿金额应以当时银行卡内数额予以认定。王兴对此事实及金额也予认可，故原审将 84.06 元不认定为受贿款不当。

对抗诉机关提出王兴于 2013 年收受唐某现金 10 万元，原审未认定为受贿款不当的问题。根据在案证据，王兴对收受唐某 10 万元的事实予以认可，但称该款为借款，已向唐某还款。唐某的证言称，该款是王兴向其借的款，已经归还。证人孙某某也予以证实，2014 年的一天，王兴因外出办事，让其帮忙把王兴准备的 10 万元还给唐某，以上证据可以相互印证。因此，对该 10 万元应认定为借款，一审未认定为受贿款并无不当。

王兴受贿金额204万余元，虽对受贿犯罪具有自首、积极退赃等情节，但考虑其受贿犯罪的数额和其行为对社会造成的危害后果，原审对王兴犯受贿罪判处有期徒刑三年六个月并处罚金30万元，量刑畸轻。二审判决王兴犯受贿罪，处有期徒刑四年六个月，并处罚金30万元；犯滥用职权罪，处有期徒刑三年；犯巨额财产来源不明罪，处有期徒刑一年。数罪并罚，决定执行有期徒刑七年，并处罚金30万元。对受贿所得赃款和来源不明的财产依法没收。

三、如何看待对于滥用职权罪量刑畸轻的抗诉理由未被支持？巨额财产来源不明罪的证明责任由谁承担？

王卫东（凉州区人民法院一级法官）：滥用职权罪是指国家机关工作人员超越职权，违法决定、处理其无权决定、处理的事项，或者违反规定处理公务，致使公共财产、国家和人民利益遭受重大损失的行为。可以看出，滥用职权的行为与危害结果之间必须有法律上的因果关系。

首先，这种因果关系应表现为逻辑上的条件关系，即造成结果的行为与危害结果之间是一种决定与被决定或者引起与被引起的关系。其次，这种因果关系既可以是直接因果关系又可以是间接因果关系。直接因果关系表现为危害行为直接作用于客体或者对象，因而直接产生了危害结果。但有时也会出现多因一果的现象，也就是两个以上原因共同对危害结果的产生起直接作用。间接因果关系是指危害行为并不直接作用于客体或者对象，而是通过一定的媒介间接地发挥作用。再次，这种因果关系既可以表现为必然联系也可以表现为偶然联系，但多数情况下表现为偶然的因果关系。

本案中，王兴滥用职权的行为主要有以下几个方面：未经上级业务主管部门审批确定采购苗木；在原苗源地无苗可调时，未向领导小组请示汇报，便决定变更苗源采购地，降低苗木规格；未安排部署对采购的苗木品种进行鉴定。由于王兴的上述行为，导致农户种植的枸杞苗木出现质量和品种问题，最终使国家和群众利益遭受重大损失，可以认定王兴滥用职权的行为与造成的危害后果之间存在法律上的因果关系。当然，除王兴的滥用职权行为外，种子生产者弄虚作假、相关直接责任人员玩忽职守、中标的三家公司合同违约也是导致本案发生的直接原因，具有直接的因果关系。

王兴并不直接参与苗木的考察、调运、检验等工作，但负有领导和管理之责，相关责任人员分别被判处二年有期徒刑或免予刑事处罚，苗木经营者即三家中标公司已赔偿部分损失，其余损失可以依法向种子生产者要求赔偿，故对王兴以滥用职权罪判处三年有期徒刑，符合法律规定。

巨额财产来源不明的证明责任应当由检察机关承担。根据刑事诉讼法规定，被告人有罪的举证责任由人民检察院承担。这一原则同样适用于巨额财产来源不明罪。检察机关证明行为人构成该罪，必须提出证据证明行为人的财产或者支出明显超过合法收入、且差额巨大，其本人又不能说明来源。

至于行为人在巨额财产来源不明罪中是否承担证明责任，关键在于行为人说明巨额财产来源这一行为的性质。这里的“说明”和刑事诉讼中的证明不是同一个概念，不要求行为人的说明能达到刑事诉讼证明的标准，行为人说明后调查机关不查证的，不得对行为人以本罪论处，所以本罪不是举证责任倒置。这亦是无罪推定原则的要求。

（刘一霖、方弈霏，原载于《中国纪检监察报》2020 年 12 月 2 日）

违规担保造成国资重大损失所涉何罪

——从江苏省无锡市惠山区政府原党组成员、副区长刘俊伟案说起

这是一起根据中央巡视组和江苏省委巡视组交办的问题线索进行深挖细查的案件。本案中，刘俊伟滥用职权擅自决定为私营企业提供担保，造成国有资产损失5085万元。此外，其还与他人合伙成立公司，获得巨额“分红”，又以收受现金、低价购房等方式受贿。本案中，如何围绕刘俊伟涉嫌的罪名确定取证方向？所谓“分红”究竟是违纪还是受贿？辩护人对有关鉴证报告和价格认定结论书的证据资格提出的质疑又该如何回应？为何对刘俊伟滥用职权罪从轻处罚？我们特邀相关单位工作人员予以解析。

基本案情

刘俊伟，男，1970年9月生，中共党员，无锡市惠山区人民政府原党组成员、副区长，曾任惠山区前洲镇副镇长、镇党委副书记、镇人大副主席，惠山区堰桥街道党工委副书记、街道办事处主任，惠山区钱桥街道党工委书记等职。

2013年8月，刘俊伟在担任惠山区钱桥街道党工委书记期间，滥用职权擅自决定属钱桥街道融资平台的无锡城西产业发展有限公司

（简称城西公司）为无锡中益产业发展集团有限公司（简称中益集团）向华夏银行贷款提供5000万元的担保。因中益集团未如期归还上述贷款，城西公司代为偿还本息合计5085万元。2019年8月，中益集团进入破产清算程序，上述代偿的钱款无法追回，造成国家利益损失5085万元。

2004年至2019年，刘俊伟利用职务上的便利，为无锡市富寓房地产开发有限公司法定代表人堵某某、无锡市众鑫机械制造有限公司（以下简称众鑫公司）原法定代表人肖某某、实际控制人华某某、无锡新三洲特钢有限公司总经理蒋某某在土地开发拆迁、土地回购、土地使用权购买、环保整改等方面谋取利益，先后7次收受贿赂共计298.8448万元。

其收受肖某某、华某某贿赂事实为：2004年2月，刘俊伟与华某某、肖某某3人合伙成立众鑫公司，刘俊伟出资50万元，占股33.4%。2010年，刘俊伟3次收受华某某送给的公司“分红”共计181.5073万元，扣除其应获利润20.398万元外，其余161.1093万元为受贿所得（以上数据系根据某会计师事务所出具的鉴证报告）。2009年10月，肖某某将其所占众鑫公司33.3%的股份以290万元的价格转让给华某某，众鑫公司由华某某实际控制。同月，肖某某将其在此次股权转让中获得的90万元溢价款拿出45万元送给刘俊伟，刘俊伟予以收受。

另查明，2011年至2019年，刘俊伟从众鑫公司获利共计321万余元。

收受堵某某贿赂事实为：刘俊伟利用职务上的便利，为堵某某在土地开发拆迁、道路改造等方面提供帮助，于2006年底收受堵某某现金2万元，2009年12月以低价购买房产的方式收受堵某某贿赂90.2355万元，涉案房产的价格认定结论书由无锡市价格认定中心出具。

查处过程

【立案审查调查】2019 年 1 月 2 日，无锡市纪委监委对刘俊伟涉嫌严重违纪违法问题立案审查调查，并于 6 月 25 日对其采取留置措施。

【移送审查起诉】2019 年 9 月 24 日，刘俊伟涉嫌滥用职权罪、受贿罪一案被移送无锡市人民检察院审查起诉。

【党纪政务处分】2019 年 10 月 8 日，刘俊伟被开除党籍、开除公职。

【提起公诉】2019 年 11 月 14 日，无锡市人民检察院指控刘俊伟犯滥用职权罪、受贿罪，向无锡市中级人民法院提起公诉。

【一审判决】2020 年 5 月 25 日，无锡市中级人民法院判决，刘俊伟犯滥用职权罪，判处有期徒刑三年六个月；犯受贿罪，判处有期徒刑七年，并处罚金人民币 40 万元；决定执行有期徒刑八年。刘俊伟退出的人民币 500 万元中的 298.8448 万元，予以没收，上缴国库。目前，判决已生效。

纪法辨析

一、刘俊伟擅自决定为民企担保并造成国有资产重大损失，怎样围绕其涉嫌的罪名确定取证方向？

赵国强（无锡市纪委监委第七审查调查室干部）：2018 年 10 月 19 日，我委根据中央巡视组、省委巡视组交办的问题线索，对刘俊伟展开初核。

对问题线索中反映刘俊伟在担任惠山区钱桥街道党工委书记期

间，擅自为民营企业向银行贷款提供担保，造成国有资产重大损失的问题进行初核时，我委通过调取钱桥街道党政联席会议记录、刘俊伟签发的《担保会签单》、城西公司与华夏银行签署的《最高额保证合同》、惠山区委政法委相关会议纪要等证据材料，初步证实了刘俊伟涉嫌滥用职权犯罪的问题，同时在初核过程中还发现刘俊伟存在其他违纪违法问题。

按照程序对刘俊伟立案审查调查后，我们结合初核过程中所取得的证据材料，围绕滥用职权罪的构成要件，进一步补充完善证据。在对该问题核查和审查调查过程中，主要取证方向为以下几个方面：

第一，针对主体身份方面，通过调取刘俊伟的户籍资料、干部任免审批表、任免文件、领导工作分工文件等证据，证实刘俊伟的国家机关工作人员身份及职权范围；第二，针对刘俊伟滥用职权行为，对参加党政联席会议的10余名人员逐一询问取证，并通过讯问，得到刘俊伟的供述笔录、自书材料等证据，证实在钱桥街道党政联席会议上，未经参会人员集体讨论研究，刘俊伟擅自决定由城西公司为中益集团提供担保的事实；第三，针对造成损失的情况，通过调取借款合同、保证合同、担保合同，城西公司的资金使用请款单、进账单、记账凭证，相关判决书、裁定书、民事起诉书、协助扣划存款通知书等证据，证实刘俊伟的滥用职权行为造成国家财产损失5085万元的事实。

二、刘俊伟与华某某、肖某某共同出资成立公司并获得“分红”是违纪还是受贿？其收受肖某某的45万元是否为其辩称的“股权转让款”？

张晓炜（无锡市纪委监委案件审理室主任）：2004年，刘俊伟和华某某、肖某某合伙投资成立众鑫公司，占股33.4%。2004年至2019年，刘俊伟从众鑫公司共分得500余万元，而众鑫公司纳税申报中的公司利润数额远低于该数额。为此，厘清刘俊伟有无从中收受贿赂是本案审理的难点，也是审理室和检察机关提前介入时会商的重点。

根据审计，2004 年至 2010 年底，众鑫公司的股利仅有 60 余万元。据此调查组认为，2010 年刘俊伟从众鑫公司获取 181 万余元，扣除其应得股利 20 万余元，剩余的 161 万余元是其利用担任惠山区前洲镇副镇长、堰桥街道办事处主任的职务便利，为众鑫公司在厂房土地购买、承兑汇票贴现等方面提供帮助后收受的贿赂。

2011 年到 2019 年，由于众鑫公司采取虚开增值税发票、虚列工资支出等方式转移隐匿公司利润，导致无法确认其公司利润数值，因此无法排除刘俊伟所得利益系公司分红。另，根据华某某的证词，2011 年至 2019 年间，众鑫公司由其实际经营控制，其获利 1000 余万元。如此，在没有证据证明刘俊伟在此期间分得的钱款明显超过其所占股份应得利润的情况下，从有利于被调查人的原则出发，审理认定 2011 年至 2019 年刘俊伟从众鑫公司所得的 321 万余元为违纪所得，而非受贿。

吴刚（无锡市人民检察院员额检察官）：关于刘俊伟收受肖某某 45 万元的问题。首先，2009 年的股权转让系发生在肖某某与华某某二人之间，对于刘俊伟所占该公司的股份不产生任何影响，肖某某获得 90 万元增值完全是其通过市场行为获得的正当收入，刘俊伟无权分得。其次，肖某某在与刘俊伟、华某某合作开办公司的过程中，刘俊伟利用职务上的便利为该公司在解决厂房用地等方面提供了帮助，客观上也为肖某某谋取了利益。并且肖某某在送这 45 万元的时候，请刘俊伟今后继续利用职务便利为其谋取利益，刘俊伟同意，该行为进一步加强了二人之间的权钱交易关系。因此，该 45 万元绝不是股权转让款，而是刘俊伟受贿所得。

三、证据资格至关重要，如何看待辩护人对涉案房产价格认定以及某会计师事务所出具的鉴证报告提出的质疑？

吴刚：辩护人认为无锡市价格认定中心不具有房地产价格评估资质，无权从事司法鉴定，且价格鉴定的基准日应为缴纳定金时，而非签订购房合同的时间，该价格认定结论书不能作为证据使用。

我们认为，首先，无锡市价格认定中心作为无锡市人民政府价格主管部门的价格认定机构，依法可以对有形产品、无形资产及各类有偿服务等进行价格认定，房地产中房产属于有形资产，土地使用权属于无形资产，当然包括在无锡市价格认定中心的业务范围之内。

其次，刘俊伟通过低价购房的方式收受贿赂，确定房地产价格鉴定基点，实质上是确定行受贿双方就房地产价格达成一致意见的时间点，进而确定在该时间点实际交易价格和市场价格的差额，从而判断受贿数额。从刑法上讲，缴纳定金表示行受贿双方对通过买卖房产的方式行受贿达成一致，但此时房产的交易价格尚未确定，其与市场价格之差价处于不确定状态，行受贿双方对行受贿金额的认识尚未一致；合同签订时，房产价格在合同中被确定，其与市场价格的差额也即告确定，这个差额就是行受贿的数额，双方对此认识一致。本案中，房产买卖合同的签订时间是 2009 年 12 月，没有证据表明本案行受贿双方在其他时间点就房产交易价格达成一致意见。因此，2009 年 12 月作为房地产价格的鉴定基点具有合理性。

张晓炜：辩护人认为某会计师事务所不具备鉴定资质，出具的鉴证报告不能作为本案证据。

根据《全国人民代表大会常务委员会关于司法鉴定管理问题的决定》第二条规定，国家仅对从事法医类鉴定，物证类鉴定，声像资料鉴定以及根据诉讼需要由国务院司法行政部门商最高人民法院、最高人民检察院确定的其他应当对鉴定人和鉴定机构实行登记管理的鉴定事项的鉴定人和鉴定机构实行登记管理制度，因本案所涉鉴证事项不属上述范围，故不受上述规定及依照上述规定制定的《司法鉴定人登记管理办法》约束。

本案中，相关会计师事务所具有会计师事务所执业证书，经营范围包括审查企业会计报表、出具相关报告；参与鉴证的两名会计师均取得注册会计师证书，具备相应鉴证资质。该会计师事务所接受调查机关委托后，指派具有资质的会计师，依照法律规定，根据调查机关及无锡市众鑫公司提供的2004年2月至2019年6月的纸质记账凭证装订本等材料出具的鉴证报告，符合法律规定，且该鉴证报告计核数额与华某某的相关供述笔录可相互印证，故可以作为本案定案证据。

四、对辩护人提出的刘俊伟在滥用职权部分构成自首，可从轻处罚的意见如何看待？量刑时考虑了哪些因素？

周群（无锡市中级人民法院员额法官）：根据无锡市纪委监委第七审查调查室出具的发破案经过，调查机关在对刘俊伟采取留置措施前已经掌握其涉嫌滥用职权的犯罪事实，且刘俊伟系被动归案，不符合自首的构成要件。刘俊伟的讯问笔录虽显示其曾向无锡市惠山区委政法委书记及无锡市纪委监委工作人员汇报过城西公司为中益集团担保一事，但其汇报内容主要集中在担保的历史背景、担保过程及补救措施方面，并未涉及其超越职权，未经集体讨论擅自决定城西公司为中益集团提供担保的事实，故依法不构成自首。

关于滥用职权部分，在案证据可以证明，刘俊伟前任倪某在任时，城西公司已开始与中益集团互为对方融资提供担保。倪某与刘俊伟交接时，倪某也曾跟其提过互为担保之事。刘俊伟到任后不久，在经询问后确认存在上述互为担保做法，同时确认钱桥街道、中益集团资金均无明显不良状况的情况下同意提供担保，属沿袭惯例。故本案滥用职权部分有一定的历史因素在内，且刘俊伟也并非为谋求个人私利，主观恶性相对较轻。同时考虑刘俊伟自愿如实供述自己的罪行，承认指控的犯罪事实，愿意接受处罚，其亲属也代为退出全部受贿所得，故综合全案，对其从轻处罚。

（刘一霖、方弈霏，原载于《中国纪检监察报》2020 年 12 月 9 日）

不重视家风建设还是“借弟脱罪”

——从广西壮族自治区扶绥县原县委常委、副县长陈英案说起

这是一起党员干部家风败坏、利用职权纵容胞弟疯狂敛财的典型案件。本案中，陈英明白践踏党纪国法必然要付出惨痛代价，因此，与其胞弟陈祺订立攻守同盟，表示她仅属于家教不严，拒不承认系共同犯罪，妄图“借弟脱罪”。办案人员如何取得证据证明姐弟二人存在犯意联络？陈英主观上不知陈祺收受他人贿赂的具体数额，如何认定其受贿数额？陈英犯罪行为涉及民生、教育领域腐败，是否应从严惩处？我们特邀相关单位工作人员予以解析。

基本案情

陈英，女，中共党员，1980 年 6 月出生，2013 年 6 月至 2019 年 1 月担任广西壮族自治区扶绥县委常委、宣传部部长、副县长。

2014 年 4 月至 2018 年 4 月期间，陈英伙同陈祺，利用陈英分管教育工作的职务便利，为承建扶绥县教育系统基础设施建设项目的工程老板李某（另案处理）等人谋取利益，事后由陈祺直接收受或者通过相关人员代为收受、协助转账等形式收取好处费及所谓的代理费等共计 1203 万余元。

1. 帮助李某承揽教育工程等项目，共同收受李某给予的好处费719万余元。2014年间，陈祺向陈英提出自己想在扶绥县承揽建设项目，转给工程老板施工，以从中牟利。陈英利用分管教育工作的便利，事先向时任扶绥县教育局局长、扶绥县中学校长等人打招呼，帮助陈祺取得27个建设工程项目和1个教学设备采购项目。陈祺按事先与李某的约定，将相关工程项目交由李某自行出资并施工建设。其间，陈祺谎称需要送给领导“好处费”或者以借款为由，按事先约定的工程项目合同价的8%向李某收取好处费。2015年7月至2016年9月，陈英在南宁市购买房产时，让陈祺代为支付购房款，陈祺先后3次从收受的好处费中支付购房款共计81万元，并为陈英偿还银行借款30万元。

2. 通过开展招标代理业务帮助他人获取教育项目，收受他人给予的好处费共计483万余元。2016年下半年，陈祺向陈英提出自己想从事招标代理业务，通过招标代理向投标的老板收取额外费用，以确保投标人中标的方式从中谋利。陈英利用工作便利，向有关人员打招呼，帮助陈祺以德胜、建瀚两家公司的名义取得64个扶绥县义务教育均衡发展项目的招标代理业务。后陈祺指示其雇请的员工刘某、陆某（均另案处理）以公司业务员的身份与有意愿承揽项目的工程老板联系，以确保中标为由向工程老板班某等人（涉及26名工程老板51个项目）收取工程项目合同总价2.5%—3.5%的招标代理费用，扣除实际支付公司的招标代理费后，陈祺从中获得483万余元。

查处过程

【立案审查调查】2018年11月20日，经崇左市委批准，崇左市纪委监委对陈英涉嫌严重违纪违法问题立案审查调查并采取留置措施。

【党纪政务处分】2019 年 2 月 1 日，陈英被开除党籍、开除公职。

【移送审查起诉】2019 年 2 月 1 日，陈英涉嫌受贿罪一案被移送崇左市人民检察院审查起诉，同日被崇左市公安局刑事拘留；同年 2 月 11 日，经崇左市人民检察院决定，由崇左市公安局执行逮捕。2019 年 2 月 14 日，崇左市人民检察院将该案指定大新县人民检察院审查起诉。

【提起公诉】2019 年 3 月 30 日，大新县人民检察院以陈英涉嫌受贿罪，向大新县人民法院提起公诉。

【一审判决】2019 年 9 月 6 日，大新县人民法院一审判决陈英犯受贿罪，判处有期徒刑十三年，并处罚金人民币 150 万元。陈英不服，提起上诉。

【二审裁定】2019 年 12 月 13 日，崇左市中级人民法院裁定：驳回上诉，维持原判。

纪法辨析

一、陈英认为，她对陈祺收受他人贿赂不知情，属于对其管教不严，但不是共同犯罪。有何证据表明他们存在犯意联络？

温振宁（凭祥市纪委常委、监委委员）：2018 年 3 月至 4 月，自治区党委巡视组对扶绥县进行巡视时，发现扶绥县存在大量教育均衡发展工程项目建设进度严重滞后的问题，遂对扶绥县教育局进行多次通报并要求进行整改。在此期间，崇左市纪委监委陆续收到关于陈英涉嫌受贿等问题的举报。随后，崇左市纪委监委按规定对陈英涉嫌违纪违法问题进行初核。核查组调取扶绥县所有教育工程项目资料后，发现陈祺取得了 28 个工程项目并交给商人李某施工，而陈祺此前只是一个不学无术、没有进行过任何项目建设的人。随后核查组又调取了陈英、陈祺和李某的银行交易明细等材料发现，在工程项目建设期间，陈祺与李某有大量资金往来，并发现李某存在向扶绥县教育局领导干部送礼的行为。崇左市监委遂对陈英、陈祺及李某立案调查并采取留置措施。

陈英辩解称，她对陈祺收受他人贿赂不知情，属于管教不严，而不是与陈祺共同受贿。但经讯问陈英、陈祺、李某以及询问有关证人，李某、陈祺的供述和扶绥县教育局相关领导干部等人的证言可以证实：（1）陈英利用职务便利帮助陈祺取得了扶绥县教育工程项目、均衡发展项目招标代理权，李某在按照项目合同总额的8%给予陈祺好处费后取得工程项目并进行施工建设；（2）陈英利用职务上的便利，通过向扶绥县教育局相关领导干部打招呼指定招标代理公司，帮助陈祺取得了扶绥县均衡发展项目的招标代理权，陈祺再安排陆某、刘某以确保中标的名义向想承揽工程项目的老板收取确保中标的好处费。同时，陈英、陈祺以及李某的供述还证实，三人在案发前还订立攻守同盟，企图对抗组织审查调查。陈英在南宁市购买房产时，让陈祺使用受贿款帮其支付了111万元购房款。所有证据能相互印证，证实陈英与陈祺有共同受贿的故意和行为。

二、陈英认为陈祺在招标代理中雇佣人员进行了业务活动，获得的收入系合法所得，对此怎么看？

梁丹霞（崇左市纪委监委案件审理室副主任）：2016年7、8月份，陈祺认为招标代理风险低、来钱快，遂与陈英商量决定从事招标代理工作，由陈英帮助其拿到招标代理业务。2017年，扶绥县成立义务教育均衡发展项目工作组，专门负责指导均衡发展项目前期业务及招投标工作，审核并推荐招标代理公司。陈英利用职务便利，向该工作组负责人方某某打招呼，让其将工程项目的招标代理业务指定给予陈祺合作的德胜、建瀚两家招标代理公司。在方某某的帮助下，德胜、建瀚两家公司取得扶绥县教育均衡发展项目的招标代理业务。此后，每次均衡发展项目需要招标时，项目工作组工作人员就会将项目材料交给陈祺。陈祺指示其雇请的人员以德胜、建瀚公司业务员的身份与有意愿承接教育均衡发展项目的工程老板联系，以确保中标为由，收取工程合同价 2.5%—3.5%的费用。收取的费用一部分支付给德胜、建瀚公司作为招标代理费、造价费等，约为合同价 1%左右，其余部分则由陈祺收受。之后，陈祺通过操作帮助交好处费的工程老板中标。

据此，陈英认为，陈祺获得的收入系陈祺与招标代理公司合作取得的分红，招标代理过程中，陈祺需雇佣人员帮助竞标人办理各项招投标手续，故应属其劳动所得。

我们认为，本案中，有意愿承接教育均衡发展项目的工程老板为达到确保中标的目的，向陈祺支付合同价 2.5%—3.5%的费用，该费用远高于正常招标代理需要支付的费用，高出的部分（合同价的 2%左右）即为送给陈祺的好处费。陈祺等人收受工程老板的好处费后，之所以能通过招标代理公司确保工程老板中标，是因为陈英利用职务便利帮其取得了德胜、建瀚两家公司对教育均衡发展项目的招标代理权。陈英亦明知陈祺在从事招标代理过程中，向工程老板收取一定比例的费用以确保中标。因此，陈祺从事招标代理获得的钱款，系陈祺与陈英相互勾结，为谋取利益不正当取得项目招标代理权，后通过帮助有意愿承揽项目的工程老板谋取项目而获得，该报酬应认定为陈英与陈祺共同受贿的款项。

三、陈英主观上不知陈祺收受贿赂的具体数额，根据主客观相一致原则，如何认定其受贿数额？

胡家杨（崇左市人民检察院第三检察部主任）：共同受贿人主观认知的因素与程度是权钱交易型贿赂犯罪定罪与量刑需要考量的重要因

素。至于各受贿人收受的具体数额是多少，一般来讲，只需要对数额有概括性的认识，即自己与他人共同收受请托人给予的贿赂，而不要求确知收受贿赂的具体数额。

本案中，陈英与陈祺共同受贿，在事前，二人多次共谋，由陈英向相关部门负责人打招呼，为李某谋取利益，由陈祺代为收受财物；在事中，陈英让陈祺代为收受贿赂；在事后，对陈祺所收受的贿赂款予以认可，由陈祺自行处理。主观上，陈英明知陈祺收受了工程老板的财物，其虽不知道具体数额，但概括知情且认可陈祺收受他人财物。此外，案件的事实还表明，陈英虽不明确知道陈祺实际收受了多少好处费，但是，陈祺曾对她说，他和李某约定以送领导“好处费”的名义按工程项目合同价的8%收取李某好处费，工程项目决算后所得利润再与李某对半分成，一审法院查实认定的数额也没有超出其认识范畴。因此，我们认为，陈英是否知道陈祺收受钱款的具体时间、次数及数额，并不影响对陈英主观故意的认定，对于其基于概括性故意实施的共同受贿依法定罪量刑，符合主客观相一致的定罪量刑原则。

四、一审和二审法院认为，陈英犯罪行为涉及民生、教育领域腐败，应依法从严惩处。这对其量刑具体有何影响？对陈英、陈祺量刑时还考虑了哪些因素？

农伟（崇左市中级人民法院刑二庭员额法官）：本案经一审、二审认定，陈英伙同陈祺利用陈英的职务便利，为承建扶绥县教育系统基础设施建设项目的工程老板谋取利益，由陈祺自行收受或者通过相关人员代为收受等形式收取好处费及所谓的代理费等共计1203万余元。

百年大计，教育为本。本案发生在教育领域，涉及相关教育基础建设工程项目、教学设备采购项目等，且多系义务教育范围，义务教育是国家保障的公益性事业，事关少年儿童的健康成长，关乎社会进步和国家发展。陈英利用职务便利牟取不法经济利益，导致多个教育工程项目延期交付，诸多教育活动不能如期正常开展，直接影响全县、甚至全市的教育事业发展，对于应享受而未能享受建设成果的青少年所带来的影响是不可估量的，从这方面看，陈英的罪行所造成的社会影响是巨大的，社会危害后果是严重的，应依法从严予以惩处。

根据最高人民法院、最高人民检察院《关于办理贪污贿赂刑事案件适用法律若干问题的解释》第三条第一款规定，受贿数额在三百万元以上的，应当认定为刑法第三百八十三条第一款规定的“数额特别巨大”，依法判处十年以上有期徒刑、无期徒刑或者死刑，并处罚金或者没收财产。本案中，陈英和陈祺共同受贿数额超过数额特别巨大认定标准的4倍，依法应判处十年以上有期徒刑。在共同犯罪中，陈英、陈祺相互分工，均起主要作用，都是主犯，根据刑法第二十六条规定，应当按照其所参与的全部犯罪处罚。陈祺的受贿行为依附于陈英身份和职权，其罪责相对陈英较轻，量刑时酌情予以考虑。案发后，陈英的家属代为退出赃款111万元，陈祺的家属代为退出赃款100.5万元，可酌情从轻处罚；但二人的犯罪行为系发生在民生、教育领域，且拒不认罪、悔罪，没有退出绝大部分赃款，根据刑法第二十六条规定，根据二人犯罪的事实、犯罪的性质、情节和对于社会的危害程度，决定从严予以惩处。

（程威，原载于《中国纪检监察报》2020年12月16日）

向单位领导主动交代能否认定自首

——从上海市静安区一国企财务人员挪用公款案说起

这是一起国企财务人员挪用公款用于网络赌博的案例。本案中，国家出资企业中的财务经理，是否当然属于监察对象，能否认定为国家工作人员？私自提取公款用于赌博且不能归还的行为是挪用公款还是贪污？向所在单位领导交代了挪用公款的事实，后被监委立案调查，能否认定自首？庭审中辩称有产后抑郁，能否作为本案量刑的从轻、减轻情节？我们邀请相关单位工作人员分析讨论。

基本案情

顾松松，女，群众，1988 年出生，2016 年 3 月经上海新某公司（系国家出资企业）党政联席会议任命为公司财务部经理，2017 年 10 月免去该职，2018 年 2 月起恢复该职务直至案发。其间，顾松松全面负责公司财务账目、资金调配以及财务部门的日常管理工作。

2019 年 4 月至 12 月，顾松松利用职务便利，以公司领导需要现金的虚假理由，指示出纳或自行开具现金支票 57 张，再凭上述现金支票先后从公司银行账户中提取现金共计人民币 469 万余元归个人使用，主要用于网络赌博。2020 年 1 月，顾松松在家属的帮助下归还被害单位 6 万元。

2020 年 1 月 4 日，顾松松在犯罪事实未被办案机关掌握的情况下，主动向所在单位投案。3 月 23 日，静安区监委对顾松松有关问题立案调查，调查期间，顾松松如实供述了挪用公款事实，并签署了认罪认罚具结书。

查处过程

【立案调查】2020 年 3 月 23 日，静安区监委对顾松松有关问题立案调查，并按程序报经批准于 6 月 29 日对其采取留置措施。

【移送审查起诉】2020 年 7 月 1 日，静安区监委将顾松松涉嫌挪用公款罪一案移送静安区人民检察院审查起诉。

【提起公诉】2020 年 8 月 4 日，静安区人民检察院以顾松松涉嫌挪用公款罪向静安区人民法院提起公诉。

【一审判决】2020 年 9 月 16 日，静安区人民法院作出一审判决：顾松松犯挪用公款罪，判处有期徒刑九年，涉案赃款依法限期发还被害单位。顾松松表示认罪认罚。

纪法辨析

一、顾松松是否系监察对象？国家出资企业的工作人员是否当然具有国家工作人员身份？

杨烨（上海市静安区纪委监委第六审查调查室主任）：根据监察法第十五条规定，国有企业管理人员属于监察对象。根据《国家监察委员会管辖规定（试行）》第四条规定："国有企业管理人员，包括国有独资、控股、参股企业及其分支机构等国家出资企业中，由党组织或者国家机关、国有公司、企业、事业单位提名、推荐、任命、批准等，从事领导、组织、管理、监督等活动的人员。”新某公司系国家出资企业，顾松松案发前经党政联席会议任命为财务部经理，全面负责管理、监督国有资产，拥有并实际行使监管国有资产公权力，因此顾松松属于监察对象。

监察对象与国家工作人员是不同领域的概念，前者用于纪检监察工作，可以确定人员管辖范围，后者在刑法意义上根据身份可适用于不同罪名。本案中，顾松松如果是国家工作人员，则适用刑法第三百八十四条挪用公款罪，如果不是，则适用刑法第二百七十二条挪用资金罪。根据 2010 年“两高”《关于办理国家出资企业中职务犯罪案件具体应用法律若干问题的意见》（以下简称《意见》）第六条规定：“经国家出资企业中负有管理、监督国有资产职责的组织批准或者研究决定，代表其在国有控股、参股公司及其分支机构中从事组织、领导、监督、经营、管理工作的人员，应当认定为国家工作人员。”本案中，经我委调查，新某公司设公司党政联席会，讨论决定公司经营管理决策以及部门负责人任命等公司重大事项，属于在国家出资企业中对国有资产负有监督、管理职责的组织。顾松松由新某公司负有管理、监督国有资产职责的组织批准，任命为公司财务部经理，代表其在参股公司从事监督、经营、管理国有资产工作，因此顾松松是国家工作人员。除此之外，在国家出资企业中，还有一种国家工作人员认定，即上述“两高”《意见》第六条规定：“经国家机关、国有公司、企业、事业单位提名、推荐、任命、批准等，在国有控股、参股公司及其分支机构中从事公务的人员，应当认定为国家工作人员。”由此可以看出，在国家出资企业中，不是所有人员都当然具有国家工作人员身份，只有聚焦公权力本质，符合特定任命程序和条件，才能认定为刑法意义上的国家工作人员。

二、本案有何警示意义？案发公司有没有采取整改措施？

杨烨：本案有其自身特点，顾松松本人法制观念淡薄，身处公司关键岗位却监守自盗，非但没有为国有资产保值增值作出努力，反而“钻空子”将国有资产挪为己用，同时暴露出公司针对员工的廉政教育存在明显缺失，公司财务制度也形同虚设，公司管理层没有正确处理好员工信任与企业监督之间的关系，过度地用信任代替监督，短短 8 个月间损失 460 余万元国有资产却无人知晓。

针对本案特点和暴露出的问题，我委在查办案件后把做好“后半篇文章”作为重中之重。制发监察建议，督促企业做好思想预防，强化财务日常检查，定期开展自查，落实领导班子主体责任，决不能用信任代替监督。

为扩大“查办一案、教育一片”成效，2020 年 9 月 16 日，在顾松松涉嫌挪用公款罪案开庭审理时，我委组织了全区 13 家区属重点企业的 85 名财务人员到场旁听，以一场特殊的警示教育课的形式，对区属国企财务人员现场说法，充分发挥了典型案例警示震慑作用。

三、顾松松挪用公款用于赌博的行为构成贪污罪还是挪用公款罪？

赵琪昊（上海市静安区人民检察院检察委员会委员、第三检察部主任）：挪用公款罪与贪污罪的重要区别是行为人是否具有非法占有目的。只有查明行为人具有非法占有目的，才能认定为贪污罪。根据刑法规定与司法实践，对于下列行为，应以贪污罪论处：（1）携带挪用的公款潜逃的；（2）挪用公款后采取虚假发票平账、销毁有关账目等手段，使所挪用的公款已难以反映在单位财务账目上，且没有归还行为的；（3）截取单位收入不入账，使所占有的公款难以反映在单位财务账上，且没有归还行为的；（4）有证据证明行为人有能力归还所挪用的公款而拒不归还，并隐瞒挪用的公款去向的。

本案中，从犯罪手段来看，顾松松单纯采取开具现金支票提现不入账的方式，公司账目不平，一经查账即会被发现；从资金用途来看，资金系用于网络赌博；从主观方面来看，顾松松供述希望通过日后赌博赢钱来归还公司钱款；从事后行为来看，在犯罪事实即将暴露时，顾松松没有潜逃，并归还被害单位 6 万元。综合以上方面来看，无法认定顾松松具有非法占有目的，因此无法认定构成贪污罪，应当认定构成挪用公款罪。

1998 年 4 月最高人民法院《关于审理挪用公款案件具体应用法律若干问题的解释》第二条规定，对挪用公款罪，应区分三种不同情况予以认定：挪用公款归个人使用，进行赌博、走私等非法活动的，构成挪用公款罪，不受“数额较大”和挪用时间的限制；第五条规定，挪用公款数额巨大不退还的，是指挪用公款数额巨大，因客观原因在一审宣判前不能退还的。2016 年 4 月“两高”《关于办理贪污贿赂刑事案件适用法律若干问题的解释》第五条规定，挪用公款归个人使用，进行非法活动，数额在 300 万元以上的，应当认定为刑法第三百八十四条规定的“数额巨大”。刑法第三百八十四条第一款规定，挪用公款数额巨大不退还的，处十年以上有期徒刑或者无期徒刑。根据以上规定，本案中顾松松挪用 469 万余元用于网络赌博，退赃 6 万元可作情节考虑，属于挪用公款归个人使用，进行非法活动，且“数额巨大不退还”。

四、辩护律师辩称顾松松有产后抑郁，这能否作为本案量刑的从轻、减轻情节？顾松松向所在单位领导主动交代问题，后被监委立案调查，能否认定自首？

吴国强（上海市静安区人民法院审判委员会委员、审判管理团队负责人）：刑法第十八条规定：精神病人在不能辨认或者不能控制自己行为的时候造成危害结果，经法定程序鉴定确认的，不负刑事责任，但是应当责令他的家属或者监护人严加看管和医疗；在必要的时候，由政府强制医疗；尚未完全丧失辨认或者控制自己行为能力的精神病人犯罪的，应当负刑事责任，但是可以从轻或者减轻处罚。这是我国刑法有关精神病人刑事责任能力的相关规定。精神病人是否属于无刑事责任能力或是限制刑事责任能力，应当由具有资质的相关鉴定机构确认，并不单纯采信被告人的口头供述。

庭审时，顾松松辩护律师提出，顾松松在生育女儿之后，精神上出现了抑郁症状，这种产后抑郁引发了沮丧、消极悲观情绪，在没有得到很好缓解的情况下，导致其染上了赌博这种寻求刺激的恶习，进而实施了本案，希望法庭在量刑时考虑这个情节。对此，我们认为，首先，顾松松未向本院提交相关病史资料，即使其存在产后抑郁的症状也并不代表患有精神疾病。其次，精神病并不等同于无刑事责任能力或是限制刑事责任能力，精神病人在犯罪时并未处于发病状态或在发病状态下犯罪时，能够完全控制自己的行为，仍然应当认定其具有刑事责任能力。精神病人所实施的犯罪与辨认控制能力减弱具有直接联系时，可以从轻或减轻处罚；反之，则可以不从轻或减轻处罚。需要注意的是，对于责任能力减弱的精神病人犯罪的，只是“可以”从轻或者减轻处罚，而不是“应当”。再次，顾松松挪用公款数额达到460余万元，用于网络赌博的非法活动，是为了满足其追求刺激、发泄情绪的不健康心理，可见其辨认能力并未受影响而有所减弱，故不应从轻或减轻处罚。

另外，在本案中，顾松松在犯罪事实未被办案机关掌握的情况下，主动联系所在单位法定代表人，与之见面，并交代了挪用公款的犯罪事实，应当视为自动投案、如实供述，依法应当认定为自首。顾松松在监委调查期间，继续稳定如实供述罪行，进一步表明了其自首的态度。在认定自首的问题上，行为人并不需要既要向所在单位投案，又要向办案机关投案，只需要向其中任一部门投案即可。

纵观本案，顾松松挪用公款用于非法目的，数额巨大且不退还，给国家财产造成巨大损失，有一定的社会危害性，应当在有期徒刑十年以上予以量刑。同时，考虑到顾松松主动投案、如实供述，系自首，对顾松松的认罪、悔罪态度予以认可，对其减轻处罚，最后作出有期徒刑九年的判罚。

（程威，原载于《中国纪检监察报》2020 年 12 月 23 日）

接受捐款还是单位受贿

——从湖南省郴州市原人防办党组书记、主任曾凡军案说起

这是一起党员领导干部要求被监管企业给单位捐款，并承诺两年不执法的案例。曾凡军在担任郴州市原安监局党组书记、局长期间，为筹集资金，召集被监管企业召开座谈会，请企业捐款。曾凡军提出，对捐款的企业要讲诚信，两年内不要去执法，没捐的要去执法。本案中，曾凡军没有为自己谋私利，是否构成单位受贿罪？能否免予刑事处罚？曾凡军在逢年过节收受相关企业或个人给予的财物，属于礼品礼金还是贿赂？曾凡军受贿300多万元，被判处十年有期徒刑，是否量刑过重？我们特邀相关单位工作人员予以解析。

基本案情

曾凡军，男，中共党员，1964年10月出生，湖南省郴州市原人民防空办公室党组书记、主任。

1. 2006年5月至2015年6月，曾凡军担任郴州市安监局党组书记、局长。2009年，市安监局筹建指挥中心。经市发改委批复明确指挥中心总投资规模为4134万元。2013年11月，经公开招投标，指挥中心装修及附属工程由郴某集团中标，其中子项目绿化工程预算金额为68万

余元。项目建设过程中，曾凡军决定将绿化工程的68万余元用于指挥中心道路铺设柏油，并将绿化工程从郴某集团剥离交湖南某旭园林绿化工程有限公司（以下简称某旭公司）承建。

为筹集绿化工程资金，曾凡军与时任市安监局非煤科分管副局长王某炳等人商量决定由相关被监管企业为绿化工程捐款。2014年5月，非煤科科长刘某澜按照曾凡军和王某炳指示打电话要求福某矿业公司等20家企业代表到市安监局参加安全生产座谈会。会上，王某炳提出指挥中心绿化工程缺少资金，请各企业予以支持，曾凡军表示对为市安监局作了贡献的企业，将以服务为主，不进行处罚。参会企业代表为与市安监局搞好关系，均表示愿意捐款，并将数额报给刘某澜。会后，某旭公司陆续收到18家参会企业的捐款共计252万元，并将此款用于绿化工程项目。2015年5月，曾凡军在市安监局局务会上提出，对于捐款的企业要讲诚信，两年内不要去执法，没捐的企业，要去执法。此后两年，市安监局对上述赞助企业没有任何执法处罚记录。

2. 2002年9月至2006年5月，曾凡军担任安仁县委副书记，利用职务之便，为兴旺预制件厂谋取利益，收受干股分红7万元。同时，曾凡军在担任市安监局党组书记、局长期间，利用职务便利，为相关企业或个人谋取利益，在逢年过节期间，收受相关企业或个人所送的小至1万元大至100万元的贿赂。此外，2015年6月至2018年5月，曾凡军利用担任市人防办党组书记、主任的职务便利，为相关企业或个人谋取利益，收受他人财物。曾凡军利用担任安仁县委副书记，郴州市安监局党组书记、局长，郴州市人防办党组书记、主任的职务之便，为他人谋取利益，收受他人财物共计人民币350万元、港币6万元、美元3000元。

查处过程

【立案审查调查】2018 年 5 月 24 日，郴州市纪委监委对曾凡军涉嫌严重违纪违法问题立案审查调查。9 月 11 日，经湖南省纪委监委批准对其采取留置措施。

【党纪政务处分】2018 年 12 月 10 日，郴州市纪委监委研究并报市委批准，决定给予曾凡军开除党籍、开除公职处分。

【移送审查起诉】2018 年 12 月 10 日，曾凡军涉嫌单位受贿罪、受贿罪被移送临武县人民检察院审查起诉。同日，临武县人民检察院决定对其刑事拘留。12 月 20 日，临武县人民检察院决定对其逮捕。

【提起公诉】2019 年 6 月 24 日，临武县人民检察院以曾凡军涉嫌单位受贿罪、受贿罪向临武县人民法院提起公诉。

【一审判决】2019 年 11 月 8 日，临武县人民法院一审判决：曾凡军犯单位受贿罪，判处有期徒刑六个月；犯受贿罪，判处有期徒刑十年，并处罚金人民币五十万元；数罪并罚，决定执行有期徒刑十年二个月，并处罚金人民币五十万元。一审判决后，曾凡军提出上诉。

【二审裁定】2020 年 2 月 18 日，郴州市中级人民法院裁定：驳回上诉，维持原判。

纪法辨析

一、曾凡军对红包礼金来者不拒，以执法权交换企业捐款，反映了他哪些思想根源？

曹伟（郴州市纪委监委第六审查调查室主任）：一是政治失范。曾凡军曾荣获全国、全省人民满意公仆，曾当选湖南省八次党代会代表、中共十六大代表。在光环和荣誉面前，曾凡军冲昏了头脑，并随着职务升迁，愈发居功自傲。尤其任原市安监局局长后，认为自己懂业务、能力强，带领市原安监局发展上了新台阶，自认为有功之臣，将政治纪律政治规矩抛之脑后，视班子会议、党组会议为走过场、做样子，视党章党规党纪、制度程序约束为摆设，有时喊几个班子成员吃个早饭就将应集体研究决策的事项定了，可以说是政治失范，因此必然导致腐败问题滋生。

二是认知错位。曾凡军在煤矿参加工作，一步步从技术人员做到矿长，有着丰富的矿山工作经验及较强的业务能力，但这既是优点也是包袱，一方面让曾凡军做事有魄力、干事有闯劲，讲究效率、业绩，另一方面"利益交换"主导思维，因而，在原市安监局任职期间，曾凡军始终将自己视为矿山老板，同时将其他企业老板视为生意伙伴而非管理服务对象，从而以经营企业的思路管理机关，奉行"利益交换"原则，收钱办事，忘记了自己是行政机关的"一把手"，导致思想跑偏、行为失控。

三是心态失衡。曾凡军从企业步入仕途，与老板较为亲近，喜欢与老板称兄道弟，大讲江湖义气，淡化原则底线，什么忙都敢帮、什么请托都敢应，自认为人很豪气、讲义气，醉心于"老大""老板"等称呼。同时，认为自己当领导干部时的待遇还不如在企业任职时的待遇好，在攀比心、虚荣心、享乐主义的驱使下，甘于被"围猎"。

二、曾凡军提出，一审判决认定的其收受多人财物均是在逢年过节期间的红包礼金，没有具体请托事项，不构成受贿罪，如何看待该意见？

易智勇（郴州市纪委监委驻市委统战部纪检监察组副组长）：根据

《全国法院审理经济犯罪案件工作座谈会纪要》和2016年4月“两高”《关于办理贪污贿赂刑事案件适用法律若干问题的解释》相关规定，明知他人有具体请托事项而收受其财物的，视为承诺为他人谋取利益，国家工作人员索取、收受具有上下级关系的下属或者具有行政管理关系的被管理人员的财物价值三万元以上，可能影响职权行使的，视为承诺为他人谋取利益。

曾凡军上诉时提出，一审判决认定其收受张某某6万元等均是逢年过节期间收的红包礼金，没有具体请托事项，没有利用职务便利，不应当认定为受贿。我们认为，张某某等人都是郴州市辖区范围内的矿山老板、采石场老板，而这些矿山、采石场均是原市安监局的监管对象，曾凡军与上述人员是管理与被管理的关系，且上述人员的矿山、采石场均需到原市安监局办理安全生产许可证或安全生产许可证延期手续，并且原市安监局对郴州市辖区范围内的所有矿山、采石场具有监管、行政执法职责。虽然上述人员送给曾凡军的财物主要是利用逢年过节之际所送，但上述人员在送给曾凡军财物时都明确向曾凡军提出了“多关照”“多支持”的请托或者以示感谢，且在事先或者事后均向曾凡军提出了具体的请托事项，比如办理安全生产许可证或安全生产许可证延期手续、安全生产事故处理等，曾凡军也给予了上述人员具体的帮助，为上述人员谋取利益。这也是曾凡军收受他人财物的特点之一：平时为他人谋取利益、再利用逢年过节收受他人财物，或逢年过节收受他人财物、事后为他人谋取利益。因此，曾凡军利用逢年过节之际收受上述人员的财物构成受贿罪。郴州市中级人民法院也认定，向曾凡军送上述红包、礼金的均是原市安监局的监管对象，双方之间并非正常人情往来，应当认定为受贿金额。

三、曾凡军要求对捐款的企业讲诚信，两年内不去执法，为何构成单位受贿罪？他认为应对其犯单位受贿罪免予刑事处罚，如何看待该意见？

周杰（郴州市临武县人民检察院党组书记、检察长）：我国刑法规定，国家机关、国有公司、企业、事业单位、人民团体，索取、非法收受他人财物，为他人谋取利益，情节严重的，对单位判处罚金，并对其直接负责的主管人员和其他直接责任人员，处五年以下有期徒刑或者拘役。

本案中，首先，曾凡军具有犯罪主体的身份要件，曾凡军于2006年5月至2015年6月任郴州市安监局党组书记、局长，涉嫌单位受贿的案发时间为2014年，即曾凡军当时作为主要领导、直接负责人，具有单位受贿犯罪的主体身份。其次，曾凡军实施了单位受贿行为，为捐款企业谋取利益。曾凡军安排王某炳等人通过召开安全生产座谈会的方式，接受18家参会企业的捐款共计252万元。曾凡军提出，对于捐款的企业要讲诚信，两年内不要执法，在2014至2015年间，市安监局对上述捐款企业没有任何执法处罚记录。

曾凡军构成单位受贿罪，数额为252万元，法定刑为五年以下有期徒刑或者拘役。同时其不符合刑法第三十七条所规定的“犯罪情节轻微不需要判处刑罚”，也不存在量刑上的“免予刑事处罚”的情节，故其认为应对其犯单位受贿罪免予刑事处罚于法无据。

四、对曾凡军单位受贿罪量刑时考虑了哪些因素？曾凡军受贿数额300余万元，被判处有期徒刑十年，类比相关受贿案件，是否量刑过重？

张波（郴州市中级人民法院刑二庭副庭长）：我国刑法对单位受贿罪和受贿罪规定了不同的处罚。与受贿罪相比，单位受贿罪的起刑点较高，处罚也相对轻。首先从法定刑看，单位受贿罪的法定最高刑是五年以下有期徒刑或者拘役，而受贿罪的法定最高刑是死刑。其次从起诉标准或者起刑点看，单位受贿罪要求达到 10 万元以上，而受贿罪的起刑点只有 1 万元。

罪责刑相适应原则是定罪量刑的基本原则。法院在量刑时，首先考虑是否科处有期徒刑或者拘役，然后考虑是否适用缓刑，最后考虑是否免予刑事处罚。单位受贿罪既侵害了国家机关及其工作人员职务行为的不可收买性，也侵犯了公私财产的所有权，应当受到较为严厉的惩罚。本案中，曾凡军在担任市原安监局党组书记、局长期间，为了筹集工程资金，以捐款为名，收受 18 家被监管企业钱财共计 252 万元。并以不履行法定职责等不作为的形式为这 18 家被监管企业谋取利益。曾凡军作为单位的主要负责人，其行为构成单位受贿罪，应判处五年以下有期徒刑或者拘役。结合曾凡军的认罪态度较好、有悔罪表现，且没有造成国家或者社会利益的重大损失，故法院对其从轻处罚，判处有期徒刑六个月。

关于受贿罪，我国刑法规定，受贿数额在 300 万元以上，没有法定的减轻处罚情节，就应当在有期徒刑十年以上量刑。本案中，曾凡军利用职务便利收受他人钱财人民币 350 万元、港币 6 万元、美元 3000 元，系数额特别巨大，且曾凡军没有自首、立功等法定可以减轻处罚的情节，应当在十年以上有期徒刑或者无期徒刑量刑。

类比其他案例，马某利用担任云南省某县人民政府原副县长等职务便利，受贿 428 万元，被云南省高级人民法院二审判处有期徒刑十一年，并处没收个人财产人民币 50 万元；陈某鞠利用担任中国民用航空总局某局原局长、党委副书记等职务便利，受贿 486 万余元，被上海市高级人民法院二审判处有期徒刑十三年，剥夺政治权利四年，并处没收财产人民币一百万元。

结合曾凡军的认罪态度、悔罪表现等情节，法院对其受贿罪从轻处罚，判处有期徒刑十年，并处罚金人民币50万元，量刑适当。

（程威，原载于《中国纪检监察报》2020年12月30日）

图书在版编目（CIP）数据

案说：违纪违法疑难案件辨析．1/《案说：违纪违法疑难案件辨析．1》编写组编．—北京：中国方正出版社，2023.10
ISBN 978-7-5174-1265-6

Ⅰ.①案…　Ⅱ.①案…　Ⅲ.①中国共产党-纪律检查-案例　Ⅳ.①D262.6

中国国家版本馆 CIP 数据核字（2023）第 208263 号

案说：违纪违法疑难案件辨析．1
ANSHUO：WEIJI WEIFA YI'NAN ANJIAN BIANXI.1
本书编写组　**编**

责任编辑： 陈金华　张晓双
责任校对： 周志娟
责任印制： 李惠君

出版发行： 中国方正出版社
（北京市西城区广安门南街甲 2 号　邮编：100053）
编辑部：（010）59594614　发行部：（010）66560936
出版部：（010）59594625　门市部：（010）66562755
邮购部：（010）66560933
网　址：www.lianzheng.com.cn
经　　销： 新华书店
印　　刷： 北京新华印刷有限公司

开　　本： 787 毫米×1092 毫米　1/16
印　　张： 22
字　　数： 272 千字
版　　次： 2024 年 1 月第 1 版　2024 年 1 月北京第 1 次印刷

ISBN 978-7-5174-1265-6　定价：58.00 元